STRONG MINDS

스포츠 심리학이 밝혀낸 의지의 과학

무엇이든 이뤄 내는

강한 마음

노엘 브릭·스콧 더글러스 지음 | 송은혜 옮김

바다출판사

스포츠 심리학에 대한 열정을 아낌없이 공유하여

이 책의 토대를 마련해 준

영감의 원천이자 역할 모델인 P. J. 스미스 박사에게

차례

2부 뛰어난 운동선수처럼 목표를 달성하는 방법

추천의 말

알렉스 허친슨Alex Hutchinson

2017년에 스포츠 브랜드 나이키가 개최한 마라톤 대회 브레이킹2가 중반부에 도달했을 즈음 역사적인 장소 몬차Monza 자동차 경주장 곁에서 경주를 지켜보던 우리는 뭔가 이상한 점을 발견했다. 올림픽 금메달리스트인 케냐의 엘리우드 킵초게Eliud Kipchoge 선수가 활짝 웃고 있었기 때문이다. 나이키가 홍보를 위해 신중하게 기획한 이번 대회에서 킵초게 선수는 다른 두 명의 주자와 함께 2시간이라는 마라톤 기록의 한계를 깨려고 도전했다. 나는 그 모습을 지켜보기 위해 밀라노에서 비행기를 타고 여기까지 날아왔던 참이었다. 현재까지의 세계 기록은 2시간 2분 57초. 이 기록을 깨려면 인간의 한계를 한참 넘어서야 했다. 이 기록을 3초만 단축해도 전 세계 헤드라인을 장식하게 될 터였고 3분을 단축한다는 건 상상도 못 할 일이었다. 기록 경신에 성공하든 실패하든 여기에 도전하는 선수들은 무척 고통스러울 거라는 게 나의 예상이었다.

그런데 이런 내 예상이 무색하게 킵초게의 얼굴에는 몇 분에 한 번씩 밝은 미소가 번지고 있었다. 처음에는 내가 잘못 본 거라고 생각했다. "얼굴을 찡그린 걸 웃는 걸로 잘못 본 거겠지." 그러나 2시간 00분 25초라는 놀라운 기록으로 경기를 마친(이듬해 봄에 열린 다른 대회에서 그는 결국 2시간 한계를 깨게 된다) 킵초게는 우리의 잘못된 생각을 바로잡아 주었다. 그는 긴장을 풀고 불편함을 극복하기 위한 전략으로 일부러 활짝 웃었던 것이었다. "저는 다리로 달리는 것이 아니라 마음과 정신으로 달립니다." 그는 기자들에게 이렇게 말했다. "웃으면 기분이 좋아지고 다리의 감각이 무뎌지도록 정신을 통제할 수 있거든요."

냉철한 경험주의자인 나는 이런 식의 설명을 받아들이기 어려워하는 편이다. 나는 아무리 생각해도 달리기는 다리로 하는 것 같다. 그렇지만 킵초게의 말에서 느껴지는 진정성이 나의 주의를 끌었다. 그가 자신의 믿음과 감정을 통제하는 방식, 그리고 실패를 다루는 방식에 관해 이야기할 때 그는 그럴듯한 말 몇 마디로 자신을 포장하려는 것이 아니라 진심으로 자신이 터득한 비법을 우리 모두와 나누고 싶어 하는 것 같았다. 킵초게의 신체 능력을 테스트했던 생리학자들은 그의 신체가 뛰어나긴 하지만 다른 엘리트 선수들과 큰 차이는 없다고 했다. 그렇다면 그가 그토록 오랫동안 장거리 달리기 종목에서 일인자의 자리를 지키고 세계 기록과 금메달을 쓸어 모을 수 있었던 비결은 무엇일까?

브레이킹2 마라톤 대회가 끝나고 몇 달이 지난 후 나는《스포

츠와 운동심리학Psychology of Sports and Exercise》학술지에 실린 새로
운 논문 하나를 발견했다. 그것은 달리기를 할 때 무표정을 유지
하는 것에 비해 활짝 웃을 때와 찡그릴 때 어떤 효과가 있는지를
비교 연구한 내용이었다. 예상대로 선수들은 무표정일 때보다 웃
을 때 더 효율적으로 달릴 수 있었고 약 2퍼센트나 더 적은 에너
지를 소비하면서도 같은 속도를 유지할 수 있었다고 한다. 킵초게
는 마음과 정신으로 달리면 다리를 더 잘 쓸 수 있다고 믿었다. 그
런 그의 믿음이 동료 평가를 거친 과학 연구로 입증된 것이다.

그 연구를 이끈 사람이 바로 이 책의 공동 저자인 얼스터대
학Ulster University의 스포츠 심리학자 노엘 브릭Noel Brick이다. 최근
들어 세계 정상급 선수들의 정신세계를 밝히려는 연구를 진행하
는 학자가 전 세계적으로 점점 늘어나고 있고 노엘도 그중 하나
다. 이들은 그저 선수들의 명언을 받아 적는 것에 그치는 것이 아
니라 선수들이 사용하는 마인드 전략이 실제로 효과가 있는지,
어떤 목적으로 사용하는지, 일상에서도 사용할 수 있는지를 실험
을 통해 밝혀내고 있다. 이런 과정을 통해 그들은 스포츠 심리학
의 신비한 기술을 우리 모두가 사용할 수 있는 실용적인 과학으
로 변모시키고 있다.

이러한 연구가 부른 변화는 아무리 강조해도 지나침이 없다.
2018년에 나는 인간 능력의 한계에 대한 질문을 다룬 책《인듀
어》를 출간했다. 그 책의 결론은 이렇다. 우리가 벽에 부딪혔다고
느낄 때 그것이 신체의 한계로 인한 경우는 거의 없다. 우리가 어
디까지 갈 수 있는지 결정하는 것은 우리의 정신이다. 이는 나에

게는 무척 위대하게 느껴지는 발견이었지만 여전히 중요한 질문들이 남아 있었다. 책이 출간된 후 했던 강연이나 인터뷰에서도 이 질문은 계속 되풀이되었다. 만약 우리의 한계를 정하는 것이 우리의 정신이라면 그 한계를 어떻게 바꿀 수 있는가?

당시에는 이 질문에 해답을 제시할 수 없었지만 웃음이 달리기에 미치는 영향에 관한 노엘의 연구는 나에게 새로운 깨달음을 주었다. 세계 정상급 운동선수의 경험을 적용하여 일반인도 자신의 능력을 키울 수 있게 하는 마인드 전략에 관한 연구가 스포츠 심리학계에서 이미 활발하게 이루어지고 있었던 것이다. 이런 지식의 대부분이 난해한 학술지에 묻혀 있거나 반대로 무면허 사기꾼들에 의해 설익은 형태로 무분별하게 설파되고 있는 것이 문제였다.

이것이 바로 이 책이 특별한 이유다. 노엘 브릭과 달리는 저널리스트로 한 시대를 풍미했던 스콧 더글러스Scott Douglas가 공동 저술한 이 책은 학술적으로 탄탄하면서도 일반인도 이해하기 쉬운 지침서이다. 노엘과 스콧은 이 책을 통해 운동선수로서, 과학자로서, 소통자로서의 관점을 제시한다. 이 책을 다 읽을 때쯤이면 여러분도 각자의 인생의 목표와 도전을 향해 달려갈 새로운 전략과 활력을 얻게 될 것이다. 어쩌면 환한 미소와 함께.

AH

알렉스 허친슨은 인간의 한계는 몸이 아니라 마음이 결정한다고 주장한《뉴욕 타임스》베스트셀러《인듀어》의 저자이다.

멍청한 운동선수는 이제 은퇴할 때가 되었다.

특정 선수를 이야기하는 게 아니다. 텅 빈 머리에 가진 건 근육뿐이고 아무 생각 없이 완력으로만 훈련하며 경기를 치른다고 생각하는, 운동선수에 대한 편견을 말하는 것이다. 정상급 선수들은 사실 끊임없이 생각하고 또 생각한다. 이 책을 통해 앞으로 더 살펴보겠지만 그들이 구체적으로 어떤 생각을 하는지는 상황과 조건에 따라 달라진다. 그러나 그들 생각의 목표는 하나다. "어떻게 하면 나의 신체적, 정신적 자원을 최대한 활용해서 최고의 퍼포먼스를 낼 수 있을까?" 이러한 질문에 매번 올바르게 대답하는 선수가 더 자주 승리하는 것은 당연한 이치다.

물론 규칙적으로 운동하는 사람은 누구나 몸을 움직이며 많은 생각을 한다. 그런데 그중 성공에 도움이 되는 생각은 무엇일까? 이 책의 공동 저자인 노엘을 비롯한 여러 학자의 연구 결과에 따르면 엘리트 운동선수들이 좋은 성적을 내기 위해 사용하는 몇 가지 공통적인 마인드 전략이 있다. 이는 운동선수라면 흔히 그럴 거라 예상하는 '그냥 죽어라 버틴다'는 식의 진부한 생각보다 훨씬 정교하다. 뛰어난 기량을 지닌 운동선수들은 상황을 파악하고 자신을 다독이고 시간을 다스리는, 유용한 자신만의 심리적 도구 상자를 가지고 있다. 이러한 도구 상자를 보유한 선수는 훈련하고 경쟁하다 난관에 부딪힐 때 어떤 기술로 극복해야 하는지 알고 있다.

다행히도 누구나 학습을 통해 심리적 기술을 배울 수 있다. 앞으로 더 살펴보게 되겠지만 정상급 운동선수들도 오랜 경험과 다른 선수, 코치, 스포츠 심리학자에게 배워 이러한 기술을 습득했다. 이 책은 그러한 학습 시간을 크게 단축해 줄 것이다. 운동선수처럼 생각할 수 있게 되면 인생이 바뀔 수 있다. 이 책을 읽고 나면 성공에 어떤 마인드 전략이 가장 효과적인지, 상황별로(엄두가 안 나는 일을 시작해야 할 때, 의욕을 유지하려 애쓰고 있을 때, 그만두고 싶을 때 등) 가장 유용한 심리적 도구가 무엇인지 알게 될 것이다. 이러한 기술은 순간의 어려움을 극복하게 할 뿐 아니라 우리의 장기적인 목표도 이루게 하는 성공의 열쇠가 될 것이다.

운동선수의 마인드 전략을 현실에 적용하기

이러한 마인드 전략은 일단 배워 두면 일상생활에서도 유용하게 사용할 수 있다. 이 책을 통해 우리는 올림픽 선수부터 운동을 즐기는 일반인에 이르기까지 운동하는 사람들이 스포츠와 관런 없는 상황에서(대형 금융회사의 운영, 암과의 투병, 학업의 성취, 지역 보건 위기 상황 대응, 스타트업 기업 성장 등) 이러한 마인드 전략을 어떻게 적용했는지 살펴볼 것이다.

스포츠를 통해 우리는 현실의 어려움을 헤쳐나가는 데 도움이 되는 중요한 기술을 배울 수 있다. 스포츠는 목표 설정법, 목표 달성법, 문제 해결법, 스트레스 대처법, 감정 관리법, 실패 후 다시 목표에 집중하는 법, 자신감 키우는 법을 가르쳐 준다.[1] 스포츠를 통해 우리는 노력과 인내, 팀워크의 가치를 깨닫게 된다.

그 외에도 우리는 스포츠를 통해 다른 사람을 존중하고 자신의 행동에 책임을 지는 일이 중요하다는 걸 배우게 된다. 연구에 따르면 스포츠를 통해 학습한 인간관계와 사회적 기술은 뛰어난 코치나 세심한 부모의 직접적인 개입 없이도 삶의 여러 영역에서 도움이 되는 것으로 나타났다.[2]

더 나아가 마라톤 완주를 위한 성실성, 치열한 농구 경기에 필요한 감정 조절, 주짓수 대회 전반에 걸쳐 발휘해야 하는 인내심과 집중력처럼 우리 인생에 필수적인 여러 삶의 기술을 스포츠를 통해 익힐 수 있다.[3] 스포츠가 삶의 기술에 미치는 영향에 대한 연구가 늘어남에 따라 전 연령대의 사람이 스포츠를 통해 학습한 마인드 기술을 삶에 적용할 수 있도록 돕는 여러 프로그램이 탄생했다.

그중 하나인 미국의 비영리 단체 '달리는 소녀들Girls on the Run'은 3~8학년 여학생을 대상으로 달리기와 신체 활동을 기반으로 한 삶의 기술과 건강한 생활 습관을 가르친다.[4] 3~5학년 여

학생을 대상으로 한 같은 이름의 프로그램 역시 소녀들에게 목표를 설정하고 감정을 관리하고 자신을 표현하며 스스로를 지킬 수 있도록 돕는 여러 기술을 가르친다. 이 프로그램이 제공하는 10주 과정을 수료한 소녀들은 감정 관리하기(좌절하거나 화가 났을 때 스스로 진정하기 등), 갈등 및 이견 해결하기, 부당한 상황에 놓인 타인 돕기, 신중한 결정 내리기 등 삶의 기술 영역에서 많은 향상을 이루었다고 보고했다.[5] 이러한 향상은 프로그램 수료 이후에도 오래 지속되는 것으로 나타났다. 프로그램을 수료한 후 3개월이 지난 후에 실시한 연구에 따르면 참가자들은 이후에 특별히 추가적인 훈련을 받지 않았음에도 불구하고 본 프로그램을 통해 익힌 생활 개선 습관을 삶에서 지속적으로 실천하고 있다고 보고했다.[6]

12~17세 남학생을 대상으로 하는 호주의 스포츠 기반 정신 건강 프로그램 '앞서 나가기Ahead of the Game'도 마찬가지다.[7] 이 프로그램에서 소년들은 연령대에 맞게 특별히 맞춤 설계된 두 가지 핵심 교육을 받는다. 첫째는 그룹으로 진행하는 정신 건강 교육 워크숍 '친구 돕기Help Out a Mate'다. 이 워크숍을 통해 소년들은 우울증과 불안의 징후를 알아차리는 방법과 도움을 요청하는 방법, 스스로를 돕는 방법을 학습한다. 둘째는 '스포츠로 배우는 성공의 길Your Path to Success in Sports'이라는 이름의 단일 워크숍과 짧은 온라인 교과다. 이 워크숍에서 소년들은 (이 책 전반에 걸쳐 제시되어 있는) 엘리트 운동선수가 역경을 극복하고 회복탄력성을 키우는 데 사용하는 마인드 전략을 배운다.[8] 여기에는 문제 해

결하기, 통제할 수 있는 행동에 집중하기, 생각과 감정 관리하기 등이 포함된다. 이러한 학습을 통해 소년들은 정신 건강 문제 징후를 더 잘 알아차리고 건강한 삶을 영위하며 심리적 회복탄력성을 단련하는 등 스포츠뿐 아니라 일상생활에서도 긍정적인 효과를 누릴 수 있었다.[9]

그 외에도 엘리트 운동선수의 마인드 전략을 스포츠가 아닌 환경에 적용하는 방법을 가르치는 여러 프로그램이 있다. 이는 일반인도 운동선수의 심리 기술을 통해 삶의 발전을 이룰 수 있음을 의미한다. 이러한 프로그램 중 하나인 영국 버밍엄대학교의 10주 프로그램 '삶을 위한 근력 운동My Strength Training For Life, MST4Life'을 한번 살펴보자.[10]

MST4Life는 버밍엄대학교 연구진이 영국 웨스트미들랜즈 지역의 청소년 노숙자를 위한 자선단체 '세인트 바질스St. Basils'와 협력하여 만든 프로그램이다. 직장이나 학업에 종사하지 않고 직업 훈련도 받고 있지 않은 젊은 노숙인을 대상으로 한 이 프로그램은 참가자들이 생활 기술의 학습을 통해 회복탄력성을 키우고 이 과정에서 자존감과 행복감을 회복하여 다시 사회에 참여할 수 있게 돕는 것을 목표로 한다. 이를 위한 활동에는 자신의 정신적 강점 파악하기('부록 1' 참조), 목표 설정하기, 어려운 상황을 극복하기 위한 계획 세우기, 감정 관리하기, 스트레스 상황에 대처하기 등의 마인드 전략 개발을 돕는 후속 프로그램이 포함된다.[11] 이 프로그램에 대한 최근 평가에 따르면 청소년들에게 자신의 정신적 강점을 알게 해 주면 회복탄력성, 자존감, 행복감 상승에 도움이 되는 것으로 나타났다.[12] 이처럼 우리도 자신의 강점과 약점을 스스로 파악하고 이 책이 제시하는 여러 기술을 활용하여 삶의 여러 영역에서 큰 힘을 발휘할 수 있다. MST4Life의 사례를 통해 알 수 있듯 이러한 힘은 성공한 운동선수들만 누릴 수 있는 것이 아니다. 누구든지 운동선수처럼 생각하는 방법만 익힐 수 있다면 이러한 혜택을 누릴 수 있다.

마인드 전략을 위한 도구와 사용법

앞서 말했듯 우리는 이러한 마인드 전략을 일종의 심리적 도구 상자라고 생각한다. 도구 상자를 잘 활용하려면 두 가지가 중요하다. 첫째는 모든 도구의 사용법을 알아야 하고 둘째는 어떤 상황에서 어떤 도구를 사용해야 하는지 알아야 한다.

우리는 이러한 생각을 중심으로 이 책을 구성했다. 1부에서는 운동선수가 최고의 기량을 내기 위해 사용하는 다섯 가지 심리적 도구가 무엇인지 각각 설명할 것이다. 여기에는 운동선수들이 목표를 설정하고 달성하는 방법, 감정을 조절하는 방법, 집중력을 높이는 방법, 스스로와 대화하는 방법, 자신감을 키우는 방법 등이 포함된다(도구라고 해 봤자 별달리 새로울 게 없다고 느껴질지 모르지만 운동선수들이 이러한 도구를 사용하는 방식은 결코 평범하지 않다). 2부에서는 우리 삶에 닥치는 일반적인 역경들을 단계별로 살펴보고 단계마다 어떤 조합의 도구를 사용해서 헤쳐 나갈 때 가장 큰 효과를 누릴 수 있는지 살펴볼 것이다.

2부에 제시되는 여러 상황별 시나리오는 운동 상황뿐 아니라 일상생활에도 적용할 수 있다는 점을 다시 한번 강조하고 싶다. 책을 함께 쓴 노엘과 스콧이 이룬 모든 업적(노엘의 박사 학위 취득과 연구 업적, 스콧의 《뉴욕 타임스》 베스트셀러 책 출간 등)도 우리가 평생 운동을 통해 습득하고 단련한 마인드 기술이 있었기에 가능한 일이었다.

이 책이 제시하는 여러 가지 심리적 도구와 사용법에 관해 읽다 보면 여러분은 삶의 역경에 대처하는 자신의 방식과 운동선수의 방식을 비교해 보게 될 것이다. 그러한 비교는 건설적인 성찰이다. 이러한 자기 성찰을 좀 더 심도 있게 경험해 보고 싶은 독자들을 위해 자신의 정신적 강점을 파악하기 위한 재미있는 활동지를 '부록 1'에 첨부했다. 이 활동지는 자기를 더 잘 이해하고 어떤 영역에 마인드 기술을 통한 향상이 필요한지 파악하는 데 큰 도움이 될 것이다. 이 책을 읽으면서 언제든지 필요에 따라 자신의 강점 프로필을 작성해 볼 수 있다.

운동선수처럼 생각하기를 통해 인생을 바꾼 우리의 이야기를, 그리고 많은 사람의 이야기를 여러분과 공유할 수 있어 무척 기쁘다. 그럼 바로 시작해 보자!

강한 마음을 만드는 다섯 가지 핵심 기술

1장 | 성공은 여기서 시작된다

목표 설정과 목표 달성을 위한
심리적 도구

저명한 생물학자 베른트 하인리히Bernd Heinrich는 꿀벌이 먹이를 나눠 먹는 방법이나 피가 섞이지 않은 까마귀 간의 의사소통 방법 같은 흥미로운 연구들로 유명하다. 그러나 우리는 그가 제안한, 증명할 수 없는 한 이론이 그의 가장 중요한 공헌이라고 생각한다.

크리스토퍼 맥두걸Christopher McDougall의 베스트셀러《본 투 런Born to Run》이 장거리 달리기가 인류 진화에 지대한 영향을 미쳤다는 생각을 대중화하기 훨씬 전에 하인리히는《우리는 왜 달리는가Why We Run》라는 제목의 책을 출간했다. 원래 이 책의 제목은《영양과 경쟁하다Racing the Antelope》였는데 이 제목이 하인리히의 핵심 생각을 더 잘 드러낸다. 그에 따르면 인류 조상의 끈질

긴 사냥, 즉 먹잇감이 지쳐 쓰러질 때까지 추격했던 역사는 지금도 우리의 정신에 영향을 미치고 있다. 그는 이렇게 썼다. "인간 심리는 장기적인 목표를 추구하도록 진화해 왔다. 그것이 수백만 년 동안 인간이 식량을 얻기 위해 평균적으로 해야만 했던 일이기 때문이다."[1]

이 관점에서 봤을 때 장기 목표를 향한 노력은 인간다움 그 자체다. 하인리히는 그러한 노력을 '대체 추격 활동'이라고 부른다. 하인리히에게는 그것이 연구와 달리기였는데 그는 100킬로미터와 160킬로미터 달리기 경주에서 미국인 최고 기록을 보유하기도 했다. 우리의 대체 추격 활동은 운동 외에도 학위 취득, 신제품 출시, 예술 작품 창조와 같은 여러 가지 야심 찬 인생 목표가 될 수 있다.

그런데 많은 경우 목표를 세우는 것은 그다지 어렵지 않다. 공상은 누구에게나 쉽고 재미있다. 그러나 목표를 달성하기 위해 지속적으로 노력하는 것에는 많은 사람이 어려움을 느낀다. 앞으로 더 살펴보겠지만 운동선수들이 다른 사람들보다 유리한 것은 그들이 올바른 목표를 설정하고 집중할 줄 안다는 것이다. 이를 위해 그들은 운동선수 특유의 사고력을 발휘하여 목표 달성을 위한 발판을 마련한다. 이번 장에서는 대체 추격 활동의 두 단계, 즉 목표 설정 단계와 목표 달성을 위한 노력 단계에서 모두 성공할 수 있는 방법을 살펴보고자 한다.

모든 목표가 똑같지는 않다

목표 설정의 기본에서부터 이야기를 시작해 보자. 개인적인 목표를 세우고 이를 달성하기 위해 해야 하는 일을 생각하는 과정에서 우리는 목표를 상호 연결된 세 가지 유형, 즉 결과 목표, 성과 목표, 과정 목표로 분류할 수 있다.

결과 목표는 우리가 이루고자 하는 야망의 중심이자 행동의 최종 결과이다. 대회 우승, 대학 졸업, 체중 감량 등의 목표가 여기에 포함된다.

성과 목표는 결과 목표를 성취하는 데 도움이 된다. 대회에서 우승하거나 대학을 졸업하려면 개인 최고 기록을 세우거나 꾸준히 성적을 유지하는 등 일정 수준의 성과가 필요하다. 마찬가지로 체중 감량이라는 목표에도 수치를 설정할 수 있다. 성과 목표는 목표 달성을 위해 우리가 어떤 행동을 해야 할지 알게 하고 진행 상황을 가늠해 볼 수 있는 측정 가능한 기준을 제공한다. 현실적이고 달성 가능한 목표라면 이러한 성과 목표를 세우는 것은 좋은 일이다.

과정 목표는 성과 목표를 달성하기 위해 우리가 하는 일들, 마침내 결과 목표를 달성하기 위해 하는 모든 활동이다. 목표 달성을 위한 구성 요소라고 생각하면 이해하기 쉽다. 준비 활동, 생각하는 방식, 스스로에게 하는 말 등 특정 수준의 성과를 내기 위해 우리가 물리적으로 하는 모든 일이 여기에 포함된다.

여기까지는 새로울 게 없는 이야기일지 모른다. 사실 우리는 대부분 인생의 어느 지점에서는 이런 식의 목표를 세운 경험이 있다. 그런데 중요한 건 목표를 설정하고 이를 달성하기 위한 노력을 시작할 때 대부분의 사람이 결과 목표와 성과 목표에만 집중한다는 사실이다. 이렇게 최종 결과(결과 목표)에만 집중하다 보면 목표에 도달하기 위해 거쳐야 할 단계(과정 목표)를 간과하게 된다. 이는 마치 이동 경로 계획 없이 여행을 떠나는 것과 같다. 그래서 많은 사람이 목표를 세우고 이를 달성하기 위한 여행을 떠났다가 결국 원점으로 되돌아온다. 그런데 최고의 운동선수들이 목표를 설정하는 방식은 이와 다르다.

결과 목표는 우리에게 동기를 부여하지만 과정 목표보다 훨씬 통제하기 어렵다. 따라서 우리가 어떤 성과를 내려고 할 때 결과 목표에 너무 집중하면 오히려 불안해지고 집중력을 잃을 수 있다.[2] 골프선수가 "이 퍼팅을 반드시 성공시켜야 우승할 수 있어"라고 되뇌거나 시험 보는 학생이 시험에 합격하거나 불합격했을 때 어떤 일이 벌어질지 생각하는 모습을 상상해 보자. 이렇게 최종 결과와 그로 인한 불안감에 골몰하다 보면 성공적인 결과를 얻을 확률이 낮아질 것이다.

반면 최고의 운동선수들은 야심 찬 목표 달성을 위해 해야 할 단계별 활동, 즉 과정에 집중한다. 이런 접근 방식을 적용한다면 골프선수와 학생도 긴장을 풀고 현재에 집중하는 데 도움이 되는 마인드 전략을 사용할 수 있을 것이다. 그리하여 그들은 최고의 기량을 발휘하여 원하는 결과를 얻을 확률을 높일 수 있다.

이러한 마인드 전략이 바로 이 책의 핵심 내용이다. 여기에는 중압감 속에서도 침착과 집중력을 유지하고 자신감을 잃지 않으며 내면의 목소리가 "난 이걸 해낼 수 없어"라고 말할 때도 긍정적인 태도를 유지하도록 돕는 심리적 도구가 포함되어 있다. 성공한 운동선수는 어떻게 생각하는지가 연구 경력 내내 우리의 관심 분야이자 동기 부여의 원천이었다. 거기에 운동선수의 사고 방식이 삶의 다른 영역에 어떤 도움을 줄 수 있는지 알아보고자 하는 호기심이 더해져 우리는 이 책을 쓰게 되었다.

이러한 질문에 답하기 위해 우리는 학습 목표, 즉 '운동선수들이 뛰어난 성과를 내고 목표를 달성하기 위해 실행하는 단계별 과정 학습하기'라는 목표를 세웠다.[3] 여러분도 우리와 같은 목표를 세워 보길 권한다. 그리고 우리가 성공한 운동선수들을 연구하고 그들과 대화하며 발견한 내용을 공유하는 이 여행에 동참하길 바란다. 또한 우리는 운동선수들의 마인드 전략을 삶의 다른 영역에 어떻게 적용할 수 있는지도 살펴볼 것이다. 여기에는 앞서 열거한 거창한 인생의 목표는 물론이고 더 자주 운동하기, 건강에 좋은 음식 먹기, 직장에서 자신감 있게 말하기 등 우리 모두가 원하지만 매번 달성하지 못하는 일상적인 도전들도 포함된다. 우리의 최종 목적이 무엇이든 야심 찬 목표가 무엇이든 모든 여정은 한 걸음에서부터 시작된다.

목표 세분화하기: 첫걸음 내딛기

운동선수들은 목표를 세울 때 결과 목표, 성과 목표, 절차 목표, 학습 목표를 조합해서 세우는 경우가 많다. 또한 장기적인 목표를 좀 더 관리하기 쉬운 단기적인 덩어리, 즉 하위 목표들로 세분화한다. 큰 골프 대회에서 세 차례나 챔피언 자리를 거머쥔 로리 매킬로이Rory McIlroy의 사례를 들어 보자.

> 목표를 설정하는 방식에는 여러 가지가 있어요. 장기적인 목표를 세울 때 결과 중심의 목표(결과 목표)를 세울 수도 있겠지만 그 결과에 도달하는 데 도움이 되는 작은 단기 목표들을 세울 수도 있죠. 예를 들면 '나는 마스터스The Masters Tournament(미국 프로 골프 협회 PGA가 주관하는 4대 메이저 남자 골프 대회의 하나—옮긴이주)에서 우승할 거야'라는 목표를 세우는 대신에 마스터스에서 우승하려면 무엇이 필요할지(절차 목표) 생각해 보고 또한 무엇을 개선해야 할지(학습 목표) 생각해 보는 거죠.[4]

이렇게 크고 도달하기 어려운 목표를 머릿속에서 작은 덩어리로 세분화해 생각하는 방식을 '청킹Chunking'이라고 한다. 매킬로이처럼 우리도 청킹을 통해 장기적인 목표 달성을 도와줄 작은 목표들을 설정할 수 있다.

숙련된 운동선수들도 작은 목표에 집중하는 방식을 통해 크고 원대한 목표를 관리하기 쉽게 만든다. 엘리트 달리기 선수들이 경주 중에 하는 생각을 연구하는 과정에서 노엘이 인터뷰했던 한 올림픽 마라톤 선수의 방식도 권장할 만하다.

> 마라톤 출발선에 서서 '나는 오늘 42킬로미터를 달릴 거야'라고 생각했다간 아마 미치고 말걸요? 그래서 저는 달려야 할 거리를

작은 덩어리로, 그러니까 8킬로미터씩 나눠서 생각해요. '16킬로미터 지점까지 가면 어떤 느낌이 들까?'라고 생각해 보는 거죠. 특히 하프 마라톤(21.0975킬로미터)을 달릴 때면 13킬로미터 정도까지 달린 지점에서부터는 계속 그 생각을 머리에 떠올려요. '이제 조금만 더 가면 16킬로미터야.'[5]

이 선수는 로리 매킬로이와 마찬가지로 목표를 세울 때 장기 목표만 세우기보다는 단기 목표와 장기 목표를 결합하여 세우는 것이 더 좋은 성과로 이어질 수 있다는 사실을 알고 있다.[6] 여러 연구 결과가 이들의 생각이 옳다는 것을 증명한다. 단기적인 하위 목표를 하나씩 달성할 때마다 우리는 스스로 잘하고 있다는 확신과 앞으로도 노력을 지속할 힘을 얻는다. 이는 장기 목표로부터는 얻기 힘든 아주 유용한 피드백으로 작용한다.[7]

그러나 여기에는 주의도 필요하다. 단기 목표 달성에만 안주하다가 자칫 장기 목표 달성을 놓칠 수도 있기 때문이다. 이런 문제를 해결하려면 단기 목표는 우리가 궁극적으로 이루려는 더 큰 목표의 일부라는 것을 주기적으로 상기해야 한다. 이는 '결과 목표'가 목표 설정 조합에서 여전히 중요한 부분을 차지하는 이유이기도 하다.

또한 단기 목표 달성 실패가 오히려 의욕을 떨어뜨리고 더 큰 목표 달성을 불가능하다고 여기게 만들 수 있다. 이럴 경우에는 시야를 작은 목표에 고정하고 목표를 유연하게 재조정하여 새로운 성과 목표, 절차 목표 또는 학습 목표를 세우는 것이 다시 정

상 궤도에 오르는 데 도움이 된다.[8]

목표 기록하기

대부분의 사람은 목표를 세울 때 이를 마음속으로만 생각한다. 우리는 목표를 자주 떠올리면서도 기록하지 않는 경우가 많다. 그런데 운동선수들은 목표를 기록하는 것 자체가 강력한 동기 부여가 될 수 있다는 사실을 알고 있다.

뉴질랜드의 럭비선수 리치 매코Richie McCaw의 사례를 살펴보자. 뉴질랜드 남섬에 있는 노스오타고North Otago 지방에서 80년대와 90년대를 보내며 성장한 매코 선수는 어렸을 때부터 같은 지역에 사는 수많은 또래와 같은 꿈을 꾸며 자랐다. 그것은 위대한 럭비 선수가 되겠다는 꿈이었다. 17세에 이미 재능 있는 럭비 선수로 활약한 그는 뉴질랜드 국가대표팀 '올블랙스All Blacks(뉴질랜드 국가대표팀의 별명. 상의, 하의, 양말까지 모두 검은색인 유니폼 때문에 생겨났다—옮긴이주)'에 들어가고 싶었다. 그러나 올블랙스가 되는 길은 결코 쉽지 않을 터였다. 뉴질랜드에는 등록된 럭비선수만 무려 15만 명에 이르렀고 이는 인구의 3퍼센트에 해당했다. 남아프리카공화국, 아일랜드, 영국, 호주 등 다른 경쟁국의 럭비 선수 인구 비율이 1퍼센트인 것을 감안하면 매우 큰 수치다.[9]

어린 매코 선수가 가족들에게 자신의 꿈을 털어놓았을 때 삼촌 존 매클레이John McLay는 조카에게 올블랙스가 된다는 장기 목표를 이루기 위해 거쳐야 할 단계를 종이에 적어 보라고 조언했다. 1998년의 어느 날 오후, 그들은 식당에 앉아 종이 냅킨 위에 매코 선수의 꿈을 이루기 위해 밟아야 할 과정을 시간표와 함께 작성했다.[10] 그 시간표에 따르면 매코는 1999년이 지나기 전에 19세 미만 청소년 대표팀에 들어가야 했고 2001년이 지나기 전에 21세 미만 프로팀에 들어가야 했다. 그리고 2003년이 지나기 전에 캔터베리 크루세이더스Canterbury Crusaders 구단에 들어가 프로 대회 중 최고 레벨을 자랑하는 슈퍼 럭비Super Rugby 대회에 출전해야 했다. 이런 단계별 목표를 모두 성취할 경우 매코는 2004년이 지나기 전에 올블랙스가 될 준비를 마칠 터였다.

그런데 여기에서 멈출 필요가 있을까? 매클레이는 조카에게 더 큰 목표를 세워 보라고 조언했다. 단지 '올블랙스가 되는 것'에 만족할 게 아니라 '위대한 올블랙스'가 되어 뉴질랜드 역사상 최고의 럭비 선수가 되는 목표를 세우라고 권유한 것이다. 함께 작성한 시간표에 삼촌의 제안처럼 '위대한 올블랙스Great All Black'라고 쓰기 쑥스러웠던 매코는 자신의 궁극적인 꿈을 축약해서 'G.A.B'라고만 적었다.

이후 매코는 자신의 목표보다 빠른 2001년에 올블랙스가 되어 아일랜드를 상대로 데뷔전을 치렀고 이후 148번의 국제 경기에 출전했다. 그가 2015년에 은퇴하기까지 그를 주장으로 둔 뉴질랜드 국가대표팀은 두 번이나 럭비 월드컵에서 우승했고 매코는 세 번이나 올해의 럭비선수로 선정되었다. 또한 그는 국제 경기 최다승, 국제 경기 주장 최다 출전이라는 기록도 보유하게 되었다. 오늘날 매코는 많은 이로부터 역사상 가장 위대한 올블랙스라는 칭송을 받고 있다.[11]

그가 걸어온 길을 되돌아보면 많은 이가 간과하지만 성공한 운동선수들은 알고 있는 중요한 목표 설정 원칙 하나를 발견할 수 있다. 그건 바로 기록의 중요성이다.[12] 단기 목표와 장기 목표를 기록해 두면 초점과 방향성을 잃지 않는다는 장점이 있다. 이는 특히 일이 원활하게 진행되지 않을 때 큰 도움이 된다. 2장에서 살펴보겠지만 매코와 그가 이끄는 올블랙스 선수들의 성공은 위의 요약 버전처럼 원활하고 순조롭지만은 않았다.

나의 능력은 어디까지일까?

매코가 세운 시간표는 구체적이고 도전적이면서도 현실적이고 측정 가능하며 시간 제한이 있다는 점에서 전문가들이 목표 설정에 대해 조언하는 모든 조건에 대부분 부합한다.[13] '1999년이 지나기 전에 19세 미만 청소년대표팀에 들어간다'라는 목표가 좋은 예이다. 또한 이런 시간표는 매코가 자신의 꿈을 이루기 위해 '지금 해야 하는' 일에 집중하도록 도와주었다.

그러나 사실 매코의 목표 중 가장 흥미로운 것은 그의 궁극적인 꿈, 즉 '위대한 올블랙스 되기'였다. 사실 '위대함'을 어떻게 측정할 수 있을까? '위대함'의 달성 여부는 어떻게 판단하는가? 이런 생각을 하면 2016년에 방영된 매코의 삶과 경력에 관한 다큐멘터리 제목에도 등장하는 〈위대함을 좇아서chasing great〉라는 문구가 떠오르지 않을 수 없다. 결승선 없는 경주, 결코 손에 잡히지 않는 막연한 꿈을 향한 끊임없는 질주가 연상되기 때문이다.

하지만 때로는 그 막연함이 성공의 열쇠일 수 있다. 언제 도달할 수 있을지 알 수 없는 목표를 고정해 놓고 노력하는 것은 무척 부담스럽다. 차라리 열일곱 살 어린 소년에게는 '위대한 올블랙스 되기' 같은 막연한 목표가 '역사상 최다 경기 승리' 같은 구체적인 기준보다는 덜 부담스럽게 느껴졌을 것이다. 이처럼 고정된 목표가 너무 큰 중압감으로 다가올 때는 유연한 '개방형 목표', 즉 구체적이지 않고 측정 가능하지 않은 목표를 설정하는 것이 오히려 도움이 될 수 있다.

개방형 목표에 관한 연구는 아직 초기 단계지만 목표의 개방성이 우리의 감정과 수행 능력에 영향을 줄 수 있다는 생각은 무척 흥미롭다. 이 주제로 진행한 초기 연구 중 하나를 살펴보자. 연구진은 건강한 성인 78명에게 농구 코트 둘레를 6분 동안 세 번 걷게 했다.[14] 첫 번째 걷기를 통해 각 사람의 기준 거리를 측정한 연구진은 두 번째 걷기부터는 모든 참가자를 다음 네 그룹 중 하나에 무작위로 배정했다. 첫 번째 그룹은 '특정 수행 목표'를 배정받은 그룹으로 두 번째 걷기에서는 16.67퍼센트 더 멀리, 세 번째 걷기에서는 8.33퍼센트 더 멀리 걸으라는 미션을 부여받았다. 두 번째 그룹은 '열린 수행 목표'를 배정받은 그룹으로 두 번째와 세 번째 걷기에서 자신이 6분 동안 얼마만큼 멀리 걸을 수 있는지 관찰하라는 미션을 부여받았다. 세 번째 그룹은 '최선을 다하기' 그룹으로 이름처럼 두 번째와 세 번째 걷기에서 6분 동안 최선을 다해 멀리까지 걸으라는 미션을 부여받았다. 마지막 '목표 없음' 그룹은 두 번째와 세 번째 걷기에서 평소 속도로 걸으라는 미션을 부여받았다.

예상처럼 '목표 없음' 그룹보다는 목표를 부여받은 나머지 세 개의 그룹이 두 번째와 세 번째 걷기에서 더 많이 걸었다. 세 개의 그룹이 걸은 거리에는 큰 차이가 없었다. 그런데 각 그룹이 느낀 감정에는 큰 차이가 있었다. 구체적인 목표를 부여받은 그룹은 걷는 동안 목표 달성에 대한 중압감을 다른 그룹보다 더 많이 느꼈다고 대답했다. 반면 열린 목표를 부여받은 그룹은 걷기에 더 많은 흥미를 보였다. 운동량을 늘리고 유지하려는 목표를 세운 사람들에게 이는 매우 중요한 시사점을 남긴다. 자신이 하는 일에 진정으로 흥미를 느끼는 사람이 '해야 하니까 한다'라고 생각하는 사람보다 그 일을 훨씬 더 오래, 많이 할 가능성이 높기 때문이다.

2020년에 진행한 후속 연구에 따르면 평소에 규칙적 운동을 하지 않는 참가자들은 구체적인 성과 목표보다는 열린 목표가 주어졌을 때 실험이 진행된 6분 동안 더 많은 거리를 걸었고 그 과정에서 더 많은 즐거움을 느낀 것으로 나타났다.[15] 반면 평소에 많이 걷고 규칙적인 운동에 익숙한 참가자들은 구체적인 목표가 주어졌을 때 더 많이 걷고 즐거움을 느꼈다고 대답했다.

이러한 연구 결과를 종합해 보면 구체적인 목표 설정은 정해진 기준을 반드시 달성해야 한다는 중압감으로 작용할 수 있다. 물론 그런 압박감이 늘 나쁜 것만은 아니다. 규칙적인 운동에 익숙한 참가자에게는 이러한 압박감이 더 높은 성적을 내는 데 도움이 되었던 것처럼 어느 정도 숙련도를 갖춘 사람에게는 구체적인 목표 설정이 오히려 동기 부여가 될 수 있다.

그러나 숙련되지 않은 사람에게는 개방형 목표가 덜 부담스럽고 더 즐거우며 더 높은 성과를 내는 데 도움이 될 수 있다. 현재는 성취가 요원해 보이는 야심 찬 목표를 향한 여정이 막 시작되려는 단계에서는 특히 그렇다. 이때에는 열린 목표에 집중하면서 그 목표가 우리를 어디로 데려갈지 기대하는 마음으로 여정에 임하는 게 더 좋은 전략이 될 수 있다.

3장에서 더 자세히 살펴보게 되겠지만 연구 결과에 따르면 운동선수가 최고의 기량을 내는 '몰입 상태'에 도달하기 위해서는 구체적인 목표와 개방형 목표 모두 도움이 된다. 어떤 유형의 목표가 운동선수에게 가장 효과적인지와 이를 통해 우리가 얻을 수 있는 교훈은 상황에 따라 달라질 수 있다.

목표 설정과 행동 사이

목표 설정을 잘하는 것은 물론 중요하다. 그러나 목표를 전략적으로 세분화하고 기록하고 적절한 유형의 목표를 세웠다 하더라도 이는 시작에 불과할 뿐이다. 목표를 잘 세웠다고 해서 그것이 저절로 달성되는 것은 아니다. 오히려 목표 달성을 위한 행동을 아예 시작도 하지 않거나 목적지로 향하는 도중에 다른 곳으로 빠지기 일쑤다.[16] 이처럼 우리는 흔히 목표 설정과 행동 사이의 간극을 간과한다. 이 장의 후반부에서는 성공적인 운동선수들이 목표 달성을 위한 행동을 시작하고 도중에 이탈하지 않기 위해 사용하는 여러 전략과 그 효과를 입증해 주는 증거를 살펴볼 것이다.

평정심 유지하기

목표 달성을 위한 행동을 도와주는 첫 번째 전략은 놀랍도록 간단하지만 매우 효과적이다. 우리가 목표대로 실천하기에 자주 실패하는 이유 중 하나는 특정 상황에서 잘못된 선택을 하기 때문이다. 예를 들면 시험 합격이라는 목표를 세우고도 공부하기를 미루거나 식습관 개선과 체중 감량이라는 목표를 세우고도 디저트의 유혹에 굴복한다. 이러한 문제를 인식한 독일의 심리학 교수 페터 골비처Peter Gollwitzer는 힘든 상황이 닥쳤을 때 대응 방식을 바꿀 수 있게 돕는 원칙을 개발했다. 그는 이 원칙을 '이프덴 플래닝if-then planning'이라고 명명했다. 이를 공식으로 표현하면 다음과 같다. "만약 x라는 상황이 발생하면 나는 y를 실행하여 대응한다."[17]

이프덴 플래닝의 핵심은 어떤 상황이 닥쳐도 목표 달성이 방해받지 않는 방식으로 대응하는 것이다. 예를 들면 단순히 '이 책을 읽을 거야' 또는 '더 건강에 좋은 음식을 먹을 거야'라고만 생각하는 대신 자신의 목표를 위해 언제, 어디서, 어떻게 행동할 것인지 사전에 계획하는 것이다. 여기에서 '이프'에 해당되는 '만약의 상황'에는 목표 달성을 위한 '기회(조용히 독서하고 사색할 수 있는 시간이 주어지는 것 등)'와 목표 달성에 대한 '위기(정크 푸드의 유혹을 받는 것 등)'가 모두 포함된다.

캔자스시티 치프스Kansas City Chiefs 팀의 쿼터백을 맡고 있는 미식축구 선수 패트릭 머홈스Patrick Mahomes의 경험은 우리에게 힘든 상황이 닥쳤을 때 어떻게 생각하고 행동하면 좋을지 보여

준 모범 사례라 할 수 있다. 치프스는 2020년에 개최된 제54회 슈퍼볼에서 31대 20으로 승리했는데 그 방식이 무척 인상적이었다. 3쿼터 종료 시점에 샌프란시스코 포티나이너스San Francisco 49ers에게 10점 차로 뒤지고 있던 치프스는 마지막 쿼터에 무려 세 번의 무실점 터치다운을 기록하며 승리를 거두었다. 이 중 두 번의 터치다운은 머홈스의 작품이었다. 그전까지는 스스로도 인정했듯이 그가 그다지 좋은 경기력을 보여 주지 못하고 있었던 상황이었기에 이는 실로 놀라운 쾌거였다.

제54회 슈퍼볼이 열리기 3년 전인 2017년에 머홈스가 내셔널풋볼리그NFL 선발전을 위해 제출한 자기소개서를 읽어 보면 2020년도 대회의 경기 상황과 머홈스의 대응이 이미 예견되어 있다.

미식축구는 악천후에도 6만 관중 앞에서 환한 조명을 받으며 치러내야 하는 경기입니다. 그렇기에 어떤 상황에서도 팀원들을 끊임없이 독려해야 하며 경기 막판에 패배가 확실해 보이는 상황에서도 팀을 되살릴 수 있는 결단을 할 수 있어야 합니다. 레드존(상대팀의 엔드존으로부터 약 18미터 이내를 의미함—옮긴이주)까지 밀린 상황에서도 어떻게든 우승하기 위해 할 수 있는 모든 일을 해야 하죠. 때로는 경기가 완전히 무너져서 창의적으로 대처해야 할 때도 있습니다. 저는 완벽하지 않아요. 그렇지만 축구도 항상 완벽하지는 않죠. 모든 게 늘 예상대로 흘러가지는 않으니까요.[18]

"어떤 상황에서도"라는 그의 말이 '이프(if)'에 해당되는 부분이다. 즉 상대팀에게 큰 점수 차로 뒤지는 상태로 마지막 쿼터에 접어든 것과 같은 상황이 여기에 해당한다. 이때 '덴(then)'에 해당하는 그의 대응책은 팀원들의 사기가 꺾이지 않도록 최선을 다하면서 끝까지 결단력 있게 경기를 이끌어 나가는 것이다. 이처럼 어려운 상황이 닥쳤을 때를 대비한 대응책을 사전에 준비해 두고 거기에 집중할 때 우리가 원하는 결과를 얻을 가능성은 훨씬 높아진다.

우리도 일상에서 이런 마인드 전략을 사용할 수 있다. 목표를 세우고 이를 달성하기 위한 노력을 해 나가는 과정에서 방해꾼이 등장하거나 유혹 거리가 생겨나면 어떻게 대처할지 미리 생각해 두는 것이다. 이러한 이프덴 플래닝 기법은 식습관 개선에도 효과적이다. 몸에 좋지 않은 간식을 먹고 싶어질 때를 대비한 행동 계획을 사전에 마련해 두는 것이 그 방법이다. 예를 들면 이렇게 생각하는 것이다. "만약 몸에 안 좋은 음식을 먹고 싶어지면 주의를 돌리기 위해 다른 일을 해야지."[19]

위에 열거한 장애물들은 얼마든지 예측 가능하지 않으냐고 반문할 수도 있다. 물론 경기 마지막 몇 분을 앞두고 상대팀에게 지고 있는 상황이나 다스리기 어려운 식욕처럼 예상 가능한 장애물도 있다. 그러나 여전히 운동선수들로부터 배울 것은 있다. 예측하기 어려운 '만약의' 순간에 대비하는 것은 성공한 운동선수라면 누구나 일상적으로 하는 일이기 때문이다. 많은 경우 선수들은 어려운 상황에 맞닥뜨렸을 때 어떤 생각과 행동을 할지(절

차) 사전에 연습해 둔다. 잘 세워 둔 계획이 있으면 선수들은 난관을 만나도 집중력을 잃지 않고 더 나은 결정을 내릴 수 있다. 또한 예기치 못하게 경기력이 저하되는 상황을 만났을 때도 당황하지 않고 평정심을 유지할 수 있다.

이프덴 플래닝을 잘 활용한 예로 역사상 가장 위대한 올림픽 선수이자 23개의 금메달을 포함하여 28개의 올림픽 메달을 획득한 미국의 수영선수 마이클 펠프스Michael Phelps가 있다. 경기를 앞두고 훈련을 할 때면 그는 매일 밤 경기 도중에 발생할 수 있는 모든 긍정적인 상황과 부정적인 상황을 떠올려 보고 각 상황마다 자신이 어떤 생각과 행동으로 대응할지 머릿속으로 그렸다. 그의 코치 밥 보먼Bob Bowman은 펠프스가 어떤 상황에도 침착하게 대응할 수 있도록 훈련하는 과정에서 훈련 시간이나 덜 중요한 경기 도중에 일부러 어려운 도전 과제를 만들어 주기도 했다.

보먼의 저서 《골든 룰The Golden Rules》에 나오는 이야기가 있다. 한번은 호주에서 열린 월드컵 경기에서 보먼이 펠프스의 물안경을 일부러 밟아 깨뜨린 적이 있었다.[20] 펠프스는 경기가 시작된 후 물안경 안으로 물이 차오르기 시작할 때까지도 이를 전혀 눈치채지 못했다.

그러나 펠프스는 이러한 장애물에 구애받지 않았다. 그는 머릿속으로 스트로크(수영에서 팔로 물을 끌어당기는 동작—옮긴이주)의 수를 세는 방식으로 불편함을 해결했다. 그가 이렇게 할 수 있었던 이유는 보먼과 훈련할 때 수영장을 한 번 가로지르는데 몇 번의 스트로크가 필요한지 정확히 세어두었기 때문이다. 일부러 물안경을 밟아 깨뜨리기는 무의미한 훈련처럼 보일 수 있으나 보면은 선수들이 정말 중요한 대회에서는 어떤 '만약의 상황'이 발생해도 대비할 수 있어야 한다고 믿었다. 다시 말해 물안경이 깨지는 것 같은 돌발 상황이 발생해도 펠프스가 스트로크를 세는 것만 기억할 수 있다면 빠르게 경기에 재집중하고 상황에 대처할 수 있다고 생각한 것이다.

이런 보면의 생각은 펠프스의 선수 생활에서 중요한 경기 중 하나인 2008년 올림픽 접영 200미터 결승전에서 현실이 되었다. 경기 도중 펠프스의 물안경에 물이 새기 시작한 것이다. 펠프스는 갑자기 수영장 바닥의 레인 마커, 수영장의 끝을 알리는 벽, 경쟁 선수들의 모습을 전혀 볼 수 없게 되었다. 그는 사실상 갑자기 어둠 속에서 수영을 하게 된 것이나 다름없었다.

그러나 펠프스는 당황하지 않고 침착함을 유지했다. 그는 자신이 수영장을 한 번 가로지르는 데 스물한 번의 스트로크가 필요하다는 것을 알고 있었다. 마지막 랩에서 그는 호주에서 했던 것처럼 자신의 스트로크를 세기 시작했다. 중간 지점에 도달하자 그는 속도를 높였고 스물한 번째 스트로크가 끝나자 손을 내밀어 벽을 짚었다. 결과는 또 하나의 금메달과 세계 신기록의 탄생이었다.

머홈스와 펠프스의 사례를 통해 알 수 있듯이 이프덴 플래닝은 어려운 난관을 극복하는 데 매우 효과적인 방법이다. 치열한 경기뿐 아니라 시험 공부 하기, 식습관 개선하기, 규칙적으로 운동하기, 새로운 업무 프로젝트 시작하기 같은 일상적인 상황에서도 이프덴 플래닝은 난관을 만났을 때 최선의 성과를 낼 수 있도

발생할 수 있는 기회/위기 (if)	건설적인 대응책 (then)
저녁에 혼자 보낼 수 있는 시간이 생기면…	TV를 끄고 책을 펼쳐 한 장을 읽는다.
몸에 나쁜 간식이 먹고 싶어지면…	물을 마신다/ 과일을 먹는다/ 산책을 다녀온다/ 이를 닦는다.

록 돕는다. 아무리 어려운 상황이 찾아와도 사전에 최선의 대응책을 계획해 놓기만 한다면 얼마든지 극복할 수 있다. 발생할 수 있는 모든 '만약의 상황'을 적어보고 이에 대처할 건설적인 대응책을 계획해 두면 목표 달성을 향한 길을 쉬지 않고 달려갈 수 있다.

위의 표는 이프덴 플래닝을 위한 틀을 제공한다. 첫 번째 열에는 발생할 수 있는 '만약의 상황(if)'를 적는다. 두 번째 열에는 각 상황에 대처할 수 있는 적절한 '대응책(then)'을 적는다. 이해를 돕기 위해 우리가 먼저 두 가지 예시를 작성해 보았다. 첫 번째는 독서나 공부 시간을 계획하는 데 도움이 되는 대응책을, 두 번째는 몸에 나쁜 간식이 먹고 싶어질 때 이를 제어할 수 있는 실용적이면서도 효과적인 대응책이다.

이 책의 저자 노엘도 학생이나 운동선수 들을 대상으로 강연할 때 이프덴 플래닝을 유용하게 활용했다. 그는 강연 도중 종종 청중에게 대답하기 어려운 질문을 던진 후 그들이 충분한 숙고 과정을 거쳐 내놓는 답변을 듣고 싶었다. 학생들에게는 강의 주제와 관련된 도발적인 질문을, 운동선수들에게는 어려운 경기 상황이 닥쳤을 때 어떤 생각을 하고 어떤 감정을 느끼는지에 대한 질문을 던졌다.

그런데 그가 강연 도중에 이런 질문을 하면 무거운 침묵이 이어지는 경우가 많았다. 그럴 때마다 노엘은 여러 가지 말을 하면서 일부러 침묵을 깨곤 했다. 자신이 먼저 몇 가지 의견을 제시하거나 스스로 답변을 하면서 침묵을 피하려 했던 것이다. 그러나 그런 방식은 학생들이 스스로 생각하게 하고 선수들이 자신의 생각과 감정이 경기에 미칠 수 있는 영향에 대해 생각해 볼 시간을 주고자 했던 노엘의 의도와 맞지 않았다. 그는 이 상황에 더 적절하게 대응할 수 있는 방법이 무엇일지 곰곰이 생각해 봤다. 청중이 질문에 대해 충분히 생각해 보고 대답할 수 있도록 방해하지 않으려면 어떻게 해야 할까? 그가 생각해 낸 방법은 이것이었다.

내가 강연 도중에 던진 질문에 청중이 조용해지면 나는 말을 이어가기 전에 마음속으로 천천히 열까지 셀 것이다.

이 방법을 통해 노엘은 불편한 침묵이 흐르는 상황에서도 침착함을 유지할 수 있었다. 열까지 세다 보면 보통 4에서 6까지 셌을 때 누군가가 입을 연다는 사실도 알게 되었다. 어쨌든 노엘은 이러한 대응책을 통해 청중이 자신의 경험을 충분히 되돌아볼 시간을 갖게 하고 그들로부터 더 창의적이고 통찰력 있는 답변을 얻을 수 있었다. 3장에서는 현재의 순간에 집중할 수 있도록 돕는 더 많은 전략을 살펴볼 것이다.

이프덴 플래닝이 목표 달성에 도움이 되는 사례는 그 외에도 많다. 2006년에 검토한 94개의 연구 결과에 따르면 이프덴 플래닝을 실행한 사람들의 목표 달성률이 그렇지 않은 사람들보다 훨씬 높은 것으로 나타났다.[21] 이 연구에는 새해 결심 실천하기, 건강 검진하기, 재활용하기, 대학교 리포트 작성하기, 이력서 쓰기 등 우리가 일상에서 자주 결심하는 목표들이 다양하게 포함되어 있었다.

이프덴 플래닝이 효과적인 이유는 우리가 난관에 부딪혔을 때 이를 해결하기 위해 많은 생각을 할 필요성을 제거하기 때문이다. 문제가 발생하면 사전에 계획한 대로 자동 반응하게 되기 때문에 더 효과적으로 문제에 대처할 수 있다. 이프덴 플래닝이 습관 그 자체는 아니지만 좋은 습관을 기르는 데 도움이 되는 건 사실이다.

습관화하기

우리는 이 책 내내 운동선수처럼 생각하기의 장점을 설명한다. 그런데 때로는 '생각'이 목표 달성에 걸림돌이 되는 경우가 있다. 더 정확하게 말하면 '생각의 필요성'이 장애물인 경우다.

이러한 경우를 좀 더 살펴보자.

평소 하던 행동에 변화를 주려 할 때 처음에는 의식적인 노력이 필요하다. 식습관 개선을 한다는 건 평소에 자주 먹던 간식을 피하고 건강에 좋은 음식을 의식적으로 선택하는 것을 의미한다. 우리가 매일 하는 행동은 대부분 습관이다. 좋은 습관이든 나쁜 습관이든, 습관이란 의식적인 생각이나 계획 없이 주변의 신호에 의해 자동적으로 하게 되는 행동이다. 아침을 먹은 후(계기) 양치질하기(습관), 차에 앉으면(계기) 안전벨트 매기(습관), TV를 볼 때(계기) 정크 푸드 먹기(습관)가 그 예이다.

습관이 무의식적인 이유는 계기로 작용하는 어떤 상황이나 사건이 발생했을 때 여러 번의 반복을 통해 자동적으로 실행하게 되는 행동이기 때문이다. 차에 탔을 때 안전벨트를 매는 것과 같은 좋은 습관이 형성되어 있다면 이는 좋은 일이다. 차에 탈 때마다 안전벨트를 매야 한다고 의식적으로 생각할 필요가 없기 때문이다.

그러나 원치 않는 습관이 형성되어 있다면 이를 고치기는 매우 어려울 수 있다. 나쁜 습관을 바꾸려면 처음에는 많은 자제력과 동기 부여가 필요하다. 특히 긴 하루 일과를 마치고 피곤한 상태일 때 우리는 습관에 지배당하기 쉽다. 이때는 자제력과 동기 부여 능력이 떨어져 있기 때문이다. 이것이 오래된 습관을 바꾸고 새로운 습관을 만드는 일이 그토록 어려운 이유다.

하지만 반대로 습관의 이러한 특성이 목표 달성을 향해 꾸준히 나아갈 동력을 제공하기도 한다. 즉 행동에 지속적인 변화를 주고 싶다면 나쁜 습관을 대체할 좋은 습관을 형성하는 것이 해결책이 될 수 있는 것이다. 우리가 운동선수로부터 배울 수 있는 점이 바로 이것이다. 운동선수들은 목표 달성에 도움이 되는 습관을 스스로 개발하고 그 습관에 의존하여 목표를 달성한다.

2008년 올림픽 접영 결승전에서 갑자기 물안경에 물이 차오르기 시작했을 때도 침착하고 담담하게 대응했던 마이클 펠프스의 사례가 완벽한 예다. 펠프스의 코치 밥 보면은 이와 같은 '만약의 상황'에 대비한 대응책 세우기 과정을 다음과 같이 기억한다.

마이클과 저는 가장 효과 있는 방식을 찾기 위해 여러 가지를 실험해 봤어요. 그러다가 우리가 내린 결론은 작은 성공의 순간들에 집중하고 그것을 정신적 '계기'로 만드는 게 가장 좋은 방법이라는 것이었죠. 그래서 우리는 그런 순간들을 모아 하나의 루틴으로 만들었어요. 매 경기 전 마이클이 승리감을 맛볼 만한 활동을 하게 했죠. 마이클에게 경기 전에 무슨 생각을 하냐고 묻는다면 아마 별생각 안 한다고 할 거예요. 그냥 프로그램에 따라 움직인다고 말이죠. 그렇지만 그건 사실이 아니에요. 습관이 그를 지배하고 있다고 보는 게 더 맞습니다.[22]

그렇다면 우리도 이와 같은 좋은 습관을 기르려면 어떻게 해야 할까?

새로운 습관 형성을 돕는 네 가지 핵심 단계가 있다.[23] 앞의 두 단계는 이 장에서 이미 설명한 바 있다. 첫째는 달성하고자 하는 목표 설정하기, 둘째는 목표 달성에 도움이 되는 행동과 절차 정하기이다. 습관을 형성할 때 기억할 것은 복잡한 행동보다는 단순한 행동이 습관화하기 더 쉽다는 사실이다. 예를 들어 '양치질하기'나 '안전벨트 매기' 같은 단순한 행동은 거쳐야 할 단계가 많지 않기 때문에 비교적 빠르게 습관화할 수 있다. 그러나 '운동하기'처럼 더 복잡한 행동은 거쳐야 할 단계가 많기 때문에 습관화하기 어렵다. 예를 들어 산책을 가거나 달리기를 하려면 먼저 무슨 옷을 입을지 결정해야 하고 옷을 입은 후에는 신발 끈을 묶어야 한다. 그 후에도 어디로 갈지를 정하고 나서야 집을 나설 수 있다. 그렇지만 이러한 경우에도 일단 그 루틴의 첫 번째 행동을 시작하면 그다음 행동으로 이어지고 결국에는 원래 하고자 했던 목표인 '운동'을 하게 될 가능성이 높아진다.

그러므로 습관 형성의 핵심은 루틴의 첫 번째 단계 실행에 집중하는 것이다.[24] 이때 이프덴 플래닝이 도움이 될 수 있다. 예를 들어 아침을 먹기 전에 운동을 하겠다고 마음먹었다면 전날 운동복과 운동화를 미리 꺼내 놓고 자는 것이다. 이렇게 하면 아침에 일어나 가장 먼저 눈에 들어온 운동복이 운동 루틴을 시작하는 계기가 된다. 또한 '운동화 끈을 다 묶고 나서도 운동할 기분이 나지 않으면 일단 밖으로 나가서 운동을 할지 말지 결정한다'처럼 목표 달성을 방해하는 잠재적 위험에 대비한 계획을 미리 세워 두는 것도 도움이 된다. 일단 집을 나서면 원래 계획대로 운동을 할 가능성이 높아지기 때문이다. 또한 운동을 처음 시작하는 경우라면 '내가 얼마만큼 달릴 수 있는지 한번 봐야지'처럼 개방형 목표를 세우는 것이 습관 형성에 도움이 된다.

새로운 습관 형성에 필수적인 세 번째와 네 번째 단계는 서로 밀접하게 연관되어 있다. 습관 형성에는 알다시피 반복적인 연습이 중요하다. 그런데 습관화를 위한 반복의 핵심은—이것이 네 번째 단계다—동일한 상황과 계기의 조성이다. 마이클 펠프스도 난관을 만났을 때 잘 대응하는 습관을 기르기 위해 이 방법을 사용했다. 특정 상황과 계기를 만났을 때 동일한 방식으로 행동하는 것을 반복적으로 연습하면 계기와 행동 간에 심리적 연관성이 형성된다. 이를 실제로 연구한 내용에 따르면 사람들은 특정 계기를 생각만 해도 그에 따르는 행동을 떠올리게 된다.[25] 밥 보먼이 말했듯 습관이 우리를 지배하게 되는 것이다. 연습과 반복을 통해 우리의 행동은 의식적인 생각에 덜 의존하게 되며 주변의 계기에 따라 자동으로 반응하고 움직이게 된다.

이러한 습관의 원리는 나쁜 습관을 고치는 데에도 적용할 수 있다. 첫째, 습관은 주변의 신호에 따라 유발되므로 습관 유발 요인에 대한 노출을 줄이면 오래된 습관을 깰 수 있다. 예를 들어 식습관을 개선하려 하고 있다면 건강에 해로운 간식을 덜 사는 것에서부터 시작할 수 있다. 마트에 갔을 때 이런 간식이 진열된 통로(습관 유발 요인)를 피하는 것도 한 방법이다.

물론 습관 유발 요인을 언제나 피할 수 있는 건 아니다. 이럴 때 도움이 되는 다른 전략들이 있다. 습관 유발 요인을 만났을 때 짧게 "하지 마"와 같은 혼잣말을 반복하는 것도 습관적인 행동을 자제하는 데 도움이 된다.[26] 이프덴 플래닝처럼 오래된 습관적인 행동을 새로운 행동으로 대체하는 것도 도움이 되는 방법이다. 다시 말해 습관을 바꾼다는 건 과거에 하던 행동의 중단이라기보다는 습관 유발 요인과 그에 따른 반응 사이에 새로운 연관성을 부여하는 행위에 더 가깝다고 볼 수 있다.

마지막으로 기억해야 할 것은 새로운 습관 형성에는 시간이 걸린다는 사실이다. 유니버시티 칼리지 런던의 연구진은 습관 형성 과정을 연구하기 위해 96명의 학생을 대상으로 하루에 한 번씩 실천하고 싶은 건강한 행동 한 가지를 선택하도록 했다.[27] 선택지에는 점심 식사 때 과일 한 조각 또는 물 한 병 마시기, 저녁 식사 전에 15분간 달리기, 아침 식사 후 산책하기 등이 포함되어 있었다. 학생들은 12주간 자신의 행동을 매일 기록하고 새로운 행동이 얼마나 자동적 또는 습관적으로 느껴지는지 측정하는 설문지를 작성했다.

연구 결과, 새로운 행동이 습관화되는 데에는 평균 66일이 걸리는 것으로 나타났다. 물론 개인 간의 차이는 있었다. '점심 식사 때 물 마시기' 같은 간단한 행동은 '운동하기' 같은 복잡한 행동보다 훨씬 더 빨리 습관화되었다. 데이터 분석 결과, 새로운 행동이 습관화되기까지는 사람에 따라 18일에서 254일까지 걸릴 수 있는 것으로 나타났다. 이는 새로운 습관이 형성되려면 몇 주, 심지어 몇 달이 걸릴 수도 있음을 의미한다. 그러나 그 과정을 좀 더 수월하게 해 주는 전략을 알면 습관 형성에 도움이 된다.

목표 설정과 달성에 관한 마지막 조언

크건 작건 어떤 목표를 달성하기 위해서는 절차, 즉 목표까지 도달하는 데 도움이 되는 단계별 행동에 집중하는 과정이 필요하다. 이를 위한 행동 계획과 습관화 전략은 목표 달성에 있어서 매우 중요한 도구이다.

물론 패트릭 머홈스와 마이클 펠프스의 사례를 통해 알 수 있듯 습관은 행동만을 의미하지 않는다. 어려운 상황이 닥쳤을 때 하는 생각과 느끼는 감정도 습관화할 수 있다. 일이 계획대로 되지 않을 때도 침착함과 평정심을 유지하는 것이 여기에 포함될 수 있다. 다음 장에서는 트리거trigger(총에서 총알이 발사되게 하는 방아쇠처럼 특정 생각이나 행동을 하도록 유도하는 외부적 또는 내부적 요인—옮긴이주) 상황이 발생했을 때에 따른 감정 반응의 종류를 살펴보고 가장 힘든 상황에서도 운동선수처럼 생각하기를 통한 극복 방안을 알아보고자 한다.

2장 | 좋은 것도 나쁜 것도 없다

감정 통제를 위한 심리적 도구

전 세계 어디를 둘러봐도 뉴질랜드의 올블랙스에 비견될 만한 럭비팀은 없다. 1903년에 첫 경기를 치른 이후로 지금까지 올블랙스의 승률은 77.3퍼센트로 여전히 타의 추종을 불허하며 남아프리카공화국만이 65퍼센트로 뒤를 추격하고 있다.[1] 1장에서 만났던 '위대한 올블랙스' 리치 매코 선수가 주장을 맡았던 2015년에는 럭비 월드컵에서 세 번 우승한 최초의 팀이 되었다(월드컵은 4년에 한 번씩 개최된다). 2013년에는 한 해의 모든 경기에서 우승한 최초의 국가대표팀이 되었고 이 기록은 아직도 깨지지 않았다. 실제로 2011년 월드컵 경기가 시작되고 2015년 월드컵 경기가 끝날 때까지(첫 경기와 마지막 경기는 물론 올블랙스의 승리였다) 4년 동안 치른 총 61회의 경기에서 올블랙스는 무려 92퍼센트의 승률을 기록했다.

물론 이들이 언제나 승승장구했던 것은 아니다. 2011년 대회에서 우승하기 전까지 올블랙스의 월드컵 기록은 그리 인상적이지 않았다. 1987년에 첫 우승을 차지하긴 했지만 이후로는 한동안 우승 후보로서 기대에 미치지 못하는 성적을 거두었다. 1991년, 1999년, 2003년에는 준결승전에서 탈락했고 1995년에는 결승전에서 남아공에게 패했다.

2007년 월드컵 8강전에서는 프랑스에 18대 20으로 패하면서 럭비 월드컵 사상 최악의 성적을 기록하기에 이르렀다. 언제나처럼 올블랙스는 이 대회에서도 압도적인 우승 후보로 꼽히고 있었다. 8강 이전까지만 해도 올블랙스는 39회의 경기 중 34번의 승리를 거두며 승승장구했다. 8강전을 불과 4개월 앞두었을 때에는 뉴질랜드 웰링턴에서 열린 경기에서 프랑스를 상대로 61대 10으로 승리했고 11개월 전에는 프랑스 리옹에서 47대 3으로 승리를 거두었던 참이었다(이는 프랑스 역대 최악의 홈경기 패배 기록이었다). 뉴질랜드 국민은 올블랙스가 8강전에서 승리할 것이라고 너무나 확신했기에 뉴질랜드의 유력지 《뉴질랜드 헤럴드New Zealand Herald》는 8강전 예고 기사의 제목을 "프랑스, 올블랙스에게 아무런 위협이 되지 못하다"라고 썼다. 기사에는 이런 내용도 있었다. "올블랙스는 자루를 입고 경기를 해도 프랑스를 확실히 밟아줄 수 있다."[2]

처참한 경기를 치르고 뼈를 깎는 자아 성찰의 시간을 가진 후 올블랙스의 감독 그레이엄 헨리Graham Henry와 코치들은 패배 요인으로 다음의 두 가지를 지목했다. 첫째는 중압감 속에서 팀 전체가 올바른 결정 내리기에 실패했다는 것, 둘째는 중요한 순간에 감정 조절에 실패했다는 것이었다. 뉴질랜드 팬이라면 불편한 마음으로 지켜볼 수밖에 없는 경기인 프랑스전 마지막 11분을 살펴보면 이러한 결론을 인정하지 않을 수 없다. 경기 종료까지 11분 남은 시점에서 프랑스에게 결정적인 실점을 허용한 올블랙스는 그 이후부터 당황한 나머지 수많은 실수를 저지른다.

경기 종료 마지막 몇 분 동안 올블랙스는 잘못된 의사 결정과 기술 실행으로 여섯 번이나 공격권을 뺏기는 등 결정적인 실책을 여러 번 저질렀고 이로 인하여 선수들과 코치들은 거센 비난을 받았다. 이는 세계 랭킹 1위 팀으로서는 상상할 수 없는 일이었다. 요약하자면 올블랙스는 결정적인 순간에 평정심 유지에 실패했던 것이다.

이런 상황은 보통 실력이 뛰어난 선수가 심한 중압감을 느끼는 상황에서 갑자기 경기력이 급격히 떨어질 때 발생한다.[3] 압도적인 우승 후보로 점쳐지던 선수가 중요한 순간에 부진을 면치 못하는 모습을 본 기억이 있을 것이다. 이런 일은 흔하게 발생하며 스포츠에만 국한된 것도 아니다. 중요한 시험을 망치거나 프레젠테이션 도중에 말을 버벅거리는 것도 마찬가지다. 우리는 대부분 중압감이 업무 성과에 미치는 영향을 경험해 본 적이 있다. 그렇지만 여기에 어떻게 대처해야 하는지 아는 사람은 거의 없다. 우리도 성공적인 운동선수들처럼 중압감 속에서도 효과적으로 성과를 내는 방법을 배울 수 있을까?

이러한 질문에 답하기 위해 이번 장에서는 운동선수들이 중압감을 느끼는 상황에 대처할 때 사용하는 몇 가지 핵심 전략을 살펴볼 것이다. 중압감이 우리의 성과를 어떻게 저하하는지 이해하려면 먼저 중압감을 느낄 때 우리에게 어떤 일이 일어나는지 이해해야 한다.

스트레스 신호

위험하거나 위협이 된다고 인식되는 상황을 맞이하면 우리 몸은 즉각적인 스트레스 반응을 보인다. 편도체라는 뇌 영역에서 시작되는 이 반응은 심장 박동 수 증가, 빠른 호흡, 근육 긴장, 손바닥에서 나는 땀 등 여러 가지 생리적 반응으로 빠르게 이어진다. 긴장된 상황을 겪어본 사람이라면 누구나 이러한 반응이 어떤 느낌인지 잘 알고 있다.

투쟁-도피 반응fight-or-flight response이라고도 불리는 이 선천적인 스트레스 반응은 수백만 년에 걸친 진화 과정에서 우리를 위협으로부터 보호하고 우리가 필요한 에너지를 공급받을 수 있도록 만들어진 것이다. 이 반응은 우리 안에 불안이나 공포와 같은 감정이 일어나면 거의 즉각적으로 촉발된다. 성난 개가 우리를 쫓아올 때의 반응을 한번 상상해 보자. 이런 상황을 맞이했을 때 우리 몸에 일어나는 생리적 변화는 우리가 위협에 맞서 싸울 수 있도록 체력을 강화해 주고 안전한 곳까지 이동할 수 있도록 속도와 지구력을 증가해 준다.

현시대를 살아가는 우리도 위협적이거나 위험하다고 인식되는 상황에 자주 직면한다. 다만 과거에 조상들이 마주했을 굶주린 짐승 등의 물리적인 위협 대신 우리가 현대에 겪는 위협은 대부분 심리적이다. 중요한 경기, 시험, 연설을 앞두고 우리는 창피를 당할까 봐, 스스로나 다른 이를 실망시킬까 봐, 청중으로부터 부정적인 평가를 받을까 봐 두려워한다. 이러한 결과 중심적인 생각이 우리로 하여금 퍼포먼스에 대한 압박감을 느끼게 하고 여기에서 우리의 자연스러운 스트레스 반응이 문제를 일으키기 시작한다.

우리가 심리적으로 느끼는 위협과 그 위협에 제대로 대처할 도구가 없다는 느낌은 우리에게 투쟁-도피 반응을 유발할 뿐 아니라 성과를 내지 못했을 시에 발생할 수 있는 여러 상황에 대한 불안감도 증폭한다. 그러면 지금 해야 할 눈앞의 일이 아닌 다른 것에 온통 신경을 빼앗기게 되고 성과는 거의 필연적으로 저조할 수밖에 없다. 준비한 계획이나 공부한 내용, 청중에게 하려던 말을 잊어버릴 수도 있다. 어떤 경우에는 스트레스를 받을 때 나타나는 세 번째 반응인 '경직'을 경험하게 된다. 경직은 투쟁-도피와는 달리 우리를 주변 환경으로부터 단절시킨 채 아무런 단호한 행동도 취하지 못하게 만든다. 마치 달려드는 차 앞에 멍하니 서 있는 사슴처럼 말이다.

이런 사례를 통해 우리가 알 수 있는 건 스트레스를 유발하는 상황 자체가 문제인 경우는 드물다는 것이다. 많은 운동선수가 중압감을 이겨 내고 운명의 분수령이 될 경기에서 좋은 퍼포먼스를 보여 주고 많은 학생이 시험에서 좋은 성적을 거두며 누군가가 훌륭한 연설로 역사를 바꾼 사례는 수도 없이 많다. 다시 말해 문제는 스트레스 상황 자체가 아니라 우리의 생각과 감정인 경우가 많다.

그러므로 우리는 중압감 속에서도 좋은 성과를 낼 수 있는 비결을 반드시 발견할 수 있다. 우리의 생각과 감정이 문제라면 생각을 통제하고 감정을 관리하며 중압감 속에서도 성공하는 운동선수처럼 생각하는 방법을 배우면 된다. 이것은 2007년 럭비 월드컵에서 탈락한 올블랙스가 내린 결론이기도 했다.

감정을 변화시키는 방법

2007년 월드컵 프랑스전에서 올블랙스가 부진한 이유를 이해하는 과정에서 코치진은 정신과 의사 세리 에번스Ceri Evans의 도움을 받아 선수들이 경기 중에 경험한 감정 상태를 설명하기 위한 간단한 은유적 표현을 개발했다. 그들은 그것을 '레드'라고 명명했다.[4]

에번스는 우리 뇌의 기능 중 일부를 '레드 시스템'이라고 표현했다. 레드 시스템은 우리가 의식하지도 못하는 사이에 처리되는 많은 일을 관장한다. 여기에는 심장 박동, 호흡, 땀 흘리기 같은 생리적 현상이 포함된다. 레드 시스템은 생명 유지 관련 기능을 처리하는 우리 몸의 자동 조종 장치라고 생각하면 된다.

모든 시스템은 평소에는 원활하게 돌아간다. 그렇지만 레드 시스템은 경계 상태를 유지하다가 안전을 위협하는 상황이 발생하면 번개처럼 빠르게 반응하도록 진화했다. 스트레스 반응도 이러한 레드 시스템의 일부이다. 위협이 감지될 때 레드 시스템의 역할은 신속한 대응을 위해 우리 몸을 준비시키는 것이다.

여기까지는 별다른 문제가 없어 보인다. 위험 상황에 신속하게 대비할 수 있다는 건 좋은 일이다. 문제는 이러한 투쟁-도피 반응이 신체적 위험에 대비하도록 진화된 반면 우리가 현시대에 맞이하는 난관, 즉 위협은 대부분 심리적인 위험이라는 사실이다. 심리적 중압감을 느끼는 상황에서 경험하는 강렬한 두려움이나 불안이 촉발하는 스트레스 반응은 우리의 퍼포먼스를 저하할 수 있다. 강한 스트레스를 느끼면 우리는 본능에 따라 반응하게 되고 명확하고 논리적으로 사고하는 대신 우리가 인지한 위협의 근원에 대해 골몰하게 된다. 운동선수라면 경기 시간, 관중의 반응, 패배가 가져올 결과 등을 생각하다가 주의가 산만해지기 쉽다. 또는 지나치게 자신을 의식하게 되어 자연스럽게 행동하기보다는 완벽하게 행동하는 것에 집착할 수도 있다(모두가 지켜보는 가운데 계단을 내려오다가 넘어져 본 경험이 있다면 이 말의 의미를 이해할 것이다). 그 결과, 우리는 잘못된 결정을 내리고 기본적인 기술 실행에도 오류를 저질러 최악의 성과를 거둔다. 2007년 럭비 월드컵 경기 중 마지막 몇 분 동안 올블랙스가 보여준 모습이 그 전형적인 예이다.

에번스는 우리 뇌의 기능 중 다른 일부를 '블루 시스템'이라고 표현했다. 블루 시스템은 합리적이고 논리적인 사고, 문제 해결, 행동 방침 계획, 자신의 정신 상태 인지 능력을 관장한다. 대부분 전두엽의 통제를 받는 블루 시스템은 난관에 부딪혔을 때 훨씬 더 느리고 신중하며 이성적으로 반응한다. 우리의 감정적인 반응을 통제하고 과제에 대한 집중력을 유지하도록 도와주는 블루 시스템은 중압감 속에서 어떤 과제를 수행해야 할 때 매우 중요한 역할을 한다. 간단히 표현하자면 블루 시스템의 역할은 우리가 명확하게 사고할 수 있도록 돕는 것이다.

문제는 이것이다. 심리적인 중압감 속에서도 좋은 퍼포먼스를 내려면 행동과 사고의 결합이 필요하다. 빠른 행동을 유발하는 레드 시스템과 느린 사고를 돕는 블루 시스템을 조율하면서 양 시스템의 장점을 최대한 활용할 수 있어야 하는 것이다. 즉 중압감을 느끼는 상황에서도 생각과 감정 반응을 조절하고 침착함과 집중력을 유지하려면 성공한 운동선수들처럼 마인드 전략을 사용할 수 있어야 한다. 그러한 전략이 무엇인지, 어떻게 사용해야 하는지 알지 못한다면 중압감 속에서 좋은 성과를 도출하는 것은 거의 불가능하다.

이제 레드 시스템과 블루 시스템 중 어느 것도 좋지만도 나쁘지만도 않다는 사실을 눈치챘을 것이다. 우리의 본능적인 스트레스 반응은 생명 유지에 필수적이지만 레드 시스템이 지나치게 많이 가동되면 중압감을 느끼는 상황 속에서 좋은 퍼포먼스를 도출하기 힘들다. 마찬가지로 논리와 추론은 문제 해결에 도움을 주지만 블루 시스템이 지나치게 많이 가동되면 생각이 너무 많아지고 결단 있게 행동하게 하는 추진력이 부족해진다. 그러므로 자신의 상태를 정확히 인식하고 레드와 블루의 균형을 적절히 이룰 수 있는 능력이 중요하다.

우리의 감정 반응도 이와 같은 방식으로 생각할 수 있다. 우리는 흔히 슬픔, 불안, 분노 같은 부정적인 감정은 나쁜 것이라 생각한다. 그러나 이러한 감정도 우리에게 필요한 것이다.[5] 예를 들어 시험이 다가올 때 느끼는 불안감은 학생이 열심히 공부하게 만드는 원동력이 되기도 한다. 이런 의미에서 봤을 때 불안감은 퍼포먼스에 도움이 되는 감정이다.

마찬가지로 우리의 기분을 좋게 만들어 주는 들뜸이나 만족감 같은 긍정적인 감정은 무조건 좋은 것이라고 생각하기 쉽다. 그러나 1장에서 살펴본 것처럼 목표 달성 과정에 너무 만족한 나머지 거기에 안주하다가 정작 목표 달성을 놓치게 되는 경우도 있다. 이런 경우 만족감은 궁극적으로 우리의 목표 달성에 도움이 되지 않는 감정이 된다.

따라서 감정을 좋은 것과 나쁜 것으로 구분하기보다는 유쾌한 것과 불쾌한 것, 도움이 되거나 도움이 되지 않는 것으로 구분해야 한다. 그렇다면 감정 관리의 목적은 두 가지에 초점을 두어야 한다. 첫째는 기분을 더 나아지게 하는 것, 둘째는 더 좋은 퍼포먼스로 이어지게 하는 것이다.

감정 관리와 중압감 속에서 더 좋은 퍼포먼스를 도출하기 위한 출발점은 우리 뇌의 스트레스 반응을 이해하는 것이다. 어떤 감정이든 좋지만도 나쁘지만도 않다는 사실을 아는 것도 유용하다. 이제 다음 단계는 어떤 상황 속에서도 우리가 느끼는 감정을 정확히 인식할 수 있는 능력을 키우는 것이다. 이렇게 자신의 감정을 정확히 인식하고 적절히 분류할 수 있으면 감정 관리를 위한 마지막 단계로 나아갈 준비를 마친 것이다.

지금 느끼는 감정이 무엇일까?

지금 여러분의 기분은 어떤가? 힘든 하루를 보낸 후 긴장되어 있거나 약간 짜증이 난 상태일 수도 있다. 아니면 차분하고 편안한 마음으로 이 책을 읽고 있을 수도 있다. 그보다는 이 책을 읽기 시작한 이후로 마음이 차분해졌다고 말하는 게 더 정확할지 모르겠다. 그렇다면 그건 정말 좋은 소식이다. 여러분이 이 책을 재미있게 읽고 있다는 의미일 뿐 아니라 감정의 중요한 특징 하나를 강조해 주기 때문이다. 그렇다. 감정은 가변적이다. 다시 말해 우리는 필요하다면 우리 감정을 변화시킬 수 있다.

우리가 매일 경험하는 다양한 감정은 우리에게 일어난 사건, 우리가 한 생각, 우리가 되새기는 기억의 결과다. 우리가 경험하는 모든 감정에는 두 가지 차원이 있다.[6] 첫 번째 차원은 에너지 레벨의 높고 낮음이다. 심장 박동 수가 빨라지고 호흡이 가빠지고 근육이 긴장되고 체온이 상승하고 정신이 각성되는 것이 느껴질 때 우리는 현재 스스로의 에너지 레벨이 높음을 알 수 있다.

두 번째 차원은 유쾌함과 불쾌함이다. 이러한 감정의 두 가지 차원을 통합하여 우리가 흔히 느끼는 감정을 분류하면 다음의 그림처럼 표현할 수 있다.[7]

우리의 기본 감정 상태

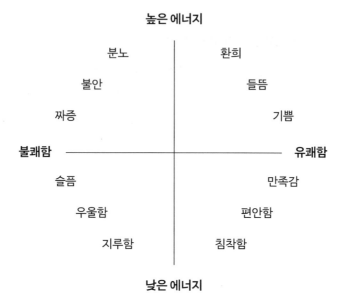

예를 들어 '들뜸'은 유쾌하면서도 에너지가 높은 상태이며 '기쁨'과 '환희'와 함께 오른쪽 상단 사분면에 위치한다. '분노'와 '불안'은 에너지가 높지만 불쾌한 상태이며 '짜증'과 함께 왼쪽 상단 사분면에 위치한다. '슬픔' '우울' '지루함'은 불쾌하고 에너지가 낮은 상태(왼쪽 하단 사분면)이며 '침착함' '편안함' '만족감'은 에너지가 낮지만 유쾌한 상태(오른쪽 하단 사분면)이다. 이 글을 읽으면서 떠오르는 모든 감정은 대부분 이 사분면 중 어딘가에 배치할 수 있을 것이다.

이러한 감정의 분류법은 다음과 같은 이유로 유용하다. 감정 조절의 핵심은 현재의 감정 상태를 다른 사분면으로 이동시켜 감정의 변화를 도모하는 것이다. 예를 들어 불안, 분노, 들뜸 같은 감정을 진정하려면 에너지 레벨을 낮춰야 한다. 반대로 지루함, 슬픔, 우울함 같은 감정을 전환하려면 에너지 레벨을 높이는 것이 필요하다. 예를 들면 누군가와 대화하거나 달리기를 하면서 기분을 나아지게 하고 활력을 되찾을 수 있는 것이다.[8]

이처럼 자신이 느끼는 감정의 정확한 인식은 감정 변화를 도모하는 데 있어 매우 중요한 단계다. 따라서 감정을 변화시키려면 제일 먼저 자신이 현재 느끼는 감정에 이름을 붙여보는 것이 좋다. "나는 화가 났다" 또는 "나는 불안하다"처럼 감정에 이름을 붙이는 행위 자체가 일종의 감정 조절 전략이며 이러한 행동이 우리 뇌의 블루 시스템을 가동해 감정의 에너지 레벨을 약화시키기도 한다.[9]

감정 조절 전략에는 그 외에도 여러 가지가 있다. 감정 관리 능력이란 다시 말해 감정 관리에 필요한 심리적 도구를 갖추고 있음을 의미한다. 우리 모두 경험했듯 이러한 기술이 없으면 우리는 감정에 지배당할 수 있다. 그렇다면 운동선수들은 어떻게 감정을 조절할까? 그리고 우리는 어떻게 그들처럼 필요에 따라 우리의 감정을 조절할 수 있을까?

감정을 어떻게 조절할 수 있을까?

기분을 바꾸는 전략에는 160가지가 넘는 방법이 있다.[10] 우리는 이 중 몇 가지를 일상에서 매일 사용하고 있다. 쇼핑하기, 음악 듣기, 운동하기, 친구와 대화하기 등 행동과 관련된 전략이 있는가 하면 뭔가를 생각하기나 생각 바꾸기와 관련된 전략도 있다. 생각 끊기, 공상하기, 문제에 대해 이성적으로 생각하기 등이 여기에 해당된다.

'공상하기'는 불쾌한 감정을 피하는 전략이다. '문제에 대해 이성적으로 생각하기'는 감정을 피하기보다는 이를 직면하면서 감정 유발 요인 해결에 중점을 둔다. 상황에 따라 두 가지 전략 모두 유용할 수 있다. 상황을 바꾸기 위해 할 수 있는 일이 거의 없을 때는 다른 곳으로 주의를 돌리는 게 최선일 때도 있다. 감정 유발 요인이 좀 더 통제 가능한 것이라면 문제를 해결하고 건설적인 행동을 하는 것이 더 좋은 방안일 수 있다.

운동선수들은 감정 조절을 위해 다양한 방법을 사용한다. 연구에 따르면 육상선수들이 경기 전 기분을 전환하고 최고의 기량을 발휘하기 위하여 사용하는 전략에는 28가지가 있는 것으로 나타났다.[11] 여기에는 목표에 집중하기, 주의를 분산하기, 동기를 부여하는 문구 되뇌기, 과거의 성공 상기하기 등이 포함된다.

이처럼 기분을 조절할 수 있는 방법이 많다는 건 좋은 소식이다. 우리의 기분을 스스로 바꿀 수 있는 다양한 전략이 있다는 의미이기 때문이다. 그러나 2007년 올블랙스의 사례처럼 우리가 항상 올바른 도구를 사용할 줄 아는 것은 아니다. 어떤 도구를 사용해야 하는지 배우는 과정이 필요하다. 선택지가 너무 많으면 때로는 잘못된 선택으로 이어지기도 한다. 모든 감정 조절 전략이 건강하거나 건설적인 것은 아니기 때문이다. 음주와 약물 복용은 단기적으로 기분을 나아지게 할 수 있지만 장기적으로는 해로운 결과를 초래하는 경우가 많다. 마찬가지로 부정적인 감정을 반추하며 소리를 지르거나 물건을 부수는 등의 방식으로 감정을 표출하는 것은 도움이 되지 않으며 이는 오히려 정신 건강 악화와 공격적인 감정 증가로 이어질 수 있다.[12]

감정을 억누르는 것, 즉 이미 느끼고 있는 감정을 숨기려는 시도도 부질없기는 마찬가지다. 감정을 억누르기 위해서는 자제력이 필요한데 자제력은 시간이 지날수록 결국 약해지기 때문이다. 그 결과, 시간이 지나면 불쾌한 감정이 더 강해지거나 더 격렬하게 표출될 수 있다.

흔히 운동선수는 감정 억제의 달인이라고 생각하기 쉽다. 실제로 많은 선수가 극심한 압박감 속에서도 침착함을 유지하기 때문이다. 그러나 대부분의 운동선수는 감정 억제가 좋은 감정 조절 방법이 아니라는 것을 (경험으로) 알고 있다. 감정 억제가 운동수행 능력에 미치는 영향을 탐구한 연구 결과도 이러한 생각을 뒷받침한다.[13] 연구진은 20여 명의 학생 선수에게 10킬로미터 자전거 타기를 세 차례 완주하도록 했다. 이 중 한 번은 별다른 특이 사항 없이 진행됐다. 선수들은 실험실에 와서 자전거를 타고 가능한 한 빨리 10킬로미터를 완주하기만 하면 됐다. 그러나 나머지 두 번은 달랐다. 참가자들은 자전거를 타기 전에 한 여성이 구토를 하고 이후에는 (정말 끔찍한 내용이 나오니 주의할 것!) 자기 토사물을 다시 먹는 장면이 담긴 3분짜리 영상을 시청해야 했다. 이런 장면은 상상만 해도 극심한 혐오감이 느껴지는데 실제 연구에 참여한 선수들의 기분은 어땠을지 생각만 해도 끔찍하다.

하지만 바로 이것이 연구의 핵심이었다. 연구진은 참가자들에게 한 번은 영상을 보는 도중에 느낀 감정을 최대한 억제하라고 요청했고 다른 한 번은 참가자들이 원하는 대로 감정을 표출할 수 있게 했다.

실험 결과, 선수들은 감정을 억제했을 때 억제하지 않은 경우보다 자전거로 10킬로미터를 완주하는 데 평균 25초(2.3퍼센트) 더 걸린 것으로 나타났으며 동영상을 시청하지 않은 경우보다는 36초(3.4퍼센트) 더 걸린 것으로 나타났다. 이처럼 자전거를 더 천천히 탔음에도 불구하고 참가자들은 감정을 억제했을 때 억제하지 않았거나 아예 동영상을 보지 않았을 때보다 자전거 타기가 더 힘들게 느껴졌다고 대답했다.

이 연구가 시사하는 것은 감정 억제에는 자제력과 정신적 에너지가 소모되며 따라서 비용이 발생한다는 사실이다. 혐오감, 불안, 분노 같은 불쾌한 감정의 억제는 운동 능력만 저하하는 것이 아니다. 이는 우리 삶의 다른 영역에도 악영향을 미칠 수 있다. 장기적으로는 갈등 발생, 관계 악화, 약물 남용 등의 가능성이 높아질 수 있다.[14] 따라서 운동선수처럼 건강한 방식으로 감정을 표현하고 관리하는 방법을 배우는 것은 우리의 퍼포먼스를 향상할 뿐 아니라 우리의 건강과 안녕에도 매우 중요하다.

그렇다면 감정 관리에 도움이 되는 전략은 무엇일까? 운동선수들은 중압감 속에서도 좋은 퍼포먼스를 내기 위해 어떤 전략을 사용할까? 이 장의 후반부에서는 감정 조절에 가장 효과적인 심리적 도구를 살펴보려 한다. 가장 먼저 우리가 상황에 부여하는 의미 바꾸기, 즉 '재평가'를 통해 어떻게 감정을 조절할 수 있는지 알아보도록 하자.

다르게 생각하기

"원래 좋거나 나쁜 것은 없다. 오직 생각이 그렇게 만들 뿐이다." 햄릿이 한 말이다. 앞서 우리는 어떤 감정도 좋지만도 나쁘지만도 않다는 사실을 배웠다. 그렇다면 생각은 어떨까? 생각이 어떻게 무언가를 나쁘거나 좋게 만들 수 있다는 걸까? 우리는 어떤 사건을 평가할 때 그것이 우리의 목표 달성에 도움이 되는지 방해가 되는지 판단한다. 그리고 그러한 평가가 우리에게 짜증, 불안, 만족, 환희와 같은 감정을 불러일으킨다.

예를 한번 들어 보자. 만약 당신의 생일날 누군가가 케이크를 건네준다면 '내 생일을 기억해 주다니 정말 사려 깊은 사람이다'라고 생각할 것이다. 그리고 생일 축하 분위기를 즐기려는 마음으로 한 입 베어 문 케이크의 맛은 만족스럽게 느껴질 것이다. 그런데 생일이 아닌 어느 날 식습관을 개선하려고 노력 중인 당신에게 누군가 케이크를 권한다면 '내가 더 건강하게 먹으려고 노력 중인 걸 잊었나 봐. 정말 무례해'라는 생각이 들 수 있다. 그래서 케이크를 옆으로 치우면서 짜증스러운 기분을 느끼거나 먹기 싫은 케이크를 예의상 억지로 먹으며 기분이 상할 수 있다.

2007년 럭비 월드컵 8강전에서 올블랙스가 겪은 일처럼 경기 후반전에서 상대팀에게 뒤처져 있는 상황은 부정적으로 평가될 가능성이 높다. 그러나 꼭 그래야만 할까? 1장에서 언급되었던 패트릭 머홈스 선수와 그가 이끄는 캔자스시티 치프스팀의 사례는 예상치 못한 방향으로 흘러가는 경기가 오히려 결단력을 가지고 창의성을 발휘할 수 있는 절호의 기회가 될 수 있음을 보여주었다. 햄릿의 말처럼 상황은 그 자체로 좋지도 나쁘지도 않다. 상황에 대한 우리의 생각, 즉 우리의 평가가 그렇게 만들 뿐이다.

이러한 재평가를 하기 위해서는 어떤 사건이 우리 생각에 미치는 영향과 우리 생각이 감정에 미치는 영향, 우리 생각과 감정이 우리 행동에 미치는 영향에 대한 이해가 필요하다. 사건에 대한 생각을 바꾸면 그 사건에 대한 감정적 반응도 바꿀 수 있다. '다르게 생각하기'가 우리 뇌에 미치는 영향은 강력하다. 신경 영상 연구에 따르면 화가 날 수 있을 만한 정보를 재평가하면 강렬한 감정 반응을 관장하는 뇌 영역인 편도체(레드 시스템)가 덜 활성화되는 것으로 나타났다. 반면 논리적 사고와 관련된 뇌 영역인 전전두피질(블루 시스템의 일부)은 더 활성화되었다.[15] 이처럼 재평가는 이 두 시스템 간의 균형을 잡는 데 도움이 된다.

그럼 재평가 전략을 실전에 적용해 보자. 이를 위해 많은 관중 앞에서 중요한 첫 경기를 앞둔 한 필드하키 선수의 상황을 예로 들어 보자.[16] 그 선수는 자신이 처한 상황을 부정적으로 평가할 수도 있다. '많은 사람 앞에서 결국 실수하고 말 거야' 또는 '도저히 못하겠어'라고 생각할 수도 있다. 이런 생각은 결국 걱정, 불안, 두려움으로까지 이어질 수 있다.

이런 생각은 정상이며 누구나 경험할 수 있는 일이다. 그러나 이런 상황에서 그가 할 수 있는 일이 무엇인지 한번 생각해 보자.[17] 첫째, 그가 상황 자체를 바꿀 수 있는 방안은 없다. 경기의 중요성도 관중의 반응도 모두 그의 통제 밖이다. 그는 경기장에 가지 않거나 기권하기로 결정할 수도 있지만 이는 목표 달성에 도움이 되지 않는 행동이다. 그렇다면 그가 할 수 있는 일은 좀 더 도움이 되는 방향으로 생각을 바꾸고 이를 통해 감정을 변화시키는 것이다.

따라서 처음의 부정적인 생각을 떨쳐버리기 위해 그는 '관중이 있건 없건 내 실력은 변하지 않아' 또는 '나는 지금까지 잘 준비해 왔고, 이 경기에 출전할 자격이 있으니 여기까지 온 거야'라고 생각할 수 있다. 이러한 상황의 재평가 과정을 거친다 하더라도 경기 전 엄습해 오는 불안감이 여전히 남아 있을 수 있다. 그러나 괜찮다. 그렇다 할지라도 처음의 부정적인 평가가 불러왔을 강력한 감정이 한결 누그러져 있을 가능성이 크기 때문이다.

그 외에도 재평가 기법은 여러 가지 방법으로 적용할 수 있다. 문제를 객관적인 관점으로 바라보기, 주어진 상황 최대한 활용하기, 아무리 어렵고 힘든 상황이라 할지라도 결국엔 지나간다는 사실 상기하기 등이 여기에 포함된다.

이런 과정이 말처럼 쉬운 것은 아니다. 즉각적으로 떠오르는 부정적인 생각을 바꾸는 데에는 연습과 끈기가 필요하다. 힘들거나 중압감이 느껴지는 상황이 닥쳤을 때 머릿속에 자동적으로 떠오르는 생각이 무엇인지 스스로 인지하고 그러한 생각이 자신의 감정에 어떤 영향을 미치는지 인식하는 것부터 시작해야 한다. 어떤 사건이 발생했을 때 상황과 생각, 그것이 촉발한 감정을 기록해 보면 자신의 감정 촉발 요인(트리거)을 이해하고 그런 사건에 자신이 주로 어떻게 반응하는지 인지하는 데 도움이 된다.

이러한 연습을 돕기 위해 다음 페이지에 재평가를 도와줄 활동지를 첨부했다. 먼저 앞의 세 개의 열에 여러분에게 발생한 다양한 상황이나 사건, 그것에 대한 여러분의 생각과 감정을 적어 보자.

어떤 상황이 발생했을 때 자신이 일반적으로 어떤 생각을 하는지 그러한 생각이 어떤 기분을 느끼게 하는지 인지하게 되면 그다음에 해야 할 일은 같은 상황에서 스스로에게 할 수 있는 '대안적 생각'을 개발하는 것이다. 대안적 생각의 핵심은 더 건설적인 감정적 반응을 유발해야 한다는 것이다. 더 건설적인 방향으로 생각을 바꾸었을 때 어떤 기분이 느껴질 것 같은지 적어보는 것도 도움이 된다. 표의 마지막 두 열에는 이러한 대안적 생각과 예상되는 감정 반응을 적어 보자.

흥미로운 사실은 재평가는 이미 느낀 부정적인 감정을 바꾸는 데에도 도움이 된다는 것이다. 예를 들어 불안감을 느낄 때 나타나는 심장 두근거림이나 손바닥에 땀이 나는 등의 신체 반응이 우리의 불안감과 공포감을 증폭할 수 있다. 이럴 때 재평가를 통해 이러한 신체 반응을 '우리 몸이 최고의 퍼포먼스를 내기 위해 준비 중이다'라고 건설적인 방향으로 생각을 바꿀 수 있다.[18]

감정 재평가 표

상황 과거에 발생했던 상황 또는 사건 기술	자동적으로 든 생각 당시에 어떤 생각이 들었는가?	감정 당시에 어떤 감정이 들었는가?	대안적 생각 어떤 생각이 더 도움이 되었을까?	감정 생각을 바꾸면 어떤 감정이 들까?

자신의 신체 반응을 경기력에 도움이 되는 감정 상태로 재평가하는 전략은 많은 운동선수가 사용하는 방법이다. 2019년에 개최된 제53회 슈퍼볼을 앞두고 인터뷰에 응한 뉴잉글랜드 패트리어츠팀의 플레이스 키커place kicker(필드 골이나 추가 점수를 위해 고정된 위치에서 공을 차는 것을 전문으로 하는 선수—옮긴이주) 스티븐 고스카우스키Stephen Gostkowski의 사례를 살펴보자. 경기 전 긴장을 어떻게 푸냐는 질문에 그는 이렇게 대답했다.

경기 전에 느끼는 긴장은 좋은 거예요. 아무 감정도 느껴지지 않는다면 오히려 그걸 걱정해야죠. 경기를 앞두고 몸을 억지로 준비시켜야 한다면 뭔가 문제가 있는 겁니다. 긴장은 어쩔 수 없는 거예요. 좋은 긴장감, 흥미진진한 긴장감일 뿐입니다.[19]

이러한 전략은 경기를 앞둔 운동선수들에게만 유용한 건 아니다. 긴장을 느끼는 일상의 모든 상황에 도움이 될 수 있다. 중압감 속에서 수학 문제를 풀어야 하거나 대중 앞에서 연설해야 하는 등 긴장되는 상황이 닥쳤을 때 "나는 지금 무척 들뜬 상태야"라는 말을 소리 내어 반복하는 것만으로도 자신감과 퍼포먼스를 높일 수 있다.[20] 다시 말해 긴장감을 과제 수행에 방해가 되는 감정이 아닌 도움이 되는 감정으로 재평가하는 과정을 통해 궁극적인 퍼포먼스에 긍정적인 영향을 미칠 수 있는 것이다.

'긴장감'을 '들뜬 상태'로 재평가한다는 건 우리의 감정 상태를 한쪽에서 반대쪽으로, 불쾌감을 유쾌함으로 옮겨 놓는 행위다. 운동선수들은 이런 방식으로 감정의 활력은 유지하되 불안감이나 두려움 같은 부정적인 요소는 제거하는 전략을 사용한다.

글쓰기로 감정 다스리기

감정 억제가 불러올 수 있는 위험성에 대해서는 앞서 다룬 바 있다. 생각과 감정, 통찰을 억누르는 대신 표현할 수 있도록 돕는 '일기 쓰기'는 감정 관리에 유용한 전략 중 하나다. 일기 쓰기는 고통과 우울함을 경감하고 정신 건강뿐 아니라 신체 건강 증진에도 효과적인 것으로 나타났다. 특히 일기 쓰는 과정을 통해 상황에 대한 이해도를 높이고 더 건설적으로 대처하려 노력할 때 이러한 효과는 더욱 증가한다.[21]

감정에 관한 글쓰기는 감정 조절에 여러 방면으로 도움이 된다.[22] 글쓰기를 통해 현재 자신이 느끼는 감정이 무엇인지 이름을 붙일 수 있고 이는 앞서 살펴본 바와 같이 감정 처리 방식을 바꾸는 데 큰 도움이 된다.

이러한 '표현적 글쓰기'가 도움이 되는 상황은 다양하다. 부모의 이혼, 인종 차별의 경험, 사랑하는 사람의 죽음 같은 개인의 트라우마와 관련된 생각과 감정을 글로 쓰는 과정은 매우 힘들지만 개인적인 성장과 자기 수용감을 높이고 고통스러운 감정을 줄이는 것으로 나타났다. 자신의 트라우마에 대해 생각하고 그 사건에 대한 통찰력을 키우는 과정을 통해 회복탄력성을 높이고 더 긍정적인 감정을 느끼며 자신이 그 사건과 감정을 더 잘 통제하고 있다고 생각하게 된다.[23]

표현적 글쓰기의 이런 효과는 많은 운동선수가 규칙적인 일기 쓰기를 실천하는 이유다. 스물세 번의 그랜드슬램을 달성한 테니스 챔피언 세레나 윌리엄스Serena Williams는 자신의 생각과 감정을 노트에 적으면 "부정적인 생각과 감정을 없애는 데 도움이 된다"라고 말했다.[24] 올림픽에서 두 번의 금메달을 따낸 알파인 스키 선수 미케일라 시프린Mikaela Shiffrin은 열세 살 때부터 일기를 써 왔다. 그녀는 일기에 운동과 일상에서 일어나는 모든 좋은 일, 나쁜 일에 대한 자신의 생각과 감정을 기록한다고 한다.[25]

글쓰기를 활용할 수 있는 두 번째 방법은 우리 삶에 일어나는 모든 좋은 일에 대한 감사 일기를 쓰는 것이다. 여기에는 가족과 친구, 동료가 우리에게 해 준 일, 우리가 스스로 극복한 난관과 도전에 대한 내용도 포함될 수 있다.

감사에 집중하면 상황을 더 긍정적으로 바라보게 되고 감정 변화에도 도움이 된다. 한 연구에 따르면 4주 동안 감사 일기를 쓴 사람들은 쓰지 않은 사람들보다 불쾌한 이미지를 더 잘 재평가하고 그에 대한 감정 반응도 효과적으로 조절할 수 있었다고 한다.[26]

올림픽에서 6개의 금메달을 딴 단거리 육상선수 앨리슨 펠릭스Allyson Felix의 사례를 보면 감사 일기 쓰기가 가져오는 개인적인 성장에 대해 잘 알 수 있다.[27] 매일 감사 일기를 쓴다는 펠릭스는 2020년 초에 진행한 인터뷰에서 다음과 같이 말했다.

오늘 저를 이 자리에 있게 해 준 지금까지의 모든 경험을 감사하게 생각하고 있어요. 어렸을 때는 감당하기 힘든 상황이 많았죠. 하지만 지금은 힘든 순간에 대해서도 감사하고 있어요. 제 자신에 대해 많은 것을 배웠거든요. 저는 많이 성장했고 분명히 많은 시험을 통과했어요. 저는 마지막 시간을 그렇게 보내고 싶어요. 자신감이 넘치면서도 여전히 갈망으로 가득 차 있고 내가 누구인지 확고하게 알고 있는 상태로요.[28]

불안과 관련하여 글쓰기를 활용할 수 있는 마지막 방법은 '걱정 시간 갖기'이다. 의도적으로 걱정에 집중하는 시간 갖기는 그 방식이 건설적이기만 하다면 의외로 불안감을 줄이는 데 도움이 된다.[29] 다시 말해 의도적인 걱정하기가 걱정을 줄여줄 수 있는 것이다. 현재 자신이 걱정하는 일에 대한 글을 쓰면 걱정거리에 대한 통제감이 높아지고 그 결과, 해결책에 마음을 집중할 수 있다. 걱정 시간 갖기의 또 하나의 장점은 감정을 억누를 때 발생하는 부정적인 결과를 피할 수 있다는 것이다.

걱정 시간 갖기는 다음의 5단계로 진행된다.[30] 첫째, 20여 분간 아무런 방해 없이 걱정할 수 있는 시간을 미리 정한다. 이 시간은 의도적으로 걱정에만 집중하는 시간이다.

둘째, 정해둔 시간 동안 걱정되는 모든 일을 기록한다. 이때에는 어떠한 걱정도 멈추려고 시도하지 않는다. 중요한 걱정과 사소한 걱정을 모두 빠짐없이 적는다.

셋째, 모든 걱정거리를 빠짐없이 적었다면 이제 항목마다 1, 2, 또는 3으로 등급을 부여한다. 1등급은 스스로 행동하면 해결되는 걱정, 2등급은 스스로 해결할 가능성이 있는 것, 3등급은 스스로 할 수 있는 게 아무것도 없는 것이다. 3등급에는 완전히 나의 통제를 벗어난 상황이나 사건 등이 해당된다.

넷째, 등급별로 각 항목에 대한 해결책을 모색한다. 1등급을 가장 먼저 해결하고 그다음에는 2등급, 그다음에는 3등급 문제에 대한 해결책을 생각해 본 후 구체적인 해결책을 세우고 해결을 위한 행동 목표를 개발한다(1장 참조). 가장 시급한 문제를 해결하기 위한 행동 목표는 구체적인 시간을 정해 실천할 수도 있다.

이러한 과정에서 어떤 문제(2등급의 일부와 3등급의 전부)는 해결을 위해 자신이 할 수 있는 일이 아무것도 없다는 사실을 깨닫게 될 것이다. 그래도 괜찮다. 바꿀 수 없는 것이 있다는 사실을 받아들이면 오히려 더 건설적인 감정 반응을 이끌어 낼 수 있다. 이런 상황에 대한 재평가를 통해 걱정이 완화되는 효과도 누릴 수도 있다.

걱정 시간이 끝나면 마지막으로 해야 할 일은 문제 해결 방안을 실천에 옮기는 것이 아닌 이상 남은 하루 동안에는 걱정거리에 대한 생각을 제쳐 두는 것이다. 물론 걱정 시간 외에도 걱정이 문득 떠오르는 것을 피할 수 없을 것이다. 걱정 시간 정해 두기를 처음 시작할 때는 특히 그럴 것이다. 그래도 괜찮다. 내일의 걱정 시간에 다시 걱정하자는 생각을 하는 것만으로도 그런 생각을 관리하는 데 도움이 될 것이다.

걱정 시간 외의 시간에는 주의 분산 전략(산책하기, 다른 주제로 대화하기 등)을 통해 주의를 환기할 수 있다. 이러한 전략에 대해서는 3장에서 다루도록 하겠다. 그 외에도 이제부터 소개할 이완 요법을 실천하는 시간을 정해 두는 것도 긴장을 풀고 불쾌한 감정 반응을 관리하는 데 도움이 될 수 있다.

심호흡하고 이완하기

지금까지 재평가와 글쓰기를 통한 감정 관리법을 학습했다. 두 방법 모두 많은 도움이 되었을 것이다. 그러나 막상 면접을 앞두고 대기실에 앉아 있는 상황이 되면 어떨까? 아마 생각보다 더 긴장이 될 것이다. 이럴 때 감정 조절을 위해 할 수 있는 일은 없을까? 운동선수들은 자주 이런 상황에 처한다. 이처럼 긴박한 순간에도 침착하고 평정심을 유지하려면 어떻게 해야 할까?

2007년 럭비 월드컵 패배 이후 올블랙스가 레드 시스템에서 블루 시스템으로 전환하기 위하여 실천한 핵심 전략은 빠르게 진정할 수 있는 심리 기술 배우기였다. 스스로 진정하려면 짜증, 불안, 분노 등의 강한 감정의 에너지를 낮출 수 있어야 한다. 다음의 마인드 전략은 격렬한 감정 반응 조절에 도움이 된다.

순간적으로 마음을 진정하는 효과적인 방법 중 하나는 '센터링('중심 잡기'라는 뜻―옮긴이주) 호흡법'이다. 센터링 호흡법을 실천하려면 먼저 폐에 공기가 가득 차도록 숨을 들이마신다. 그리고 잠시 숨을 참으며 허리, 어깨, 얼굴 등 긴장이 느껴지는 부위에 정신을 집중한다. 마지막으로 천천히 숨을 내쉬면서 근육을 이완하고 긴장을 푼다. 이 모든 과정을 시행하는 데에는 몇 초 정도면 충분하다.

많은 운동선수가 경기 전 심호흡을 하며 몸과 마음을 준비시킨다. 메건 러피노Megan Rapinoe와 크리스티아누 호날두Cristiano Ronaldo 같은 축구 선수들은 프리킥을 하기 전에 심호흡을 하며 마음을 진정한다. 도로테아 비에레르Dorothea Wierer와 요하네스 팅그네스 뵈Johannes Thingnes Bø 같은 바이애슬론 선수들도 크로스컨트리 스키에서 표적 사격으로 전환할 때 심장 박동 수를 낮추고 긴장을 완화하기 위한 호흡법을 사용한다. 청소년 농구 선수들을 대상으로 한 연구에 따르면 경기 전에 심호흡을 하면 자유투 슈팅 능력이 향상되는 것으로 나타났다.[31] 아이스하키 골키퍼 선수들을 대상으로 한 연구에 따르면 심호흡에 긍정적인 자기 대화나 다짐까지 더하면 세이브율(골키퍼가 슛을 막아낸 비율. 아이스하키의 경우는 한 경기에 수십 번씩 슈팅을 허용할 수 있기 때문에 세이브율을 별도로 기록한다 ― 옮긴이주)이 향상되는 것으로 나타났다.[32]

이 책의 서두에서 소개한 청소년 프로그램 '달리는 소녀들'에서 진행하는 '스톱 앤 테이크 어 브리서Stop and Take a BrThRR'라는 이름의 교육은 이러한 호흡법을 삶의 다른 영역에도 적용할 수 있도록 돕는다. 스톱 앤 테이크 어 브리서는 잠시 멈추고Stop, 숨을 쉬고Breath, 생각하고Think, 반응하고Respond, 검토하여Review 감정을 관리하고 어려운 상황에 더 건설적으로 대응하도록 돕는 프로그램이다. 이러한 교육을 받은 소녀들은 친구들의 놀림을 받거나 형제자매와 싸웠을 때처럼 일상에서 겪게 되는 짜증, 분노, 좌절 등의 감정을 조절하는 데 있어서 이 프로그램이 유용했다고 보고했다.[33]

좀 더 시간을 들여 실천할 수 있는 이완 요법도 있다. 가장 효과적인 요법 중 하나는 '점진적 근육 이완법progressive muscular relaxation, PMR'이다. 1930년에 처음 개발된 PMR은 손과 팔부터 시작하여 순차적으로 발과 발가락까지 몸의 근육을 긴장했다가 이완하는 것을 반복하는 이완 요법이다. PMR의 목적은 근육의 긴장을 인지하고, 긴장을 느낄 때마다 근육을 이완하는 것이다.

PMR을 처음 시작하는 사람들을 위하여 '부록 2'에 이를 실천할 수 있는 스크립트를 첨부했다. 전체 루틴을 모두 수행하는 데에는 약 20분 정도 소요된다. 잠들기 직전처럼 시간이 날 때 시도해 보면 좋다. 한번 PMR 요법에 익숙해지고 나면 중요한 행사를 앞두었을 때나 대기실에서 차례를 기다리고 있을 때와 같이 긴장되는 순간에 짧은 버전으로 해보는 것도 좋다. 이러한 연습은 감정 상태 관리에 많은 도움이 될 것이다.

PMR은 일상생활에서 긴장과 불안을 해소하는 데도 효과적이다. 업무 스트레스와 불면증을 줄이고 긴장성 두통을 완화에도 도움이 된다.[34] 또한 PMR을 인지 행동 치료의 일부로 사용하면 범불안장애, 공황장애, 사회공포증, 만성통증 치료에 도움이 되며 암 환자의 심리적 고통을 완화하는 데도 도움이 되는 것으로 나타났다.[35]

지금까지 제시한 감정 조절 전략은 서로 조합해서 사용할 수 있다는 점도 알아 두면 좋다. 예를 들어 심호흡을 하면서 상황에 대한 재평가를 실행하면 스트레스 상황에서 긴장을 풀 수 있을 뿐 아니라 생각도 바꿀 수 있다. 올블랙스가 레드 시스템에서 블루 시스템으로 전환하기 위해 가장 먼저 배운 것은 긴장되는 상황에서 천천히 심호흡을 하며 스스로 진정하는 방법이었다. 그다음에는 모든 선수가 각자 자신에게 맞는 '안정화 기법'을 사용하여 현재에 초점을 맞추는 일에 주의를 집중했다.

안정화 기법을 통해 현재에 집중하기

우리는 어떤 강한 감정에 휩싸이게 되면 그 감정과 관련된 생각에 과도하게 집중한다. 예를 들어 화가 난 상태라면 분노의 원인을 계속해서 반추한다. 이 장의 앞부분에서 살펴보았듯 운동선수들도 불안해지면 걱정과 두려움으로 주의가 산만해지거나 평소에는 자동적으로 수행하던 기술에도 지나치게 주의를 기울인다. 이처럼 불안으로 인한 주의력 저하가 경기를 망치거나 퍼포먼스를 저하하는 근본 원인이다. 이 장에서 마지막으로 다룰 마인드 전략은 이런 상황에서 도움이 되는 놀라우리만큼 간단한 기법이다.

안정화 기법은 이런 상황의 전개를 중단하고, 마음을 현재에 다시 집중하는 전략이다. 음악 듣기, 운동하기, 심호흡하기, 독서하기 등은 모두 안정화 기법의 한 예라고 볼 수 있다.

가장 잘 알려진 안정화 기법은 '5-4-3-2-1 기법'이다. 오감을 사용하는 이 기법은 지금 바로 실천할 수 있다. 먼저 주변을 살펴보고 눈에 보이는 것 다섯 가지, 느끼거나 만질 수 있는 것 네가지, 들리는 것 세 가지, 냄새 맡을 수 있는 것 두 가지, 맛볼 수 있는 것 한 가지를 마음속으로 혹은 소리 내어 천천히 나열해 본다. 15개를 모두 찾을 때까지 멈추지 않는다.

　15개를 찾는 것에 온전히 집중하면 지금까지는 많은 주의를 기울이지 않았던 감각이 생생하게 살아나는 것을 느끼게 될 것이다. 등에 닿은 의자의 느낌, 들고 있는 책의 종이 냄새 같은 것 말이다. 주의를 산만하게 하거나 도움이 되지 않는 생각에서 벗어나 현재의 순간에 집중하게 하는 것이 바로 안정화 기법의 목적이다. 당신이 현재 차분하고 편안한 상태라면 이러한 기법이 감정 상태에 큰 변화를 가져오지는 못한다고 느낄 수 있다. 그러나 불안감을 느끼거나 화가 났거나 좌절감을 느끼는 상황에서는 이러한 안정화 기법이 감정의 강도를 낮춰 감정 조절에 도움이 될 수 있다.

　노엘로부터 이 기술을 배운 지 얼마 되지 않아 스콧에게 적용의 기회가 찾아왔다. 4시간을 달리는 훈련(무슨 훈련인지는 묻지 말라)을 90분 정도 진행한 시점에서 스콧은 그만두고 싶은 충동을 떨쳐버릴 수 없었다. '목표 세분화하기'나 '달리기를 통해 이루고자 하는 의미 있는 목표 되새기기' 같이 평소에 도움이 되던 전략도 아무 소용이 없었고, 부정적인 생각에서 벗어날 수 없었다. '나는 정말 지금 이걸 하고 싶지 않아. 아직 절반도 못 달렸는데 절반을 달리고 나서도 두 시간이나 더 달려야 하잖아? 나는 인생을 즐기기보다는 늘 인내하고 있는 것만 같아.' 스콧은 신체적으로 딱히 힘들거나 아픈 곳이 없음에도 불구하고 달리기를 중단할 합리적인 이유를 찾기 위해 머리를 굴리기 시작했다.

　그러다가 5-4-3-2-1 기법을 떠올리고는 이를 실천해 보기로 결심했다. 그러나 모든 항목을 찾은 후에도 여전히 자기 연민적인 생각에서 벗어날 수 없었던 스콧은 이 기법을 다시 한번 해보기로 마음먹고 한 가지 조건을 덧붙였다. 그것은 똑같은 항목을 두 번 체크할 수 없다는 것이었다. 그런데 이 과정은 생각보다 무척 어려웠다. 장거리 달리기를 하면서 지금 무슨 맛이 느껴지는지 생각해 내기란 결코 쉽지 않다. 스콧이 5-4-3-2-1 기법을 두 번 실행하고 났을 때는 이미 두 시간을 더 달린 후였다. '벌써 절반이나 달렸네. 조금만 더 가면 내가 좋아하는 숲이 나오겠어.' 스콧의 생각도 어느샌가 이처럼 건설적인 방향으로 바뀌어 있었다. 스콧은 남은 달리기를 무리 없이 마칠 수 있었고 결국 그날의 목표를 달성할 수 있었다.

좋은 퍼포먼스를 보여야 하는 상황에서 빠르게 감정을 조절할 수 있는 능력은 정말 중요하다. 긴급한 상황에서 5-4-3-2-1 기법을 모두 완료하기엔 시간이 모자랄 것이다(게다가 두 번 반복하기란 거의 불가능할 것이다). 그렇지만 상황과 필요에 따라 이 기법을 단축해서 활용하면 여러모로 유용할 것이다.

그렇다면 지금까지 배운 심호흡법과 안정화 기법을 실제 상황에 어떻게 적용하여 감정을 다스릴 수 있을까?

2007년 패배 이후 올블랙스 선수들은 이러한 전략을 실전에 다음과 같이 적용했다. 중압감이 느껴지는 상황이 발생했을 때 키어런 리드Kieran Read 선수는 경기장 전체를 쭉 둘러보며 시선을 외부로 돌리고 더 큰 그림으로 관심을 옮기는 안정화 기법을 사용했다. 리치 매코 선수는 잠깐씩 주어지는 짧은 휴식 시간 동안 발을 구르며 땅으로부터 전해지는 느낌에 정신을 집중했다. 그는 자서전《리얼 매코The Real McCaw》에서 심호흡법과 안정화 기법을 접목한 자신만의 긴장 이완법을 다음과 같이 설명했다.

중간에 2초 정도 간격을 두고 코나 입으로 천천히 의도적으로 심호흡을 합니다. 숨을 내쉴 때 손목을 잡아요. 그리고 외부의 무언가로 주의를 돌립니다. 땅, 발, 들고 있는 공, 양쪽 엄지발가락이나 관중석이라도 좋아요. 눈을 들어 멀리 내다봅니다. 심호흡을 하면서 자신의 머릿속에서 벗어나게 돕는 키워드를 되뇌는 것도 중요해요. 외부로 주의를 돌릴 수 있는 무언가를 찾아서 거기에 집중하고 현재 상황을 재인식하는 거죠.[36]

이러한 전략이 올블랙스에게 확실히 도움이 된 듯했다. 2007년 월드컵에서 프랑스에게 패한 지 4년이 지난 후 뉴질랜드는 2011년 월드컵 결승전에서 또 다시 프랑스와 맞붙게 되었다. 2007년 때처럼 경기 내내 프랑스와 치열하게 싸우던 올블랙스는 결국 1점 차인 8 대 7로 승리를 거두었고 24년 만에 월드컵 타이틀을 손에 거머쥘 수 있었다. 4년 후에는 2015년 월드컵에서 호주를 34 대 17로 제치고 월드컵 타이틀을 2회 연속 유지한 최초의 팀이 되었다.

감정 조절에 관한 마지막 조언
감정 조절에 사용할 수 있는 전략은 다양하다. 그러나 감정 조절은 사실 쉽지 않은 작업이며 바른 전략의 선택도 늘 쉬운 것은 아니다. 감정 조절을 잘하려면 자신의 감정을 정확히 인식하고 자유자재로 사용할 수 있는 도구를 다양하게 구비하는 것이 중요하다. 그러나 이러한 기술을 학습하고 효과적으로 사용할 수 있기까지는 연습과 인내가 필요하다. 단번에 효과를 기대하기보다는 시간을 들여 여러 방법을 시도해 본 후 자신에게 가장 맞는 방법을 찾는 것이 좋다.

5-4-3-2-1 안정화 기법을 통해 알 수 있듯 주의를 집중하거나 다른 곳으로 돌리는 것은 감정 조절에 도움이 된다. 그러나 집중력을 관리할 수 있는 기술은 그 외에도 다양하다. 다음 장에서는 집중력에 도움이 되는 마인드 전략을 소개하고자 한다.

3장

무슨 생각을 하고 있었나요?

집중력 강화를 위한 심리적 도구

이번 장은 저자의 경험담으로 이야기를 시작해 보고자 한다.

2006년에 스콧은 히말라야 산기슭에서 5일간에 걸쳐 열린 달리기 대회를 취재하러 인도에 갔다. 대회 개막 전날, 스콧은 이후 이 대회에서 우승하게 되는 육상선수와 함께 미릭Mirik에 있는 대회 본부 근처로 함께 달리기를 하러 나갔다. 그곳에서는 달리기를 하기에 딱 좋은 둘레길이 있는 작은 호수가 있었다. 그들은 그곳을 달리며 금세 달리기 리듬을 찾을 수 있었고 집에 갈 시간이 되기 전에 한 번 도는데 10분 정도 걸리는 둘레길을 여섯 번 정도 돌 수 있었다.

스콧이 달리기를 마치고 숙소로 돌아왔을 때 아내 스테이시가 물었다. "아까 정말 멋지지 않았어?" 알고 보니 스테이시도 그날 산책하러 호숫가에 갔었고, 그곳에서 디왈리 축제(5일간에 걸쳐 기념하는 인도의 빛 축제—옮긴이주)에 참여하는 수십 명의 여성을 보았다고 했다. 밝은 노란색과 빨간색으로 된 전통 복장과 머리 스카프를 두른 여성들은 바나나와 멜론을 비롯한 여러 가지 과일과 야채, 꽃 등 신에게 바치는 제물이 담긴 큰 그릇을 들고 호숫가 산책로 옆에 쪼그리고 앉아 있었다.

사실 스콧이 그녀들에 대해 이렇게 상세하게 설명할 수 있는 이유는 스테이시가 찍은 사진 덕분이었다. 그는 달리는 내내 그녀들의 존재를 전혀 눈치채지 못하고 있었다. 호수 주변을 첫 번째 돌 때도, 두 번째 돌 때도, 세 번째 돌 때도 마찬가지였다. 스콧은 자신도 의식하지 못하는 사이에 오로지 달리기에만 집중하고 있었던 것이다.

달리기의 역사를 살펴보면 선수들이 이처럼 고도의 집중력을 발휘했던 더 멋진 사례들이 많이 있다. 마치 세계 종말이라도 온 것처럼 거센 비바람 속에서 진행됐던 2018년 보스턴 마라톤에서 우승자들은 마지막 순간까지 자신들이 선두에 있다는 사실을 인지하지 못했다. 2004년 올림픽 마라톤에서 동메달을 차지한 디나 캐스터Deena Kastor 선수도 마지막 100미터 지점에 이를 때까지 자신이 메달 순위권에 들었다는 사실을 전혀 눈치채지 못했다고 한다. 우리는 1장에서 올림픽 메달 같은 결과 목표보다는 과정 목표에 집중하는 것이 목표 달성에 더 도움이 되는 이유를 설명한 바 있다. 2장에서는 불안감 같은 강렬한 감정이 어떻게 우리를 목표와 관련 없는 정보에 집중하게 만드는지 설명했다. 이 장에서는 성공한 운동선수들이 어떻게 주변 환경을 전혀 알아차리지 못할 정도로 눈앞의 과제에 집중하는 능력을 발휘하는지, 어떻게 그런 능력을 키우는지 살펴볼 것이다.

생각에 대해 생각하기

노엘은 초보에서부터 올림픽 선수에 이르기까지 연구를 위해 만난 모든 지구력 기반 운동선수에게 같은 질문을 던졌다. "무슨 생각을 하고 있었나요?" 이번 장의 제목이기도 한 이 질문의 답변에는 최고의 퍼포먼스 순간에 그들이 하는 생각에 대한 흥미로운 단서가 들어 있다. 운동선수들이 경기나 훈련 중에 겪는 두려움을 어떻게 극복했는지 털어놓을 때마다 노엘은 그들의 이야기에 매료되곤 했다.

이야기에 가장 자주 등장하는 주제는 달리기가 육체적으로나 정신적으로 얼마나 힘든지에 대한 이야기다. 이는 초보자나 올림픽 선수나 마찬가지다. 그러나 최고의 선수들이 다른 선수들과 다른 점은 힘든 상황에서도 강력한 집중력을 통해 탁월한 퍼포먼스를 이끌어 내는 능력이다. 성공적인 운동선수들은 이를 위해 무엇에 집중해야 하는지 알고 있으며 그러한 집중력을 유지하는 기술도 갖추고 있다. 2015년에 노엘이 정말 힘든 경기를 마친 정상급 크로스컨트리 육상선수와 경기 직후 인터뷰한 내용을 살펴보자.

2킬로미터 지점과 4킬로미터 지점까지는 선두 그룹에 바짝 붙어 달리고 있었어요. 그런데 세 번째 바퀴를 돌면서 선두 그룹으로부터 점점 멀어지기 시작했죠. 어떻게든 거기에서 떨어지지 않으려고 온 정신을 집중하고 있었는데 (관중 중 누군가 때문에) 어느 순간 약 1초 정도 집중력이 흐트러지는 걸 느꼈어요. 그때 저는 스스로에게 말했죠. "지금 집중력을 잃으면 안 돼. 집중해." 그렇게 그 순간을 넘겼어요. 그 경주에서 저는 2위를 차지했죠. 그때 선두 그룹에서 떨어졌으면 아마 다시는 선두에 들지 못했을 거예요. 그냥 그렇게 끝났을 겁니다.[1]

육상 경기에서 승리하려면 자신의 마음속에서 벌어지는 전투에서 승리해야 할 때가 많다. 내면의 싸움에서 이기려면 위의 선수와 마찬가지로 집중력을 흐트러뜨리는 여러 방해 요소를 물리쳐야 한다. 이러한 방해 요소에는 순간적으로 주의를 끄는 관중처럼 외부적인 요인도 있지만 포기하고 싶은 충동이나 걱정거리 같은 내부적인 요인도 있다.

그렇다면 선수들은 이러한 상황에 어떻게 대처할까? 집중력을 유지하고 경기에 집중하기 위해 어떤 심리적 도구를 사용할까? 또한 집중력을 잃었을 때는 어떻게 회복할까?

이러한 질문에 대한 해답이 처음 등장하기 시작한 것은 1970년대 후반이었다. 심리학자 윌리엄 모건William Morgan과 운동생리학자 마이클 폴록Michael Pollock은 엘리트 마라토너와 취미로 달리는 마라토너 들을 대상으로 훈련과 경주 중에 그들이 무엇에 집중하는지에 대한 인터뷰를 진행했다.

연구 결과, 정상급 마라토너들은 모건과 폴록이 '주의 연합 전략associative strategy'이라고 부르는 접근법을 사용하는 것으로 나타났다. 이들은 달릴 때 발, 종아리, 허벅지의 느낌과 감각, 호흡과 같은 신체적 신호에 매우 세심한 주의를 기울였다. 그들은 자신의 몸을 '읽어 가며' 페이스를 조절했고 스스로에게 끊임없이 "긴장 풀어" "침착해"라고 말했다.[2]

달릴 때 자신의 세부적인 신체 감각에 주의를 기울인다고 대답한 정상급 선수들의 대답은 연구진을 놀라게 했다. 그전까지는 집중력을 유지하려면 최대한 신체 감각에 신경 쓰지 않는 것이 가장 좋다는 의견이 지배적이었기 때문이다. 빠른 속도로 달리는 일은 신체에 고통을 가하는 만큼 신체 감각에 집중하기보다는 최대한 주의를 분산하는 것이 좋지 않겠는가?

하지만 모건과 폴록은 연구를 통해 정상급 선수와 취미로 달리는 선수 간에는 엄청난 간극이 존재한다는 사실을 알게 되었다. 이러한 간극은 육체적 능력뿐 아니라 그들이 사용하는 정신적 전략에도 존재했다. 취미로 달리는 사람들은 달리기를 할 때 '주의 분산 전략distraction strategy'을 선호했다. 최대한 자신의 신체적 감각을 느끼지 않으려고 노력한 것이다. 옛 추억을 떠올리거나 음악을 듣거나 노래를 하거나 심지어 싫어하는 동료의 얼굴을 짓밟는 상상을 한다는 선수도 있었다.

이렇게 다른 두 가지 전략을 보면 딜레마에 빠질 수밖에 없다. 어떤 것이 더 좋은 방식인가? 신체 감각에 주의를 기울여야 하는가 아니면 주의를 분산해야 하는가? 2012년 말에 아일랜드의 리머릭대학교University of Limerick에서 박사 과정을 시작한 노엘에게 이 질문은 최대의 관심사였다. 이러한 호기심을 바탕으로 노엘은 2014년에 지구력 운동선수들이 운동할 때 무엇에 집중하는지에 관해 112개 연구를 리뷰한 논문을 발표했다.[3] 이 논문에서 그는 주의 분산 전략과 주의 연합 전략을 뒷받침하는 증거를 모두 면밀히 검토했다.

주의 분산 전략의 장점

이 질문에 답하기 전에 먼저 더 근본적인 질문에 대한 답을 생각해 볼 필요가 있다. 운동을 할 때 '가장 좋은' 방식이란 과연 무엇인가? 만약 최고의 퍼포먼스, 즉 '더 빨리 달리기'를 의미한다고 가정한다면 답은 정해져 있다. 운동선수들은 어떤 대가를 치르더라도 주의가 분산되는 것을 피해야 한다.

그렇지만 그것이 운동의 전부는 아니다. 노엘의 연구에 따르면 공상하기, 훈련 파트너와 대화하기, 경치에 집중하기 같은 주의 분산 전략이 지루함을 줄이고 달리기를 더 즐겁게 만드는 데 도움이 되는 것으로 나타났다. 만약 더 빨리 달리기가 아니라 즐겁게 달리기가 목표라면 주의를 분산하는 것이 더 좋은 전략이다. 노엘이 인터뷰한 취미 마라토너는 그것을 이렇게 표현했다.

밖에서 달리기를 할 때 제 의식은 여러 생각 사이를 제멋대로 오가요. 마치 자유를 얻은 것처럼 느껴지죠. 지금은 나만의 시간이고 내가 하고 싶은 생각만 하는 시간이니까요. 집에 있는 것도 아니고

일을 하는 것도 아니니까 그런 생각은 접어 두고 오로지 제가 하고
싶은 생각만 합니다.[4]

이를 통해 알 수 있는 사실은 주의 분산 전략도 우리에게 필
요한 심리적 기술이라는 것이다. 이 전략은 특히 모든 생각을 멈
추고 긴장을 풀고 다 잊고자 하는 방식으로 감정을 관리할 필요
가 있을 때 유용하다. 가장 좋은 주의 분산 전략은 경치 좋은 야외
나 공원 등 자연을 즐길 수 있는 곳에서 시간을 보내는 것이다.

스코틀랜드의 한 연구팀은 이와 같은 자연 환경이 우리 감정
에 미치는 영향을 연구하기 위해 12명의 학생에게 에든버러 시
내를 25분간 혼자 걷게 했다.[5] 학생들은 각각 혼잡한 도심에 있는
쇼핑 거리를 걷다가 평화롭고 나무가 우거진 공원을 지나 마지막
으로 소음으로 가득한 번화한 상업 지구를 걸었다. 모든 학생은
걷는 동안 경험하는 다양한 감정 상태에 따른 뇌 활동을 기록해
주는 휴대용 뇌파 측정기를 착용하고 있었다.

학생들은 공원을 걷는 동안 짜증이 줄어들고 차분한 감정이
들었다고 보고했다. 또한 쇼핑가나 상업 지구를 걸을 때보다 사
색을 더 많이 했다고 말했다. 쇼핑가나 상업 지구는 걸을 때 공원
보다 더 많은 주의력과 집중력을 요구하기 때문이다. 본 연구는
자연 환경에는 우리의 마음을 진정하고 치유하는 효과가 있으며
일상이 요구하는 강도 높은 집중력과 피곤함으로부터 벗어나 마
음의 휴식을 얻게 하는 힘이 있다는 사실을 알게 해 준다.

스탠퍼드대학교의 연구팀은 자연 환경이 우리의 생각에 미

치는 영향을 좀 더 심도 있게 연구했다.[6] 캘리포니아의 팔로알토에서 진행된 이 연구에서 연구팀은 참가자들에게 90분 동안 공원을 걷게 하거나 시내에서 가장 번화한 거리를 걷게 했다. 연구팀의 목적은 주변 환경이 참가자들의 반추(자신에 대한 부정적인 생각을 반복하는 현상으로 정신 건강 악화로 이어질 수 있음) 정도에 어떤 영향을 미쳤는지 알아보는 것이었다.

본 연구에서 연구진은 참가자들의 반추 정도를 다음의 두 가지 방식으로 측정했다. 첫째는 설문지를 통해 '나는 자신에 대한 부정적인 생각에 자주 집중하게 된다'와 같은 질문에 대답하고 그 정도를 표시하게 하는 것이었고, 둘째는 뇌 스캔을 통해 반추와 관련된 뇌 영역인 대뇌 전전두피질의 활성화 수준을 측정하는 것이었다. 두 가지 측정은 걷기 전과 직후에 한 번씩 이루어졌다.

공원을 산책한 참가자들은 반추 정도가 낮아졌다고 보고했다. 걷기 후 측정한 뇌 스캔 결과도 자연 환경 속에서 산책한 참가자들의 전전두피질 활성화 정도가 낮아진 것을 확인할 수 있었다. 이에 반해 번화가를 걸었던 참가자들에게는 이러한 변화가 나타나지 않았다. 이들의 반추 정도는 걷기 전과 마찬가지로 높았다. 이 연구는 자연 환경이 우리를 일상의 번잡함으로부터 벗어나 반추적인 생각의 고리를 끊는 데 도움이 될 수 있음을 보여준다. 이 두 가지 연구를 통해 우리가 기억할 것은 때로는 그냥 공원을 걷기만 해도 기분이 나아질 수 있다는 사실이다!

태그 매킨타이어Tadhg Macintyre 박사의 연구를 통해 우리는 운동선수들도 자연 환경을 이런 방식으로 많이 활용한다는 사실을 알게 되었다.[7] 경기를 앞두고 정신을 관리하는 데도 자연이 가져다주는 치유의 효과가 큰 도움이 된다고 말하는 선수도 있다. 올림픽 스키점프 3관왕인 안드레아스 퀴텔Andreas Küttel은 이렇게 말했다. "평소에는 자연으로부터 에너지를 얻지만 중요한 경기를 앞두었을 때는 자연으로부터 평온함을 얻어요." 아일랜드 럭비 선수였던 로지 폴리Rosie Foley도 자연에 대해 이렇게 말했다. "자연 속에 있으면 완전히 휴식하고 있다는 느낌과 여기가 바로 내가 있어야 할 곳이라는 생각이 들어요!"

하지만 이건 이야기의 한쪽에 불과하다. 자연 환경 활용하기처럼 긍정적인 방식으로 주의를 분산하는 전략이 도움이 될 때도 있지만 경기 중 기량을 극대화하는 것이 가장 중요한 운동선수들에게는 반대로 주의를 최대한 집중하는 것이 더 나은 전략일 수 있다.

주의 연합 전략의 장점

노엘은 이 주제를 심도 있게 연구하기 위해 장장 35년치의 연구 자료를 깊게 파고드는 과정에서 곧 다음의 사실을 발견하게 되었다. 그것은 '주의 연합 전략'이 퍼포먼스에 미치는 영향은 생각보다 훨씬 복합적이라는 사실이었다. 그의 연구에 따르면 운동선수들이 호흡이나 근육통 같은 신체 감각에 지나치게 집중하면 오히려 퍼포먼스가 떨어지고 과제가 더 힘들다고 느꼈다. 반대로 긴장을 풀고 움직임을 최적화하면 퍼포먼스는 향상되고 과제도 덜 힘들다고 느꼈다.

이 미묘한 차이를 이해하는 데 도움이 되는 복합적인 연구가 있다.[8] 60명의 숙련된 달리기 선수를 대상으로 진행한 이 연구에서 연구진은 참가자들에게 5킬로미터 달리기를 세 번 수행하도록 요청했는데 한 번은 러닝머신 위에서, 또 한 번은 200미터 실내 트랙에서, 마지막은 평평한 야외 도로 코스에서 달리도록 했다. 참가자의 절반('주의 연합 그룹')은 달리기를 하는 동안 30초에 한 번씩 심장 박동 수와 페이스 측정값을 확인하도록 했고 나머지 절반은 헤드폰으로 음악을 들으며 달리는 동안 주의를 분산하게 했다. 모든 참가자는 자신이 원하는 속도로 5킬로미터 달리기를 완주했고 연구팀은 참가자들이 달리기를 할 때의 감정, 달리기가 힘들다고 느낀 정도, 완주 시간을 기록했다.

다른 연구와 마찬가지로 본 연구에서도 음악을 들으며 달린 선수들이 더 차분하고 평온한 기분을 느낀 것으로 나타났다. 또한 실내보다는 실외에서 달릴 때 더 기분이 좋았다고 보고했다.

그러나 실제 퍼포먼스를 살펴보았을 때는 음악을 들은 그룹보다 자신의 심장 박동 수와 페이스를 모니터링한 그룹이 평균 1분 47초를 더 빨리 달린 것으로 나타났다. 1초의 차이를 두고 치열하게 경쟁하는 육상선수들에게 있어서 이는 상당히 큰 차이가 아닐 수 없다!

달리는 장소가 퍼포먼스에 미치는 영향도 흥미로웠다. 선수들은 러닝머신에서 달렸을 때보다 실내 트랙에서 달릴 때 평균 3분 46초를 더 빠르게 달렸고 야외 도로에서 달릴 때는 평균 4분 2초를 더 빠르게 달렸다. 이처럼 러닝머신에서는 훨씬 느리게 달렸음에도 불구하고 참가자들은 러닝머신에서 달리는 게 가장 힘들게 느껴졌다고 보고했다. 이는 정신적 자극이나 주의 분산 요소가 없는 환경 때문일 가능성이 높다. 러닝머신 위에서 달리는 선수들은 신체적인 고통 외에는 집중할 만한 다른 것이 없기 때문이다. 반면 야외 도로에서는 가장 빠르게 달렸음에도 불구하고 가장 덜 힘들다고 느꼈다.

연구진은 달리기를 할 때 자신의 신체 감각을 모니터링하고 능력에 맞는 페이스에 주의를 집중하는 것이 더 좋은 퍼포먼스로 이어진다는 결론을 내렸다. 그러나 주의를 분산하면 속도는 느려질지 몰라도 달리기가 더 즐겁게 느껴질 수 있다. 결론적으로 무언가를 할 때 우리가 주의를 어디에 집중하는지는 매우 중요한 요소다. 특히 최고의 퍼포먼스가 요구되는 상황에서는 효과적으로 집중력을 발휘하게 돕는 마인드 전략이 필수적이다.

운동선수를 대상으로 한 이러한 연구로부터 우리도 많은 교훈을 얻을 수 있다. 특히 성공적인 운동선수처럼 집중력을 발휘하는 방법을 배울 수 있다면 이는 삶의 다른 영역에서도 큰 도움이 된다. 노엘의 2015년 연구 인터뷰에 등장했던 크로스컨트리 선수처럼 순간적인 주의력 분산은 스포츠 경기의 퍼포먼스 저해뿐 아니라 교통사고 같은 위험으로도 이어질 수 있다. 휴대폰 사용 등 운전 중 주의력 분산이 가져오는 위험성은 이미 잘 알려져 있다. 한 조사에 따르면 2008년에 미국에서 발생한 교통사고 중 22퍼센트(130만 건)가 휴대폰 사용으로 인한 것으로 나타났다.[9]

그렇지만 운전자의 주의를 분산할 수 있는 요소는 휴대폰 사용뿐만이 아니다. 노엘이 인터뷰한 취미 마라토너의 사례처럼 딴생각에 빠지는 것도 주의력 분산 요소이다. 2010년 4월부터 2011년 8월 사이에 프랑스 보르도 대학병원에 입원한 환자 955명을 대상으로 진행한 인터뷰 결과를 보면 딴생각에 빠지는 것이 운동할 때는 기분 좋은 주의 분산 요소일지 몰라도 운전할 때는 치명적인 사고 요인이 될 수 있음을 알 수 있다.[10] 연구진은 입원한 교통사고 환자 중 자신의 과실로 다쳤다고 판단되는 453명에게 사고 발생 직전에 했던 생각의 내용과 강도에 대해 질문했다.

연구 결과, 무척 강도 높은 딴생각에 빠진 채로 운전한 사람들은 그렇지 않은 사람들보다 사고를 일으킬 확률이 두 배 이상 높았다. 휴대폰 사용이나 음주, 수면 부족 등이 교통사고에 영향을 미칠 수 있다는 사실은 익히 알려져 있었지만 운전자의 생각도 위험 요인이 될 수 있다는 사실은 새로운 발견이었다.

운동선수처럼 생각하기는 이런 위험을 줄이는 데 도움이 될 수 있다. 운전 중 떠오르는 딴생각 때문에 발생할 수 있는 치명적인 사고를 줄이기 위해 연구진이 제안하는 해결책 중 하나는 집중력 강화 훈련이다. 여기에는 집중력을 유지하고 집중력을 잃었을 때 이를 바로 회복시킬 수 있도록 돕는 심리적 도구가 포함된다. 이러한 도구 중 하나인 '마음 챙김mindfulness'은 많은 운동선수가 오랜 연습과 경험을 통해 연마하는 기술이다.

현재의 순간에 집중하기

마음 챙김은 훈련으로 개발할 수 있는 주의 집중 기술이다.

마음 챙김이란 자신의 생각, 감정 외부의 주의 분산 요소를 인지하면서도 그에 대한 어떤 판단이나 반응도 하지 않는 것을 의미한다. 지금 내가 경험하고 있는 것이 무엇인지 충분히 인식하면서도 마음 챙김을 통해 그 경험에서 한 발짝 물러나 눈앞의 과제와 관련된 정보에만 집중할 수 있다.

이러한 기술을 성공적으로 구사한 운동선수의 예를 2019년 US 오픈 테니스 결승전에서 찾아볼 수 있다. 이 경기는 19세의 캐나다 선수 비앙카 안드레스쿠Bianca Andreescu가 출전한 첫 그랜드슬램 결승전이자 강력한 우승 후보 세레나 윌리엄스와 맞붙게 된 첫 경기였다. 2만 3000명의 관중이 이 경기의 관전 포인트, 즉 세레나 윌리엄스가 마거릿 코트Margaret Court(테니스 역사상 최고의 여자 선수로 일컬어지는 호주의 테니스 선수—옮긴이주)의 그랜드슬램 24관왕 타이틀을 깰 수 있는지 지켜보며 열정적으로 응원하고 있었다. 이렇게 우승하려는 강한 의지를 가진 상대와 맞붙었음에도 안드레스쿠는 이 경기에서 훈련된 집중력을 발휘하여 6 대 3과 7 대 5로 연속해서 승리했고 결국 자신의 첫 그랜드슬램 타이틀을 차지할 수 있었다. 경기 후 이루어진 인터뷰에서 안드레스쿠는 자신의 경험을 다음과 같이 설명했다.

관중석에서 어찌나 큰 소리가 나던지 경외심이 들 정도였어요. 정신이 하나도 없었지만 한편으론 이 자리에 함께할 수 있다는 사실이 무척 기쁘더라고요. 이런 대회를 특별하게 만드는 이유니까요. 이런 상황에서는 자신이 통제할 수 있는 것에만 집중해야 해요. 그래서 저도 그렇게 하기로 마음먹었죠. 이런 생각으로 평정심을 유지했기 때문에 경기를 잘 치를 수 있었던 것 같아요.[11]

이렇게 생각하는 방식을 배우려면 어떻게 해야 할까? 어떻게 하면 집중력을 유지하고 주의력이 분산되는 것을 막을 수 있을까? 여러분은 이를 위한 기술을 어느 정도 이미 알고 있다. 스콧이 4시간 달리기를 완주하기 위하여 사용한 5-4-3-2-1 안정화 기법은 분산된 주의력을 재집중할 때 많이 사용하는 마음 챙김 전략이다. 특별히 운동선수들의 집중력 향상을 위해 개발된 전략 중 하나인 '마음 챙김mindfulness-수용acceptance-전념commitment', 즉 MAC이라고 불리는 프로그램을 간략히 살펴보자.[12]

MAC 프로그램의 첫 단계는 마음 챙김이 무엇인지 배우는 과정이다. 이 단계에는 자신의 최고의 퍼포먼스와 최악의 퍼포먼스를 생각해 보면서 자신의 생각, 감정, 외부 사건에 대한 반응이 퍼포먼스에 어떤 영향을 미치는지 인식하는 과정이 포함된다.

이를 따라 하려면 우리도 자신이 최고의 퍼포먼스와 최악의 퍼포먼스를 보였던 순간을 떠올려 보자. 최고의 순간에 나는 무엇에 집중하고 있었는가? 무슨 생각을 하고 어떤 감정을 느꼈으며 그러한 생각과 감정에 어떻게 반응했는가? 그러한 반응이 퍼포먼스에 도움이 되었는가 아니면 그렇지 못했는가?

그다음에는 최악의 퍼포먼스를 보였던 순간에 대해서도 같은 작업을 진행한다. 이러한 과정을 통해 우리가 어떤 정보에 집중했는지, 떠오르는 생각과 감정에 어떻게 반응했는지가 우리의 퍼포먼스에 영향을 주었다는 사실을 깨달을 수 있다. 2장에서 살펴보았듯 원래 좋거나 나쁜 상황은 없으며 오직 우리의 생각과 반응이 그렇게 만들 뿐이라는 사실을 깨달을 수도 있다. 이러한 통찰은 매우 중요하다. 이러한 성찰 과정을 통해 우리가 집중해야 할 과제와 관련된 '신호'가 무엇인지, 우리의 집중력을 떨어뜨리는 생각과 반응이 무엇인지 알게 되기 때문이다. 안드레스쿠가 "이런 상황에서는 자신이 통제할 수 있는 것에만 집중해야 해요"라고 말했을 때 그녀가 염두에 두었던 것이 바로 이러한 신호였다. 지금 이러한 신호가 무엇인지 잘 모르겠더라도 괜찮다. 이 장의 뒷부분에 이러한 신호를 알아차리도록 돕는 심리적 도구가 설명되어 있다.

MAC 프로그램의 두 번째 단계는 자기 관찰 기술을 배우는 것이다. 이 단계에서 우리는 스스로가 어떤 때에 과제와 관련 없는 생각으로 집중력이 떨어지는지 더 잘 인식할 수 있게 된다.

이 단계에서는 우리 자신과 우리의 생각을 구별하는 데 도움이 되는 개념, 즉 '하늘과 날씨'라는 은유를 배우게 된다.[13] 여기에서 우리 자아는 '하늘'이고 우리 생각과 감정은 '날씨'다. 날씨는 마치 우리 생각과 감정처럼 맑고 좋을 때도 있지만 변덕이 심하다. 우리 생각이나 감정과 마찬가지로 날씨는 왔다가 사라지는 존재다. 그러나 날씨가 어떻든지 상관없이 하늘, 즉 우리 자아는 늘 그 자리에 있다. 눈에 보이지 않을 때도 있지만 변함없이 항상 같은 곳에 존재하는 것이다.

다시 말해 우리는 우리의 생각과 감정이 아니다. 이것을 알아차리는 것이 마음 챙김의 본질이다. 자기 관찰 기술을 통해 우리는 일상의 다양한 상황에서 마주하는 우리 생각과 감정을 더 잘 인식할 수 있으며 현재 나에게 중요한 생각과 감정에만 주의를 기울이고 집중하는 능력을 얻을 수 있다.

이러한 마음 챙김을 기반으로 한 주의력과 집중력을 개발하고 나면 3단계에서는 판단 없는 수용을 연습하게 된다. 이 단계의 목적은 우리의 생각과 그 생각이 불러오는 감정을 분리할 수 있도록 돕는 것이다.

예를 들어 이런 상황을 상상해 보자. 대회, 시험, 취업 면접을 앞두고 "아무래도 망할 것 같아"라는 생각이 드는 것을 경험한 적이 있을 것이다. 이런 생각은 불안감이나 공포감을 불러일으킨다. 이전 장에서 우리는 이런 생각을 바꾸는 데 도움이 되는 도구인 '재평가'에 대해 살펴보았다. 상황의 재평가를 통해 "나는 열심히 준비했고 이 일을 잘 해낼 준비가 됐어"라고 생각할 수 있다. 이러한 재평가는 불안감을 낮추는 데 도움이 되지만 항상 쉬운 일은 아니다. 어떤 상황에서는 부정적인 생각을 없애거나 바꾸는 것이 불가능하기도 하다.

마음 챙김은 재평가와는 다른 접근 방식을 취한다. 마음 챙김을 기반으로 한 수용은 부정적인 생각을 바꾸려고 시도하는 대신에 이러한 생각과 감정을 충분히 관찰하고 경험하는 것을 지향한다. 부정적인 생각은 하늘을 지나가는 구름과 같다고 생각하며 이를 바꾸려 하기보다는 그냥 받아들이는 것이다.

마음 챙김을 기반으로 한 수용을 설명해 주는 두 번째 비유는 '수영장 속의 공'이다. 부정적인 생각을 통제하려는 시도는 마치 수영장 물속으로 공을 밀어 넣으려는 것과 같다. 아무리 노력해도 공은 부정적인 생각처럼 우리가 손을 놓을 때마다 물 밖으로 튀어나온다. 공을 물속에 억지로 밀어 넣으려고 애쓰는 것은 부정적인 생각을 억누를 때처럼 우리를 지치게 만들 뿐이다. 수용은 이러한 노력을 포기하고 공이 물밖에 떠 있도록 허용하는 것을 의미한다. 그 공이 지금은 불편하게 느껴질 수 있다. 그러나 하늘에 떠 있는 먹구름처럼, 우리의 부정적인 생각과 불쾌한 감정처럼, 이 공도 언젠가는 떠내려 갈 것이다.

"아무래도 망할 것 같다"라는 말은 하나의 생각에 불과할 뿐이다. "오늘 밤에 복권에 당첨될 것 같다"라는 말 역시 하나의 생각에 불과하다. 이 두 가지 생각은 서로 매우 다르지만 마치 사실인 것처럼 계속 생각하고 집중하다 보면 우리의 집중력을 흐트러뜨리거나 감정의 변화를 가져올 수 있다는 점에서 동일하다. 마음 챙김의 핵심은 이러한 것들이 단순히 생각에 불과할 뿐이라는 사실을 인지하고 받아들이는 것이다. 위의 두 생각은 여러분이 이 책을 계속 집중해서 읽다 보면 이 페이지가 끝나기도 전에 아마 사라져 버릴 것이다.

마음 챙김을 기반으로 한 자기 인식, 집중된 주의력, 수용의 기술까지 배웠다면 이제 마지막 단계는 지금까지 배운 기술을 훈련과 경기, 일상에 적용하는 것이다. 안드레스쿠가 US 오픈 우승 6개월 전에 했던 인터뷰 내용을 보면 이러한 기술을 완벽하게 연마하기까지는 수년에 걸친 노력이 필요하다는 사실을 알 수 있다. 그러나 그 시간을 성실하게 보낸다면 마음 챙김은 우리의 마인드 전략 중 유용한 도구로 자리잡을 수 있을 것이다.

마음 챙김이란 개념은 제가 아주 어렸을 때부터 엄마한테 배운 거예요. 아마 열두 살 정도 때부터 배웠던 거 같아요. 저는 신체 훈련에만 집중하지 않아요. 정신력도 정말 중요하다고 생각하기 때문에 정신력 훈련에도 많은 공을 들입니다. 이 훈련은 경기 중에도 제가 현재의 순간에 집중할 수 있도록 확실히 도움을 주고 있어요. 저는 과거나 미래에 집중하는 것을 좋아하지 않아요.[14]

연구에 따르면 마음 챙김 훈련은 운동 환경뿐 아니라 비운동 환경에서도 많은 도움이 된다. BMX(흔히 '묘기 자전거'로 알려진 자전거를 이용한 스포츠—옮긴이주) 선수를 대상으로 진행한 연구에 따르면 7주간 마음 챙김 훈련을 받은 선수들은 자신의 감정과 신체적 감각을 더 잘 인식하고 구별하며 설명할 수 있었다.[15] 이러한 변화는 신체 감각 정보를 해석하고 처리하는 뇌 영역의 활동과 일치했다. 비록 연구에 참여한 대상자가 7명에 불과하고 비교할 통제 그룹이 없었다는 점에서 제한적이긴 하지만 이 연구 결과는 어려운 상황이 닥쳤을 때 마음 챙김 훈련을 통해 자신이 어떻게 생각하고 반응하는지에 대한 자기 인식을 향상할 수 있음을 시사한다.

가장 극한의 스트레스가 유발되는 환경에서 임무를 수행해야 하는 사람들에게서도 유사한 결과가 보고되었다. 2014년에 극한 스트레스 상황에서 훈련하는 미국 해병대원들을 대상으로 8주 동안 마음 챙김 훈련을 실시한 결과, 마음 챙김이 이들에게도 긍정적인 결과를 가져다준다는 사실이 발견되었다.[16] 이 프로그램은 참가자들의 집중력을 키우고 신체적, 정신적, 감정적으로 가혹한 환경에 대한 인내력을 향상하도록 설계되었다.

8주간의 마음 챙김 프로그램을 실시한 후 수료 그룹과 수료하지 않은 그룹 모두 군사 전투 훈련을 받았다. 연구진은 전투 훈련 기간 동안 대원들의 심장 박동 수, 호흡 수, 혈중신경펩타이드-Y 수치 등 몇 가지 주요 스트레스 지표를 기록했다. 연구 결과, 마음 챙김 훈련을 받은 대원은 받지 않은 대원보다 스트레스가 심한 전투 훈련에서 더 빨리 회복하는 것으로 나타났다. 심장 박동 수와 호흡 수는 더 빨리 안정 상태로 돌아왔고 혈중 신경펩타이드-Y 수치도 더 낮았다. 이후 진행한 뇌 스캔에서도 마음 챙김 훈련을 받은 대원이 받지 않은 대원보다 스트레스에 덜 반응하고 감정 정보를 더 잘 처리하는 것으로 나타났다. 이러한 결과를 봤을 때 마음 챙김 훈련이 전투 시나리오에 대처하는 해병대의 능력을 향상했음을 알 수 있다.

마음 챙김 훈련이 가져오는 또 하나의 이점은 몰입flow(플로)이다. 몰입은 스스로 자신의 최고 능력치에 달했다고 느낄 때 아주 드물게 발생하는 심리적 상태이다.[17] 호주의 운동선수 92명을 대상으로 진행한 설문조사 결과, 마음 챙김 척도에서 더 높은 점수를 받은 사람들은 '과제 집중력'과 '자기 통제감'을 포함한 몰입 점수에서 더 높은 점수를 받았다.[18] 아일랜드의 국립 더블린대학교에서 운동선수들을 대상으로 진행한 연구에서도 마찬가지로 6주간의 마음 챙김 훈련을 받은 운동선수의 경우 몰입 요소 중 하나인 '주의력 조절 능력'이 크게 증가한 것으로 나타났다.[19]

이러한 연구 결과는 간단해 보이지만 생각보다 매우 심오한 의미를 내포하고 있다. 많은 이가 '우연히 발생하는 신비한 사건'으로 인식하는 몰입 상태로의 진입이 생각보다 훨씬 통제하기 쉽다는 것을 시사하기 때문이다.

몰입의 힘

일할 때나 놀이를 할 때 하던 일에 너무 열중한 나머지 시간 개념을 완전히 잊었던 경험을 한번 떠올려 보라. 주변에 있던 사람이나 집중력을 흐트러뜨릴 만한 어떤 일도 인식하지 못했을 것이다. 모든 행동은 수월하면서도 자동적으로 느껴졌고 마치 오케스트라의 지휘자처럼 하고 있는 모든 일을 완벽하게 통제할 수 있었을 것이다.

이런 경험을 떠올릴 수 있다면 축하한다. 당신은 몰입을 경험한 것이다. 아마 지금까지 경험한 그 무엇보다도 즐겁고 보람찬 사건으로 기억할 것이다. 그러나 그 경험이 이토록 기억에 남는 이유는 그것이 평생에 한 번 있을까 말까 할 정도로 드물게 발생하는 일이기 때문이다. 18번이나 NBA 올스타로 선정되었고 LA 레이커스팀에서 활약하면서 다섯 번의 NBA 챔피언 자리에 올랐던 농구 선수 코비 브라이언트Kobe Bryant는 몰입 상태를 다음과 같이 표현했다.

일단 몰입 상태로 들어가면 엄청난 자신감이 몰려와요. 이러면 어쩌지 저러면 어쩌지 하는 생각은 사라지고 완전히 그 안으로 들어가게 되는 거예요. 그리고 모든 게 느려집니다. 모든 게 느려지고 엄청난 자신감이 차오르죠. 그때는 그 상태에 계속 머물기 위해 최선을 다하고 그 어떤 것도 그 리듬을 깨뜨리지 못하게 해야 해요. 일단 몰입 상태로 들어가면 하고 있는 일 외에는 주변의 어떤 일도 인식하지 못하게 되어버려요. 주변 환경이나 관중이나 팀에서 일어나고 있는 일들에 대해서는 전혀 생각하지 않게 되죠. 그냥 나 자신이 내가 하고 있는 일과 완전히 일치되어 버립니다.[20]

몰입에 관한 그의 설명은 우리가 이번 장에서 배운 내용 대부분과 일치한다. 몰입을 가장 처음 연구한 시카고대학교의 미하이 칙센트미하이Mihaly Csikszentmihalyi 교수는 몰입을 과제에 모든 정신을 집중하되 그 과정이 편안하게 느껴지는 상태인 '최적 경험'이라고 표현했다. 특히 중요한 것은 칙센트미하이가 말한 몰입의 세 가지 조건이다.[21]

세 가지 조건 중 첫 번째와 두 번째는 1장에서도 설명한 '명확한 단기 목표 설정'과 '진행 상황에 대한 즉각적인 피드백'이다. 마지막으로 무척 중요한 세 번째 조건은 '주어진 과제의 난이도와 내가 가진 능력 사이의 균형'이다. 도전적인 과제가 주어졌지만 나에게 그것에 대처할 능력이 충분하다 느낄 때 몰입은 발생한다. 이러한 능력에는 이 책이 제시하는 마인드 전략과 심리적 도구가 모두 포함된다.

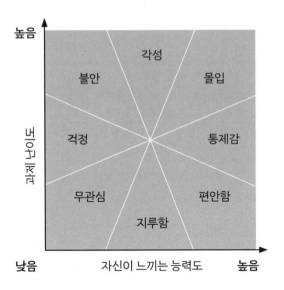

위의 그래프는 과제 난이도와 자신이 느끼는 능력도 간의 상관관계를 시각화하는 데 도움이 된다.[22] 그래프 하단에는 자신이 느끼는 능력도가 낮음에서 높음까지 표시되어 있다. 이 수치는 이 책의 서두에 소개한 강점 프로필에 스스로 부과한 점수를 기반으로 가늠할 수 있다.

그래프 하단부터 상단까지는 과제 난이도가 표시되어 있다. 이 중 몰입은 높은 자기 능력도가 높은 과제 난이도와 만나는 우측 상단 모서리에 위치하고 있다.

그러나 이 균형은 무척 깨지기 쉬운 것이다. 우리가 보유한 능력에 비해 과제 난이도가 너무 높다고 생각하면 걱정이나 불안을 경험한다. 반대로 우리가 가진 능력에 비해 과제 난이도가 낮은 경우, 즉 그래프의 우측 하단에서는 편안함을 느낀다. 그러나

이 안전지대에만 머물게 되면 지루함을 느낄 수 있다. 몰입을 경험하려면 안전지대 밖으로 나와야 한다. 즉 더 어려운 과제에 도전하거나 아니면 주어진 과제 달성에 필요한 새로운 기술을 배워야 하는 것이다.

나는 지금 어느 영역에 있는가?

몰입, 즉 플로는 40년 넘게 연구된 개념이지만 운동선수의 몰입 상태를 복합적으로 이해하는 연구는 최근 들어서야 본격적으로 시작되었다. 다양한 스포츠를 모두 포함한 최근 연구에 따르면 운동선수들이 최고의 퍼포먼스를 보이는 순간에 경험하는 몰입에는 두 가지 다른 유형이 있는 것으로 나타났다. 우리가 이미 잘 알고 있는 플로 외에도 좀 더 많은 노력을 요하는 몰입 상태인 '클러치clutch'에 대한 연구가 최근 들어 활발하게 진행되고 있다. 플로와 클러치는 각각 '발생하게 내버려두는 몰입 상태'와 '만들어 내는 몰입 상태'로 설명할 수 있다. 성공적인 운동선수에 대한 연구를 통해 우리가 알게 된 사실은 플로와 클러치에 사용되는 마인드 전략이 각각 다르다는 것이다.

운동선수가 최고의 기량을 발휘할 수 있는 이 두 가지 상태에 대한 첫 연구는 2016년에 10명의 프로 골프선수를 대상으로 이루어졌다.[23] 본 연구의 제1저자인 크리스티앙 스완Christian Swann 박사는 11개의 프로 골프 토너먼트를 참관한 후 뛰어난 경기를 보여준 선수들을 초청하여 그들의 경험을 인터뷰했다.

몰입을 그냥 '일어나도록 내버려둔' 선수들이 설명한 경기 경험은 전형적인 '플로' 상태였다. 그러나 클러치를 경험한 선수들의 설명은 달랐다. 몰입이 그냥 일어나도록 내버려두는 플로우는 달리 클러치는 몰입을 만들어 내는 기술이다. 클러치는 주로 최고의 퍼포먼스에 대한 압박감이 심한 상황에서 발생한다. 눈앞의 어려운 상황에 맞서기 위해 선수들은 특정 점수 같은 고정된 성과 목표를 설정하고 이를 달성하기 위해 의식적으로 노력했다. 일단 경기가 끝나고 나면 클러치 경험을 즐겁고 만족스러운 것으로 기억하기도 했지만 클러치를 발휘해야 하는 그 순간에는 정신적으로 많은 에너지를 소모했다. 클러치 상태에 머물기 위해 선수들은 모든 에너지를 쥐어짜야 했고 자신이 가진 모든 심리적 도구를 총동원하여 경기력을 극대화해야 했다. 한 골프선수는 경기 중 자신이 경험한 클러치 상태를 다음과 같이 설명했다(그의 설명 중에 이 책에 등장하는 심리적 도구가 몇 개나 등장하는지 한번 세어 보라).

> 저는 스스로에게 이렇게 말했어요. "좋아, 이제 경기를 시작해 보자. 한 번에 하나씩 치는 거야. 현재에 집중하자. 넌 할 수 있어. 진정하고, 침착하게, 호흡하면서, 너무 걱정하지 말고. 이건 그냥 골프일 뿐이야. 그냥 치면 돼. 넌 할 수 있어."

플로와 클러치에 대한 선수들의 설명을 들어 보면 각 상태를 어떻게 관리하면 좋을지에 대한 단서를 얻을 수 있다. 특히 선수들이 최고의 기량을 발휘하는 순간에 사용했던 마인드 전략을 알면 우리도 플로와 클러치를 최대한 유지하기 위해 우리가 가진 심리적 도구를 사용할 수 있다.

이에 관한 연구가 지금도 활발하게 이루어지고 있지만 선수들의 말에서 얻은 힌트로 알 수 있는 사실이 하나 있다. 그것은 몰입 상태를 어떻게 유지해야 하는지 고민하기보다는 처음부터 '올바른' 몰입 상태에 진입하기 위해 노력하는 것이 더 좋은 전략이라는 것이다.

몰입 상태로 들어가기

플로와 클러치는 서로 뚜렷이 다른 경로를 따르는 것으로 보인다.[24] 플로는 우리가 신체적으로나 정신적으로 잘하고 있다는 것을 알려주는 긍정적인 사건이 있을 때 주로 발생한다. 긍정적인 피드백을 통해 얻은 자신감과 함께 모든 일이 잘 맞아떨어지는 것을 느낀다. 이런 때 우리는 더 어려운 일에 도전하고 1장에서 설명한 것처럼 개방형 목표를 세워서 우리 자신이 어디까지 해낼 수 있을지 탐구하려 한다.

흥미롭게도 긍정적인 주의력 분산 요소를 사용하면 이런 플로 상태를 관리하고 유지하는 데 도움이 된다. 목표와 관련 없는 소음으로 우리를 곁길로 새게 만드는 부정적인 주의력 분산 요소와는 달리 긍정적인 주의력 분산 요소는 플로를 방해할 수 있는 분석적이거나 비판적인 생각을 차단하는 데 도움이 된다. 코비 브라이언트가 말했듯 그때는 그 상태에 계속 머물기 위해 최선을 다하고 그 어떤 것도 그 리듬을 깨뜨리지 못하게 해야 한다.

반면 클러치는 선수들이 사활이 걸린 상황에 놓여 있다고 스스로 느낄 때 발생한다. 이런 때 선수들은 자신이 최선의 기량을 발휘할 수 있도록 돕는 여러 가지 심리적 도구를 사용한다. 여기에는 고정 목표 설정, 이완 기법 사용, 스스로에게 동기를 부여하거나 지침을 제공하는 혼잣말 등이 포함된다.

지금쯤이면 여러분도 서문에서 말했듯 운동선수들의 생각 방식은 진부한 스포츠 영화처럼 "잔머리 쓰지 말고 몸을 굴려! 고통이 없으면 보상도 없는 법이야!"라는 식의 사고방식보다 훨씬 더 정교하다는 사실을 알게 되었을 것이다. 성공적인 운동선수는 목표 설정, 이프덴 플래닝, 이완을 위한 심호흡, 마음 챙김 등 지금까지 이 책에서 다룬 모든 심리적 도구를 유연하게 사용하며 현재의 순간에 집중한다. 이러한 기술을 배워두면 어떤 상황에 처하든지 간에 우리가 가진 최고의 기량을 발휘하는 데 도움이 될 것이다. 이번 장의 마지막 부분에서는 여러분의 심리적 도구 상자에 추가할 수 있는 기술을 몇 가지 더 설명하려 한다.

통제할 수 있는 것에 집중하기

이 장의 서두에서 우리는 통제할 수 있는 것에 집중하도록 돕는 심리적 도구를 알려주겠다고 약속했었다. 가장 먼저 할 일은 주어진 상황에서 무엇이 통제할 수 있는 것이고 무엇이 통제를 벗어난 것인지 구분하는 것이다. 그리고 중요한 것은 2019년 US 오픈 결승전의 긴박한 순간에 안드레스쿠 선수가 했던 것처럼 통제할 수 있는 것에 주의력을 집중하는 것이다.

컨트롤 매핑control mapping은 경기에 영향을 미치는 요소 중에 내가 통제할 수 있는 것과 없는 것을 구분할 수 있게 도와주는 도구 중 하나다.[25] 다음의 표를 참고하여 빈 종이를 세로로 나누어 두 개의 열을 만들어 보자. 첫 번째 열에는 현 상황에서 통제 가능한 것들을 나열한다. 여기에는 내가 완전하게 통제할 수 있는 것과 영향을 줄 수 있는 것이 모두 포함된다. 두 번째 열에는 통제할 수 없는 항목을 기록한다.

만약 여러분이 2019년 US 오픈 결승전을 치르기 위해 코트에 서 있는 안드레스쿠 선수처럼 긴박한 분위기 속에서 큰 대회를 치르는 중이라면 그 순간에 무엇을 통제할 수 있는지 한번 생각해 보자. 반대로 여러분이 통제할 수 없는 것들이 무엇인지도 한번 떠올려 보자. 다음 표에는 우리가 몇 가지 예시를 적었다. 그러나 여러분은 이 외에도 수많은 항목을 떠올릴 수 있을 것이다.

통제할 수 없는 항목에는 관중의 행동, 경기의 중요성, 경기 장소, 날씨 같은 것이 포함된다. 그럼에도 우리는 종종 이러한 것들에 집중하고 걱정하고 더 중요한 것에서 주의를 분산한다. 이러한 변수를 충분히 인식하는 것은 분명히 경기에 도움이 되는 행동이지만 이러한 항목에 대해 재평가를 실시하거나 또는 우리가 이러한 항목에 대해 할 수 있는 일이 거의 없다는 점을 마음챙김을 기반으로 수용하는 것이 중요하다. 바꿀 수 없는 것에 대해 걱정하느라 정신적 에너지를 낭비할 필요가 뭐가 있을까?

그러나 스스로 통제할 수 있거나 심리적 도구를 사용해 최소한 영향을 줄 수 있는 항목에는 나의 정신 상태가 포함된다. 예를

컨트롤 매핑 연습하기

통제 가능한 것/ 내가 영향을 미칠 수 있는 것	통제 불가능한 것
나의 정신 상태	관중의 행동
나의 주의력과 집중력	경기의 중요성
나의 열심도	경기 장소
나의 계획 (이프덴 플래닝 포함)	날씨

들면 차분함 유지하기, 무엇에 집중할지 결정하기, 최선을 다하기, 그리고 1장에서 살펴본 패트릭 머홈스나 마이클 펠프스의 사례처럼 만약의 사태에 대비한 계획 짜기 등이 여기에 해당한다.[26] 또한 중요한 일을 앞두고 얼마만큼 준비할지도 내가 통제할 수 있는 영역이다. 여기에는 물리적인 준비뿐 아니라 지금까지 우리가 배운 마인드 전략, 즉 재평가, 이완 기법, 마음 챙김을 기반으로 한 주의력 집중 등이 모두 포함된다.

통제할 수 있는 것에 집중하는 과정을 과소평가해서는 안 된다. 연구에 따르면 통제할 수 있는 행동에 집중함으로써 얻게 되는 통제감은 우리의 감정에 많은 영향을 미친다. 통제감을 많이 느낄수록 눈앞의 상황을 자신이 충분히 해낼 수 있는 과제로 인식할 가능성이 높기 때문에 즐거움이나 플로 같은 긍정적인 감정 상태로 이어질 수 있다.[27] 이와 반대로 통제감이 낮을수록 눈앞의 상황을 우리의 능력을 넘어서는 위협으로 인식할 가능성이 높다. 이러한 인식은 불안이나 걱정 같은 부정적인 감정 상태로 이어질 수 있다.

루틴으로 만들기

좋은 루틴을 만드는 것도 집중력에 도움을 줄 수 있다. 성공적인 운동선수의 루틴은 일반적으로 경기 전 루틴과 경기 후 루틴으로 나뉜다.

경기 전 루틴에는 선수가 기술을 실행하기 직전에 하는 생각과 행동이 포함된다.[28] 경기 전 루틴을 통해 선수들은 주의를 분산하는 요소를 피하고 과제와 관련된 현재의 순간에만 주의를 집중할 수 있다. 좋은 경기 전 루틴은 보통 '준비하기' '이미지로 떠올리기' '집중하기'의 세 단계로 이루어진다.[29]

'준비하기'는 퍼포먼스를 위한 최상의 상태에 도달할 수 있는 방향으로 우리의 생각과 감정을 지시하는 것이다. 예를 들어 골프선수는 샷을 하기 전에 마음을 진정하고 긴장을 풀기 위해 심호흡을 할 수 있다. '이미지로 떠올리기'는 최고의 퍼포먼스를 시각화하는 것이다. 골프선수가 자신이 원하는 방향으로 공이 날아가는 모습을 이미지로 떠올리는 것이 여기에 포함된다. 마지막으로 '집중하기'는 골프선수가 공의 특정 포인트 같은 외부적인 요소에 집중하거나 아니면 부정적인 생각이나 집중력 방해 요소를 차단하는 데 도움이 되는 트리거 단어나 문구에 집중하는 것을 포함한다(이에 대해서는 나중에 더 자세히 설명할 것이다).

스포츠, 시험, 업무 및 여러 상황에 맞게 자신만의 루틴을 만들어 두면 집중력을 높이는 데 도움이 될 수 있다. 그렇지만 주의해야 할 몇 가지 사항이 있다. 첫째, 루틴은 개인적이고 유연해야 한다. 자신에게 맞는 루틴이 무엇인지 실험해 보고 상황에 따라 언제나 조정할 수 있어야 한다. 예를 들어 운동선수는 경기의 난이도에 따라 루틴의 속도를 높이거나 줄일 수 있다.

둘째, 루틴을 정기적으로 검토하고 수정해야 한다. 같은 루틴을 너무 오래 고수하면 그 과정에 지나치게 익숙해져 더 쉽게 집중력을 잃을 수 있다. 루틴의 유용성이 유지되려면 언제나 업데이트가 필요하다.

경기 후 루틴 또는 실수 후 루틴을 만들어 두는 것도 중요하다. 운동선수의 경우 경기 후 루틴이 있으면 실수를 하더라도 그것을 지나치게 반추하지 않고 감정을 관리하는 데 도움이 된다. 예를 들어 타이거 우즈Tiger Woods는 샷을 잘 치지 못했을 때는 곧바로 머리를 비우고 열 걸음 더 걸어간 후에 다시 경기에 집중한다는 자신만의 규칙을 가지고 있다.[30]

골프선수들을 대상으로 한 최근의 인터뷰 연구에 따르면 샷을 친 이후에 가장 좋은 루틴은 잠깐 샷의 과정과 결과를 검토하는 작업을 시작하는 것이었다고 한다.[31] 간단한 검토가 끝나면 선수들은 주의를 다른 것으로 돌리고 감정을 추스르는 시간을 갖는데 이는 경기 중 실수가 있었던 경우에 더 중요하다. 캐디와 이야기를 나누거나 주변 환경으로 시선을 돌리거나 물을 마시는 등 잠시 주의를 딴 데로 돌리는 것이 여기에 포함된다. 이런 루틴은 다음 샷을 위해 마음을 비우고 경기에 더 효과적으로 집중하는 데 도움이 된다. 한 골프선수는 자신의 경기 후 루틴을 다음과 같이 설명했다.

> 샷을 친 후에 저는 제가 머릿속에 만들어 둔 '객관적으로 생각하기' 상자 안으로 들어갑니다 그리고 그곳에서 경기의 과정과 결과를 평가하는 시간을 갖죠. 이후에는 클럽을 가방에 넣고 그 구역을 벗어나자마자 그 샷에 대해서는 아무런 생각도 하지 않습니다. 그냥 고개를 들고 남은 경기를 즐기는 거죠.

트리거 단어와 문구 사용하기

마지막으로 소개할 마인드 전략은 혼잣말을 통해 집중력을 높이고 산만함을 극복하고 필요한 곳으로 주의를 다시 돌리는 방법이다.

이 전략은 많은 이들이 아마도 자신도 모르는 사이에 이미 사용하고 있을 것이다. 노엘이 운전강사로부터 배운 구호 '미러 보기, 신호 보기, 출발하기'가 여기에 해당된다. 이는 노엘이 안전하게 운전하기 위해 꼭 필요한 행동에 집중하도록 돕기 위한 것이다.

다음의 예시를 보면 우리가 운동선수로부터 배울 수 있을 뿐 아니라 운동선수도 일상으로부터 습득한 기술을 경기에 적용할 수 있다는 사실을 알 수 있다. 영국의 럭비선수들은 2003년 럭비 월드컵 우승 당시 이러한 전략을 사용하여 '크로스바(럭비의 골대―옮긴이주), 터치라인, 크로스바'라는 문구를 만들었다. 이 문구를 반복함으로써 선수들은 경기 중 중압감이 가장 많이 느껴지는 순간이자 잡념을 가장 많이 떠올리기 쉬운 순간에 득점에 가장 유리한 경기장 영역에 집중할 수 있었다.[32]

트리거 문구는 특정 순간에 우리 주의를 집중하는 데 도움이 되는 말일 뿐 아니라 그 순간에 우리가 느끼고 싶은 감정의 표현일 수도 있다. 노엘이 운동선수들을 위해 만든 문구 중 하나는 '침착하게, 자신감 있게, 나 자신을 통제한다Calm, confident, and in control'이다. 이와 비슷한 전략을 사용한 선수가 NBA 5관왕 스티브 커Steve Kerr였다. 그는 자신이 지나치게 생각이 많은 사람이라고 생각했다. 득점 기회를 놓치면 발생할 일들에 대해 지나치게 골몰하는 자신을 정신 차리게 하기 위해 그는 운동화에 알파벳 'FI'를 새겼다. FI는 'Fuck It'의 앞 글자만 따온 문구로 '될 대로 되라지'라는 의미를 가지고 있다. 이는 자신의 집중력을 흐트러뜨리는 부정적인 생각을 이 순간 놓으라는 자신만의 신호였다. 이는 일종의 '성깔 있는' 마음 챙김을 기반으로 한 수용이라고 볼 수 있다. 이러한 전략은 확실히 커에게 도움이 된 듯하다. 커리어 초반에는 여러 번 중요한 득점 기회를 놓치던 커는 1997년 NBA 결승전 6차전에서 자신이 속한 시카고 불스를 우승으로 이끈 슛

을 내리꽂았다. 그때 그의 운동화에는 FI가 새겨져 있었다.[33]

이런 사례는 운동선수가 최고의 기량을 내도록 돕는 또 하나의 심리적 기술로 이어진다. 스티브 커의 일화처럼 스스로에게 하는 말은 자신의 감정과 퍼포먼스에 강력한 영향을 미친다.

4장 | 혼잣말하기

자기 대화를 도와주는 심리적 도구

2012년 올림픽 마라톤 경주가 중반부까지 이르렀을 때 멥 케플레지기Meb Keflezighi는 기권하고 싶은 마음이 굴뚝같았다.

그가 포기할 만한 이유는 차고 넘쳤다. 오랫동안 그를 괴롭혀 온 발의 부상이 런던 특유의 자갈길 때문에 더 악화되고 있었다. 발의 통증 때문에 평상시 속도를 낼 수 없었고 대퇴이두근도 긴장된 상태였다. 음수대를 지날 때에는 자신의 물병이 아닌, 동료 라이언 홀Ryan Hall의 물병을 건네받았다. 케플레지기는 물병을 홀에게 건네주었지만 홀은 그 물병을 다시 케플레지기에게 양보했다. 습한 여름철 아침이었기에 수분 섭취가 필요했던 그는 경기 당일에는 새로운 음료를 마시지 않는다는 자신만의 규칙을 어기고 그 음료를 마셨다. 불행하게도 그의 위는 새로운 음료를 잘 받아들이지 못했다. 그는 복통에 시달리며 점점 더 뒤로 쳐지기 시작했다. 경주가 중반부에 이르렀을 즈음 2004년도 올림픽에서 은메달을 땄던 케플레지기의 순위는 21위까지 떨어졌다.

"그냥 기권하는 게 좋겠어." 케플레지기는 스스로에게 말했다. "발도 아프고, 달릴수록 점점 뒤로 밀리기만 하잖아. 게다가 금방이라도 토할 거 같아. 어차피 3개월 후에 뉴욕 마라톤에도 출전할 거니까 그때를 위해 몸을 좀 아껴두는 게 좋겠어."

그 순간 케플레지기는 가슴에 'USA'라고 새겨진 자신의 유니폼을 내려다봤다. 그는 생각했다. "이 유니폼을 입고 싶어 하는 사람들이 얼마나 많은 줄 알아? 지금 너와 입장을 바꾸고 싶어 하는 사람들이 수두룩하다고."

그는 또한 미국 국가대표 선발전에서 우승한 직후 가진 인터뷰에서 이번에는 정말 강력한 선수들만 선발되었다고 한 자신의 말을 떠올렸다. "말을 그렇게 해 놓고 기권하면 내가 도대체 뭐가 되겠어." 마지막으로 그는 자신의 경주를 지켜보기 위해 런던까지 날아와 결승선에서 그를 기다리고 있을 가족과 친구, 특히 어린 딸들의 얼굴을 떠올렸다. "내가 기권하면 그게 아이들에게 모범이 되겠어?"

자신이 처한 상황에 대해 충분히 생각한 시간을 가진 케플레지기는 스스로에게 이렇게 말했다. "무조건 결승선까지 뛰는 거야. 무슨 일이 있더라도."

이후 놀라운 일이 벌어졌다. 수년간의 경주 경험을 바탕으로 케플레지기는 가장 가까운 무리에게 바짝 붙어 달리기 시작했다.

주변에 누군가가 있어야 마라톤 후반부가 달리기 훨씬 쉽다는 사실을 알기 때문이었다. 일단 마음이 진정되고 배의 통증도 가라앉자 그의 경쟁 본능이 작동하기 시작했다. 그는 자신에게 말했다. "이 사람들 중 적어도 한 명은 이겨보자." 21위는 곧 20위, 19위가 되었고 다른 선수들의 속도가 떨어지면서 그는 16위가 되었다. 성공은 또 다른 성공으로 이어졌다. 얼마 지나지 않아 함께 달리던 무리 중 남은 사람은 그와 일본 선수뿐이었다.

결승전까지 약 4킬로미터 정도 남았을 때 케플레지기의 눈에 오랫동안 함께한 코치 밥 라슨Bob Larsen이 들어왔다. 라슨은 그를 향해 손가락 다섯 개를 들어 보였다. 케플레지기는 그게 자신이 일본 선수만 제치면 5위로 경기를 마칠 수 있다는 의미임을 알아차렸다. 그는 자신보다 키가 큰 일본 선수 뒤로 바짝 붙어 달리다가 1킬로미터도 남지 않은 지점에서 그를 앞서 나갔다. 그는 5위까지 따라잡은 자신을 칭찬했다. 그런 그의 시선 안에 그의 앞에서 달리는 브라질 선수의 녹색과 노란색이 섞인 유니폼이 들어왔다. "저 사람이 4위군." 그는 자신에게 말했다. "메달리스트 중에 한 명이라도 도핑 테스트에서 떨어지면 4위도 메달권이야. 따라잡자." 그는 결승선을 600미터 앞둔 지점에서 브라질 선수를 따라잡았고 결국 4위로 경주를 마쳤다. 기권을 결심한 지 한 시간이 조금 넘은 시각이었다.

37세에 거둔 이러한 성취는 그가 여전히 세계 정상급 선수들과 경쟁할 만한 능력을 갖추고 있다는 자신감의 근간이 되었다. 그리고 1년 반 뒤 개최된 2014년 보스턴 마라톤에서 우승함으로

써 그는 자신의 기량을 입증했다. 2012년 올림픽 마라톤에서도, 2014년 보스턴 마라톤에서도 스스로를 향한 그의 독백이 신체 훈련만큼이나 그의 성공에 중요한 역할을 한 것이다.

혼잣말의 힘

2012년 올림픽 마라톤에서 케플레지기가 경험했듯 우리가 스스로에게 하는 말은 어떤 상황에서도 우리의 기분과 퍼포먼스에 영향을 미칠 수 있다. 운동선수라고 해서 언제나 긍정적이고 낙관적이고 집중된 상태만 유지하는 것은 아니다. 사실 정반대인 경우가 많다. 이전 장에서 살펴보았듯 운동선수들도 '잘하지 못하면 어떡하지?' '경기를 망치면 어떡하지?' 같은 부정적인 생각에 사로잡힐 때가 있다. 케플레지기의 사례를 통해 알 수 있듯 세계 정상급 선수들도 때때로 집중력 저하, 실수, 포기하라는 부정적인 내면의 목소리를 경험한다.

그렇지만 성공적인 운동선수들은 이러한 내면의 목소리에 대처하기 위한 다양한 마인드 전략을 사용할 줄 안다. 2012년 올림픽 마라톤에서 멥 케플레지기가 했던 것처럼 자신이 국가대표라는 사실로부터 영감을 받거나 상황을 재평가하거나 올림픽이 자신과 가족, 친구에게 어떤 의미를 가지는지 되새기는 것 등이 여기에 포함된다. 2019년 올림픽 육상 200미터 종목에서 금메달을 차지한 영국의 디나 애셔스미스Dina Asher-Smith가 한 말을 살펴보자.

중요한 대회나 큰 경주를 앞두고는 절대 부정적인 생각을 하지 않아요. 잘하지 못하거나 뭔가 일이 잘못되는 상황을 상상하다가 실제 현실이 되면 안 되니까요. 그러니까 항상 긍정적인 생각을 하면서 내가 무엇을 하려고 하는지, 얼마나 훈련했는지, 얼마나 잘할 수 있는지에 대해서만 집중합니다.[1]

'재평가'나 '마음 챙김을 기반으로 한 수용' 같은 마인드 전략은 자신에 대한 부정적인 생각이 드는 순간들을 헤쳐 나갈 수 있도록 도와준다. 그러나 이러한 전략을 익히기까지는 시간이 걸리며 완전히 몸에 배기 전까지는 실천하는 게 무척 어려울 수 있다. 노엘의 연구에 참여한, 달리기를 시작한 지 얼마 안 되는 참가자의 말을 들어 보면 초보 러너가 흔히 빠지게 되는 부정적인 생각이 무엇인지 알 수 있다.

처음부터 숨을 제대로 쉬는 게 너무 어려웠어요. 온 정신이 호흡에만 쏠려 있었죠. 도저히 못 하겠더라고요. 호흡 조절에만 몇 주가 걸렸어요! 그러면서 오만가지 생각이 다 들었죠. '난 대체 이걸 왜 하는 거지? 이걸 왜 스스로에게 시키고 있는 거지? 정말 싫어. 달리기는 끔찍해! 내가 이걸 왜 하고 있는 걸까?'[2]

우리가 스스로에게 종종 쏟아붓는 이런 부정적인 생각은 스포츠 상황에만 국한된 것이 아니다. 우리 대부분은 일상생활에서도 이런 생각과 자주 씨름한다. 어려운 수학 시험을 치르는 학생이 도중에 '도저히 못 풀겠어. 난 늘 수학이 정말 싫었어. 수학을 한 번도 잘한 적이 없는걸! 그냥 포기할래'라고 생각하거나 취업 면접이나 발표를 앞둔 사람이 '내가 무슨 말을 하고 있는지 나도 모르겠는걸. 사람들은 내가 아무것도 모른다는 사실을 금세 눈치 채고 말 거야. 그냥 도망가 버릴까?'라고 생각하는 것이 여기에 포함된다.

그렇다면 우리 내면의 목소리에 대해 좀 더 심도 있게 살펴 보도록 하자. 그리고 어려운 순간을 맞이할 때마다 표면으로 떠 오르는 부정적인 생각에 대처할 수 있는 방안을 찾아보자. 이를 위하여 먼저 부정적인 생각이란 무엇인지, 어디에서 비롯되는 것 인지 살펴보자.

혼잣말이란 무엇인가?

심리학자들은 우리가 자기 자신과 소통하는 행위를 '자기 대화self-talk'라고 부른다. 대부분의 경우 이러한 혼잣말은 자동적으 로 이루어지며 즉흥적인 말과 목표 지향적인 말로 구분할 수 있 다.[3] 즉흥적인 자기 대화는 "지금 잘하고 있어!"처럼 긍정적인 말 일 수 있다. 그러나 앞의 두 장에서 살펴본 바와 같이 난관이나 스 트레스 상황에 직면했을 때 하게 되는 자기 대화는 부정적이거나 감정적일 수 있다. 이런 때에 우리는 자신도 모르게 "도저히 못하 겠다" 같은 말을 스스로에게 하게 된다. 자동적으로 이루어지는 이런 혼잣말은 좋지 않은 퍼포먼스로 이어지거나 심지어 포기하 게 되는 등 목표 달성에 도움이 되지 않는 경우가 많다. 우리는 지금까지 이 책에서 부정적인 생각에 대처할 수 있도록 돕는 여러 가지 마인드 전략을 제시한 바 있다. 이번 장에서는 또 하나의 심리적 도구를 통해 여러분의 정신 무장을 한층 더 강화해 보자.

목표 지향적이고 도움이 되는 생각이란 우리가 과제에 진척을 이루고 감정을 조절하고 궁극적으로는 더 나은 성과를 거둘 수 있도록 스스로에게 반복하는 말이다. 예를 들어 육상선수가 언덕을 힘겹게 오르면서 "나는 할 수 있어. 예전에도 했는걸"처럼 스스로에게 동기를 부여하는 말을 반복한다면 "내가 이걸 왜 하는 거지? 나는 달리기가 정말 싫어!"라고 말하는 선수보다 목표를 성취할 확률이 높다. 취업 면접을 앞두고 "내가 무슨 말을 하고 있는지 나도 모르겠는걸. 사람들은 내가 아무것도 모른다는 사실을 금세 눈치채고 말 거야. 그냥 도망가 버릴까?"라고 부정적인 자기 대화를 하는 면접자도 마찬가지다.

주어진 과제가 달리기이든 취업 면접이든 "나는 할 수 있어" 같이 긍정적인 자기 격려가 "나는 못해" 같이 부정적이고 즉흥적인 생각보다 좋은 퍼포먼스에 훨씬 도움이 된다. 그렇다면 우리는 운동선수들의 자기 대화법으로부터 무엇을 배울 수 있을까? 그리고 힘들고 스트레스가 많은 상황을 만났을 때 이를 극복하기 위하여 스스로에게 어떤 말을 해야 할까?

스토리 바꾸기, 운동선수가 자기 대화를 훈련하는 방법

운동선수들이 하는 자기 대화는 흔히 '동기 부여형'과 '지시형'으로 구분할 수 있다.

동기 부여형 자기 대화(긍정적인 자기 대화라고도 한다)는 여러 기능을 수행한다. 우리는 노력을 배가하거나("내가 가진 모든 걸 다 바칠 거야") 스스로를 향한 믿음과 자신감을 높이기 위해("나는 할 수 있어") 이런 유형의 자기 대화를 한다. 반대로 지시형 자기 대화에는 신호나 트리거 문구를 사용한다. 이전 장에서 살펴보았던 "미러 보기, 신호 보기, 출발하기"나 "크로스바, 터치라인, 크로스바" 등이 여기에 포함된다. 이런 자기 대화는 집중력을 유지하거나 주의를 전환하는 데 도움이 된다.

자기 대화는 대부분 각자의 머릿속에서 은밀하고 조용하게 이루어진다. 그런데 어떤 경우에는 소리 내어 자기 대화를 하기도 한다. 이럴 때 우리는 운동선수가 하는 자기 대화의 내용을 엿들을 수 있다. NFL 선수의 자기 대화 장면이 담긴 유명한 유튜브 영상을 한번 살펴보자.[4] 영상에서는 당시 그린베이 패커스 Green Bay Packers팀의 와이드 리시버(미식축구의 공격 포지션 중 하나—옮긴이주)였던 랜들 콥Randall Cobb이 혼잣말을 하는 장면이 담겨 있다.

넌 뭐가 되고 싶어? 그냥 잘하는 선수이고 싶어 아니면 위대한 선수가 되고 싶어? 너는 어떻게 기억되고 싶어? 나는 그저 기억되기만 하면 돼! 용기 있게, 자부심 있게, 결단력 있게! 네가 누구지? 자, 시작하자!

영상 후반부에서는 경기 직전 주의력과 집중력을 높이기 위한 콥의 지시형 자기 대화도 들을 수 있다. "집중해. 상황에 정신을 고정해. 고정하라고!"

동기 부여형 및 지시형의 자기 대화가 퍼포먼스에 미치는 영향에 대한 연구는 점점 늘어나고 있다. 웨일스의 뱅거대학교Bangor University에서 진행한 연구가 그 예다.[5] 취미로 자전거를 타는 사람들 24명을 대상으로 진행한 이 실험에서 연구진은 참가자들에게 두 번에 걸쳐 최대 속도의 80퍼센트를 유지하며 가능한 오랫동안 자전거를 타게 한 후 탈진 시까지 걸리는 시간을 기록했다. 이는 매우 힘든 신체적 노동이 동반되는 실험으로, 대부분의 사람은 10분 이상을 버티지 못한다.

첫 번째 실험에서는 24명의 참가자가 가능한 오랫동안 자전거를 타라는 과제 외에는 별다른 지시나 격려 없이 실험에 응했다. 그런데 2주 후에 실시한 두 번째 실험이 있기 전에 24명 중 12명은 동기 부여형 자기 대화법을 교육받았다. 이들은 첫 번째 실험 직후에 30여 분간 자기 대화법을 교육받았고 자전거를 타는 도중 다양한 지점에서 자신에게 도움이 될 만한 네 가지 동기 부여형 자기 대화법을 학습했다. 예를 들어 아직은 컨디션이 괜찮은 실험 중반부에서는 "잘하고 있어!" 또는 "기분 좋다!" 같은 문구를 반복하도록 교육받았다.

그러다가 후반부에 이르러 자전거 타기가 힘들어질 무렵에는 "이겨 낼 수 있어!" 같은 격려의 의미가 강한 자기 대화법을 사용하도록 교육받았다. 두 번째 실험을 앞두고 주어진 2주의 시간 동안 12명의 참가자는 기존에 하던 자전거 타기 훈련에 더해서 자신에게 맞는 자기 대화 문구를 개발하고 연습하고 개선해 나갔다. 나머지 12명은 원래 하던 훈련만 계속해 나갔다.

두 번째 실험 결과, 자기 대화법을 훈련받은 그룹은 탈진 시까지 걸리는 시간을 18퍼센트나 늘렸고 첫 번째 실험보다 약 2분 더 오래 자전거를 탔다. 한편 자기 대화를 하지 않은 그룹은 두 번째 실험에서 첫 번째 실험보다 탈진 시까지 시간이 약간 줄어들었고 자전거를 탄 시간도 평균 12초 정도 줄었다.

이러한 결과는 힘든 순간에 우리가 스스로에게 하는 말이 퍼포먼스에 많은 영향을 미친다는 사실을 보여준다. 그러나 힘든 순간에 동기를 부여하는 내면의 목소리를 유지하는 일은 결코 쉽지 않다. 우리는 대부분 힘들 때 일종의 심리적 위기를 경험한다. 스스로에 대한 부정적인 생각에 휩싸이게 되면 우리는 포기하지 않았을 때 드는 비용(목표를 위해 치르는 모든 희생)과 포기에 따르는 이점(더 즐거운 일에 시간을 쏠 수 있음)에 집중하기 쉽다.

2012년 올림픽 마라톤에서 케플레지기 선수가 경험했던 것처럼 이런 심리적 위기는 운동선수에게도 찾아온다. 마라톤 선수들을 대상으로 두 파트로 나누어 진행한 한 연구에 따르면 선수들은 약 42킬로미터를 달려야 하는 마라톤 경기가 시작된 후 약 32킬로미터 지점에 도달했을 때 가장 강렬한 심리적 위기를 경험한다고 한다.[6] 그리고 예상하다시피 선수들이 그 지점에서 겪은 심리적 위기의 강도가 높을수록 완주 시간도 느려졌다.

본 연구의 두 번째 파트를 진행하면서 연구진은 55명으로 구성된 별도의 그룹에게 자기 대화 훈련을 받게 했다. 이들은 심리적 위기 순간에 "계속해, 포기하지 마" "침착함만 유지하면 해낼 수 있어" "이걸 해내면 내가 정말 자랑스러울 거야"와 같은 동기 부여형 자기 대화를 하도록 교육받았다. 연구진은 이들의 마라톤 성적을 자기 대화 교육을 받지 않은 50명의 주자와 비교해 보았다. 그 결과, 자기 대화를 한 참가자는 큰 심리적 위기를 경험한 후에도 동기 부여형 또는 지시형 자기 대화를 통해 부정적인 생각을 몰아낼 수 있었고 같은 위기를 경험하면서도 이에 대응할 효과적인 자기 대화 전략이 없었던 그룹에 비해 더 빠른 시간에 결승선을 통과할 수 있었다.

여기서 기억할 것은 자기 대화 훈련을 받은 그룹도 부정적인 생각 자체를 피할 수는 없었다는 점이다. 실제로 모든 참가자는 인내의 비용과 포기의 이점에 대해 비슷한 생각을 했다. 그러나 어려운 순간에 동기 부여형 자기 대화로 이를 극복할 수 있었던 그룹은 이런 전략을 일종의 완충 장치로 활용하여 더 좋은 퍼포먼스를 보일 수 있었다.

이러한 결과는 운동선수의 자기 대화에 관한 대부분의 연구와 일치한다. 현존하는 최상의 증거로 뒷받침한 리뷰 연구에 따르면 동기 부여형 및 지시형 자기 대화는 스포츠 퍼포먼스 향상에 도움이 되는 것으로 나타났다.[7]

흥미로운 점은 부정적인 자기 대화가 대부분의 경우 도움이 되지 않는 것은 사실이지만 그렇다고 언제나 퍼포먼스에 나쁜 영향을 주는 것은 아니었다.[8] 그 이유는 아마도 우리가 부정적인 자기 대화를 동기 부여형으로 해석하는 경우가 있기 때문일 것이다. 예를 들어 "그 정도론 안 돼"라고 말했다고 해도 그 말이 다음 번에는 더 열심히 노력하게 하는 동기로 작용할 수 있다. 이런 시각에서 봤을 때 가장 중요한 건 우리가 자기 대화에서 얻는 의미이다. 그 의미로부터 동기를 부여받을 수 있다면 이는 우리의 퍼포먼스에 도움이 될 것이다.[9] 그러나 우리를 낙담시키거나 위축하는 방향으로 해석되는 부정적인 자기 대화는 좋은 성과를 내는 데 도움이 되지 않을 것이다.

도움이 되지 않은 자기 대화를 바꾸는 능력은 매우 중요하다. 캐나다의 뉴브런즈윅대학교University of New Brunswick 연구진은 부정적인 자기 대화를 긍정적이거나 동기를 부여하는 방향으로 전환하는 능력의 중요성을 연구했다.[10] 총 93명의 참가자를 예상 최대 산소 섭취량(유산소 운동 능력의 추정치)에 따라 배합한 뒤 무작위로 부정적인 자기 대화 그룹, 동기 부여형 자기 대화 그룹, 도전적인 자기 대화 그룹, 중립적인 자기 대화 그룹 중 하나에 배치했다. 이후 모든 참가자는 20분간 최대한 멀리까지 자전거를 타도록 요청받았다.

각 그룹의 참가자들은 자전거를 타기 30분 전부터 신체적으로 가장 힘든 구간에 반복해서 되뇔 수 있는 자신만의 문구를 만들도록 도움을 받았다. 부정적인 자기 대화 그룹의 참가자들은 "다리 아파"처럼 우리가 힘든 일을 할 때 흔히 하는 혼잣말을 반복했고 동기 부여형 자기 대화 그룹의 참가자들은 "잘하고 있어. 계속 그렇게 하는 거야"와 같은 혼잣말을 반복했다.

이 연구에서 눈여겨볼 사항은 도전적인 자기 대화 그룹이 사용한 문구였다. 이들은 먼저 자신의 부정적인 내면의 목소리를 인정한 후 그것을 도전으로 바꾸는 문구를 만들도록 교육받았다. "다리가 너무 아프지만 충분히 해낼 수 있어"와 같은 문구가 한 예다. 비교 집단의 역할을 한 중립적인 자기 대화 그룹은 부정적이지도 동기를 부여하지도 않고 도전적인 요소도 없는 문구를 반복했다. "자전거가 빨간색이네"와 같은 문구가 그 예다.

참가자들이 20분 동안 자전거를 타는 동안 연구진은 5분에 한 번씩 참가자들의 퍼포먼스를 분석했다. 그 결과, 피로도가 가장 높은 마지막 5분 동안 가장 좋은 성적을 낸 그룹은 도전적인 자기 대화 그룹이었다. 이 그룹은 네 그룹 중 가장 저조한 성적을 보인 부정적인 자기 대화 그룹보다 마지막 5분 동안 약 200미터나 더 많이 이동했다.

연구진은 이러한 결과는 도전적인 자기 대화가 부정적인 내면의 목소리를 수용하면서도 이를 극복하는 데 집중했기 때문일 것이라고 결론지었다. 도전적인 자기 대화를 통해 참가자들은 힘든 상황을 위협이 아닌 도전으로 인식했고 그것이 부정적인 자기 대화 그룹보다 더 좋은 성적을 낼 수 있었던 요인일 수 있다.

2007년 호주 오픈 테니스 선수권 대회 8강전에서 독일의 테니스 선수 토미 하스Tommy Haas의 유튜브 경기 영상을 보면 부정적인 자기 대화가 도전적인 자기 대화로 전환되는 실제 사례를 엿볼 수 있다.[11] 공이 네트를 넘기지 못하는 바람에 상대 선수인 니콜라이 다비덴코Nikolay Davydenko에게 서비스 게임을 내준 하스는 경기 중간 휴식 시간마다 자신에게 엄격한 혼잣말을 퍼붓는다. 그런데 그의 의식의 흐름을 따라가다 보면 부정적인 혼잣말이 어느새 지시형 및 동기 부여형 혼잣말로 전환된 것을 발견할 수 있다. 하스의 독일어 독백을 번역하면 다음과 같은 내용이다.

이렇게 해서는 이길 수 없어, 하시. 이렇게 해서는 안 돼. 너무 약하잖아. 실수도 많아, 실수가 너무 많아. 항상 똑같아. 더는 의욕이 안 생겨. 더는 신경 쓰기도 싫어. 대체 내가 이걸 왜 하는 거지? 뭘 위해서? 누구를 위해서? 나 자신을 제외한 모두를 위해서잖아! 도대체 왜? 무슨 이유로? 나는 못해. 이해가 안 돼. 아무 대가도 없이 돈을 쓰는 것과 뭐가 달라. (물을 한 모금 마신 후) 그래서 이렇게 화만 낼래? 그건 완전히 바보짓이야. 그래, 네가 친 공이 네트를 넘기지 못 했어. 그렇지만 여전히 이기고 있어! 넌 여전히 이기고 있다고! 힘을 내. 절대 질 수 없어. 싸우자, 싸우자, 싸우자!

영상은 하스가 다비덴코의 다음 서비스 게임에서 첫 포인트를 따내는 장면으로 이어진다. 실제로 하스는 이 경기에서 세트 스코어 3 대 2로 승리하며 준결승에 진출했다.

하스가 한 혼잣말의 내용만큼이나 흥미로운 것은 그가 자신을 부르는 방식이다. 처음에는 자신을 3인칭으로 부르던 그는("이렇게 해서는 이길 수 없어, 하시!") 이후에는 1인칭으로 자신을 지칭하다가("대체 내가 이걸 왜 하는 거지?") 마지막에는 2인칭으로 자신에게 말을 건다("그래, 네가 친 공이 네트를 넘기지 못했어… 힘을 내! 절대 질 수 없어"). 이를 살펴보면 그는 자기 대화를 지시형과 동기 부여형으로 전환하는 과정에서 자신을 인식하는 관점을("나") 코치가 선수에게 말하는 관점("너")으로 바꿨다.

이것은 또 하나의 흥미로운 질문으로 이어진다. 지금까지 우리는 자기 대화가 힘들고 스트레스가 많은 상황에 도움이 된다는 사실을 확인했다. 그렇다면 자기 대화 '방식'의 미묘한 차이는 어떤 영향을 미칠까?

몇 인칭으로 말할까?

자기 대화의 효과성에 대해 알아보기 위해 앞서 탈진 시까지의 시간을 연구한 뱅거대학교 연구진은 16명의 참가자를 대상으로 10킬로미터 자전거 타기 세션을 각각 세 번씩 완주하게 하는 후속 연구를 진행했다.[12] 첫 번째 세션은 연구진이 참가자들의 기본 수준을 가늠하고 참가자들이 연구 과정에 익숙해지는 기회를 제공했다. 첫 번째 세션이 끝나자마자 참가자들은 자기 대화법 교육을 받고 워크북을 작성했다. 이때 참가자들은 첫 번째 세션에서 자신들이 즉흥적으로 구사한 자기 대화가 무엇이었는지 확인하고 다음 두 번의 세션에서 사용할 수 있는 동기 부여형 자기 대화 목록을 작성했다. 이때 참가자들은 이러한 목록을 두 가지 버전으로 작성했는데, 하나는 1인칭 대명사 '나'로 시작하는 버전이고 다른 하나는 2인칭 대명사 '너'로 시작하는 버전이었다. 예를 들어 첫 번째 세션에서 참가자가 "너무 아파"라고 말했다면 이 발언을 "나는 이 정도는 참을 수 있어"와 "너는 이 정도는 참을 수 있어"처럼 1인칭과 2인칭 발언으로 바꾸어 작성한 것이다. 참가자들이 각자 자신에게 맞게 작성한 자기 대화 목록에는 "나는/너는 충분히 견딜 수 있어" "나는/너는 계속 할 수 있어" "나는/너는 끝까지 잘해 낼 거야" 같은 문구들이 포함되어 있었다.

무작위 순서로 진행된 나머지 두 번의 세션에서 참가자들은 한 번은 1인칭("나") 문장을, 다른 한 번은 2인칭("너") 문장을 사용했다. 그 결과, 참가자들은 1인칭과 2인칭으로 진행한 자기 대화가 동등하게 도움이 되었다고 느꼈지만 1인칭을 사용했을 때보다 2인칭을 사용했을 때 2.2퍼센트(23초) 더 빨리 자전거를 탄 것으로 나타났다. 여기에서 중요한 점은 참가자들이 2인칭 세션에서 1인칭 세션 때보다 자전거를 더 빨리 탔음에도 불구하고 더 힘들다고 느끼지는 않았다는 것이다.

이 연구는 우리가 스스로에게 하는 대화의 내용과 방식이 모두 중요하다는 사실을 시사한다. 앞서 언급한 맵 케플레지기와 토미 하스의 사례를 다시 한번 기억해 보자. 처음에는 1인칭으로 자기 대화를 하던 그들은 이야기의 내용이 체념에서 결심으로 바뀌자 어느 순간부터 2인칭으로 자기 대화를 해 나갔다.

스스로를 2인칭으로 지칭하거나 자신의 이름을 부르며 3인칭으로 말을 걸 때 자신과 자신이 처한 어려운 상황 간의 심리적 거리감, 즉 '자기 거리 두기 효과'가 발생한다. 거리를 두고 관점을 바꾸면 내가 처한 상황이 마치 다른 사람에게 일어나고 있는 것처럼 인식하게 된다. 이러한 행위는 일종의 '재평가'이다. 이러한 관점의 변화는 나의 감정을 바꾸고 상황에 대한 나의 기분을 변화시킬 수 있다.[13] 이와 대척점에 있는 것이 '자기 몰입적 관점', 즉 감정에 사로잡혀 상황을 인식하는 것이다("나는 못해" "이해가 안 돼"). 이는 스포츠 관련 연구 분야에서는 비교적 새로운 개념이지만 비운동 영역에서 진행된 여러 연구 결과를 살펴보면 스트레스를 유발하는 사건을 해석하는 데 있어서 1인칭으로 자기 몰입적 관점을 유지하는 것보다는 2인칭으로 자기 거리를 둔 관점을 취하는 것이 더 나은 성과를 내는 데 도움이 되는 것으로 나타났다.[14]

미시간대학교 앤아버캠퍼스와 미시간주립대학교, 캘리포니아대학교 버클리캠퍼스의 연구진이 밝혀낸 자기 거리 두기의 장점은 다음과 같다.[15] 연구진은 사회적으로 스트레스가 많이 유발되는 상황 전, 도중, 그리고 그 후에 대한 생각과 감정, 행동을 조절하는 데 있어서 1인칭 대명사("나" 또는 "나의")를 사용하는 것과 2인칭 대명사("너" 또는 자신의 이름)을 사용하는 것에 어떤 차이가 있는지 조사했다. 스트레스 유발 상황에는 잠재적인 연애 상대에게 긍정적인 인상을 남겨야 하는 데이트, 발표나 면접, 과거에 불안이나 분노를 느꼈던 사건을 회상하는 상황이 포함됐다.

연구에 따르면 2인칭을 사용하거나 자신의 이름을 부른 사람들이 1인칭으로 말한 사람들보다 불안감을 덜 느끼고 발표처럼 스트레스를 유발하는 상황도 위협적이라기보다는 도전적인 상황으로 평가하는 것으로 나타났다. 또한 분노와 수치심도 덜 느꼈으며 이후에 상황에 대해 다시 생각할 때도 좋은 기분을 느꼈다. 그 외에도 2인칭 화법을 사용한 사람들은 발표나 면접에서도 더 좋은 인상을 남긴 것으로 나타났다. 연구 논문에 제시된 좋은 예를 하나 살펴보자. 한 남성 참가자가 아마도 무척 긴장되는 상황이었을 데이트 도중 시도한 자기 대화를 들어 보면 누구나 한 번쯤은 이런 경험을 해 봤다고 느꼈을 것이다(우리는 경험해 봤다!).

[참가자 이름을 넣어서]야, 좀 천천히 말해. 이건 데이트야. 누구나 긴장한다고. 맙소사, 방금 그 말은 왜 한 거야? 그건 얼른 취소해. 이봐, 정신 차리라고. 넌 할 수 있어.

이 연구는 자기 대화의 내용뿐 아니라 말하는 방식의 미묘한 차이가 다양한 스트레스 상황에서 우리의 생각, 감정, 행동을 관리하는 능력에 큰 영향을 미칠 수 있음을 시사한다. 이것이 아마 운동선수들이 종종 스스로에게 3인칭 화법을 쓰는 이유일 것이다. 자기 거리 두기의 연구진은 NBA 슈퍼스타 르브론 제임스LeBron James가 이적에 관한 결정을 내리는 데 있어서 자기 대화가 미친 긍정적인 영향력을 강조한다. 2010년에 클리블랜드 캐벌리어스Cleveland Cavaliers팀을 떠나 마이애미 히트Miami Heat팀으로 이적하기로 결정했을 때를 떠올리며 제임스는 이렇게 말했다. "저는 이 결정을 감정적으로 내리고 싶지 않았어요. 저는 르브론 제임스를 위해 최선을 다하고 싶었고 르브론 제임스를 행복하게 해줄 결정을 내리고 싶었습니다."[16]

자기 대화법 바꾸기

지금까지 우리는 스스로에게 하는 말이 우리의 생각, 감정, 행동에 미치는 영향을 살펴봤다. 이제부터는 필요에 따라 자기 대화법을 바꿀 수 있는 방법을 알아보자.

운동선수가 자기 대화를 바꾸는 데 도움이 되는 방법에는 여러 가지가 있다. 2장에서 소개한 재평가 전략처럼 자기 대화를 바꾸기 위해서는 먼저 자신이 즉흥적으로 자주 떠올리는 생각이 무엇인지 알아차리고 의식하는 것부터 시작해야 한다. 이를 위한 한 가지 방법은 일주일 동안 자신이 스스로에게 건네는 말을 기록으로 남기는 것이다. 기록하면서 기억해야 할 중요한 질문은 다음과 같다.

- 힘들 때 나는 스스로에게 뭐라고 말하는가?
- 지속적으로 떠오르는 단어나 문구가 무엇인가? 그것은 부정적인가 아니면 긍정적인가?
- 내가 스스로에게 하는 말을 들으면 어떤 기분이 드는가?
- 내가 스스로에게 한 말이 상황에 도움이 되는가? 아니면 도움이 되지 않는가?

기록한 내용을 복기하다 보면 내면의 대화가 나에게 어떤 영향을 미치는지 알아차리는 데 도움이 될 것이다. 이를 통해 도움이 되지 않을 뿐 아니라 경우에 따라서는 파괴적이기까지 한 생각을 바꾸는 기초를 마련할 수 있다.

운동선수들이 자기 대화법을 변화시키는 전략으로 많은 스포츠 심리학자는 IMPACT 접근법을 권장한다.[17] 스포츠 심리학자 알리스터 매코믹Alister McCormick 박사와 안토니스 하치게오르기아디스Antonis Hatzigeorgiadis 박사는 그들의 훌륭한 저서《스포츠에서의 지구력 향상: 심리학적 이론과 개입Endurance Performance in Sport: Psychological Theory and Interventions》에서 지구력 스포츠 선수들을 위한 6단계의 IMPACT 접근법을 제시했다.[18] 그들이 제시한 6단계 접근법을 간략히 살펴보고 일상에서도 도움이 되지 않는 자기 대화를 변화시키는 방법을 예시와 함께 살펴보자.

1단계: 달성하고자 하는 목표를 설정한다, I

첫 번째 단계는 자기 대화를 통해 달성하고자 하는 목표를 설정하는 것이다. 여기에는 스트레스 상황에서 더 나은 성과 내기, 실수 극복하기, 참을성과 인내력 키우기, 현재에 집중하는 능력 키우기 등이 포함될 수 있다. 스스로 달성하고자 하는 목표가 무엇인지 알면 자신에게 어떤 말을 해야 할지 결정하는 데 많은 도움이 된다.

2단계: 필요에 맞게 자기 대화법을 조정한다, M

상황과 맥락에 따라 격려나 동기를 부여하는 자기 대화가 필요할 수 있다. "넌 할 수 있어" 또는 "계속해, 거의 다 왔어"와 같은 간단한 말이나 "전에도 힘든 일을 잘해 냈었잖아"와 같이 과거를 상기하는 말이 참을성과 인내력, 목표 달성에 대한 믿음을 키우는 데 도움이 될 수 있다. "속도를 늦춰" "집중력을 유지해" "주의를 집중해" 같은 지시형 문구도 당면한 과제의 통제 가능한 측면에 집중하는 데 도움이 될 수 있다.

3단계: 자기 대화 문구를 꾸준히 연습한다, P

처음부터 부정적인 생각에 적절히 반응하고 자기 대화법을 바꾸는 것은 쉽지 않다. 1장에서 설명한 것처럼 오래된 사고방식 등 나쁜 습관을 바꾸는 데는 시간이 걸린다. 그러나 자신에게 유용한 자기 대화 문장을 연습하면 연습할수록 가장 필요할 때 이를 기억해 내고 사용할 가능성이 높아진다. 핵심은 자기 대화를 시도해 보고 스스로 상기하고 꾸준히 연습하는 것이다.

4단계: 자신에게 가장 잘 맞는 문구를 찾는다, A

스스로에게 무슨 말을 하는지 인식하는 것도 중요하지만 그 말의 효과를 인식하는 것도 중요하다. 집중력을 유지하고 더 오래 지속하고 더 열심히 노력하는 데 어떤 말이 도움이 되는가? 어떤 말이 다른 말보다 더 효과가 있는가? 이러한 질문에 대한 답변을 기록해 두면 도움이 될 것이다. 4단계에서 우선적으로 해야 할 일은 효과가 있는 문구는 유지하고 효과가 떨어지는 문구는 사용을 중지하는 것이다. 시간이 지나면서 문구의 효과가 달라질 수 있다는 점을 기억하는 것도 중요하다. 과거에는 동기 부여가 되었던 문구가 목표나 환경이 변하면 그 효과가 줄어들 수 있다. 이를 인식하고, 사용하는 자기 대화 문구를 바꾸는 것은 효과적인 자기 대화를 지속하는 데 있어 매우 중요한 사항이다.

5단계: 구체적인 자기 대화 계획을 세운다, C

1장에서 소개한 '이프덴 플래닝'기법을 자기 대화에도 적용할 수 있다. 예를 들어 일반적으로 부정적인 자기 대화를 하게 되는 상황을 미리 떠올려 본 후 이를 대체할 수 있는 동기 부여형 혹은 지시형 자기 대화를 만들어 둘 수 있다. 이 장의 앞부분에서 소개했던 다음의 상황을 예로 들어 보자.

— 프레젠테이션을 해야 하는데 실수할까 봐 걱정된다면: "나는 잘 준비했고 내용도 잘 숙지하고 있어"라고 스스로에게 말한다.
— 면접이나 데이트 중에 긴장해서 말을 너무 빨리하게 된다면: "속도 좀 줄여. 누구나 긴장할 수 있어. 넌 할 수 있어!"라고 스스로에게 말한다.

6단계: 완벽하게 할 때까지 자기 대화를 훈련한다, T

마지막 단계는 자기 대화의 모든 단계가 자연스러워질 때까지 연습하는 것이다. 반복을 통해 힘들고 스트레스가 많은 상황에서 도움이 되는 자기 대화가 자동적이고 습관적으로 나올 수 있도록 훈련한다.

자기 대화에 관한 마지막 조언

의심이나 부정적인 생각을 완벽하게 사라지게 할 수는 없다는 점을 기억하는 것은 중요하다. 사실 그렇게 되기를 바라서도 안 된다. 예를 들어 걱정은 불쾌할 수 있지만 중요한 목적 달성에 꼭 필요할 수 있는 감정이다.[19] 2장에서 살펴보았듯 건강한 걱정은 대회를 앞두고 있거나 프레젠테이션이나 시험을 준비할 때 포기하지 않는 원동력과 동기가 될 수 있다. 그러나 부정적인 내면의 목소리가 지나친 불안감처럼 도움이 되지 않는 감정 반응으로 이어질 때 이는 퍼포먼스의 저하로 이어질 수 있다.

자기 대화를 통해 우리가 스스로에게 하는 이야기를 바꾸는 능력은 이런 상황에서 나를 지킬 수 있는 또 하나의 심리적 도구가 될 수 있다. 도움이 되지 않는 부정적인 생각에 대처하는 동기부여나 지시형 자기 대화를 미리 생각해 두면 우리의 생각, 감정, 행동을 긍정적인 방향으로 전환할 수 있으며 이러한 방식으로 우리는 부정적인 생각을 더 잘 관리할 수 있다. 이처럼 효과적인 자기 대화 기술은 의심, 걱정, 두려움 같은 감정을 통제하는 데 도움이 된다. 다음 장에서는 우리가 스스로에게 하는 이야기가 우리의 자신감 형성에 어떤 도움을 주는지 설명하고자 한다.

5장

내가 얼마나 대단한지 보여 주겠어

자신감을 키워 주는
심리적 도구

1974년 9월, 뉴욕의 월도프 아스토리아 호텔 회의실에 앉아 있는 서른두 살의 무하마드 알리Muhammad Ali는 자신의 능력에 대해 회의적인 시각을 가진 사람들을 상대로 자신이 또 한 번 세계 헤비급 챔피언이 될 수 있다는 확신을 심어주기 위해 애쓰고 있었다. 그의 앞길을 막고 있는 사람은 강력한 힘으로 상대를 쓰러뜨리기로 유명한 현 챔피언 조지 포먼George Foreman이었다.

아마추어 복서였던 알리는 1960년 올림픽에서 라이트헤비급으로 첫 금메달을 받았다. 1961년에 프로로 전향한 알리는 1964년 올림픽에 당시 사용하던 본명인 캐시어스 클레이Cassius Clay라는 이름으로 출전하여 모두의 예상을 꺾고 소니 리스턴Sonny Liston을 상대로 승리하여 첫 헤비급 세계 챔피언 타이틀을 거머쥐었다.

그러나 2년 뒤 알리는 베트남전 징집을 거부하면서 타이틀을 박탈 당했다. 1967년 3월부터 1970년 10월까지 어떤 경기에도 출전할 수 없었던 알리는 프로 선수로서 누릴 수 있는 전성기를 모두 놓치고 말았다. 1971년 3월에 열린 첫 복귀전에서 그는 조 프레이저Joe Frazier를 상대로 패배했다. 이는 알리의 프로 경력 중 첫 번째 패배였다. 1973년에는 무명에 가까웠던 켄 노턴Ken Norton과의 경기 도중에 턱뼈가 부러지는 부상을 입기도 했다. 대중은 알리를 지는 별이라 생각했고 곧 프로복싱계에서 은퇴할 것이라고 예상하고 있었다.

포먼 또한 아마추어 시절에 1968년 올림픽에서 헤비급 챔피언 타이틀을 거머쥔 바 있다. 1969년에 프로로 전향한 그는 빠르게 헤비급 순위를 올려 1973년에는 당시 챔피언이었던 프레이저를 2라운드에서 KO시키고 세계 헤비급 챔피언 자리에 올랐다. 알리와 맞붙기 전 그의 기록은 40전 40승 0패였는데 이 중 37승을 KO로 거두며 실력을 입증한 바 있다. 그는 이미 두 차례나 타이틀 방어에 성공한 선수였고 많은 사람이 그가 알리를 상대로 타이틀을 유지할 확실한 우승 후보로 꼽고 있던 참이었다.

알리는 이런 상황에 전혀 압도되지 않았다. 그는 월도프 아스토리아 호텔에 모여 있는 취재진을 앞에 두고 스포츠 역사상 가장 위대하다고 평가받은 연설 중 하나를 시작했다.

경기장을 떠날 땐 떠나더라도 이 바닥에 처음 발을 들일 때 했던 것처럼 상대마다 KO시키는 난공불락의 괴물 하나는 쓰러뜨리고 가야지. 켄터키주 루이빌 시골뜨기 청년 캐시어스 클레이가 나타나 플로이드 패터슨Floyd Patterson을 두 번이나 때려눕혔던 전설적인 소니 리스턴을 이긴 것처럼 말이야. 소니는 진짜 날 죽이려고 했어! 조지보다 주먹이 더 셌고 팔도 더 길었고 조지보다 더 뛰어난 복서였다고. 나는 소니 리스턴으로부터 도망치기 바쁜 스물두 살의 철부지였던 그때보다 많이 성장했어. 이제 프로니까! 턱도 부러져 봤고 길도 잃어 봤고 KO도 두어 번 당해 봤고. 이번 시합을 준비하면서 새로운 것도 많이 해 봤지. 나무도 베고 악어와도 한판 붙었다고. 진짜야. 악어랑 싸워서 이겼다니까? 고래도 때려눕혔고 번개에 수갑을 채우고 천둥을 감옥에 처넣었지. 대단하지? 저번 주에는 돌을 죽이고 바위를 박살 내고 벽돌을 병원으로 보내 버렸어! 내가 얼마나 악독한 놈인지, 약도 아프게 만들 수 있다고! 악독하고 빠르고, 빠르고, 빠르지! 어제는 자려고 불을 껐는데 불이 꺼지기도 전에 이미 침대에 누워 있더라고. 어때, 빠르지? 그리고 조지 포먼, 내가 놈을 때려눕히면 여기 있는 너희들 다 나한테 절하게 될 거야! 모두 다! 너희들 모두 조지가 이긴다고 생각하는 거 다 알아. 하지만 조지는 이제 큰일 났어. 두고 봐라, 내가 얼마나 위대한지 보여 주지!

알리가 '정글에서의 결투Rumble In The Jungle'라고 명명한 알리와 포먼의 대결은 세계 복싱 역사에 길이 남을 명경기로 꼽힐 뿐 아니라 20세기 최고의 스포츠 이벤트 중 하나로 기록되었다. 이 경기에서 알리는 모두의 예상을 뒤엎고 포먼을 상대로 8라운드에서 KO승을 거두었고 세계 헤비급 챔피언 타이틀을 되찾았다.

그러나 링 위에서 펼쳐진 이 드라마보다 더 흥미로운 것이 있다. 그건 알리가 시합을 앞두고 몇 주, 몇 달간 쌓아온 흔들리지 않는 자기 믿음이다. 취재진 앞에서 그가 보여준 설득력 있는 연설은 그가 내면의 자신감을 키우고 성장하기 위해 어떤 원천을 활용하는지 엿볼 수 있게 하는 흔치 않은 기회를 제공한다. 이 장에서 우리는 이러한 자신감의 원천에 초점을 맞춰 성공적인 운동선수들이 견고하고 안정적인 자신감을 키우기 위해 어떤 전략을 사용하는지 살펴보고자 한다.

자신감이란 무엇인가?

세계 정상급 스포츠 선수들도 성공에 가장 필수적인 심리적 특성으로 자신감을 꼽는다.[1] 운동선수들은 자신감의 필요성과 자신감이 성패에 미치는 영향, 무너지기 쉬운 자신감에 대해 자주 이야기한다. 그랜드슬램 18회 우승을 달성한 테니스 챔피언 노박 조코비치Novak Djokovic가 2020년에 호주 오픈 테니스에서 13연승에 성공한 후 한 말을 한번 들어 보자.

코트에 서면 컨디션이 좋은 게 느껴져요. 물론 경기에서 그렇게 많이 승리하면 자신감이 높아지는 것은 당연하죠. 하지만 그것(자신감)은 쉽게 흐트러질 수 있고 그래서 언제든 질 수 있다는 사실도 알고 있어요.[2]

자신감이란 어떤 결과를 달성하기 위해 필요한 능력이 자신에게 있다는 믿음이다. 스포츠에서는 좋은 성적을 거두거나 경기에서 이길 수 있다는 믿음이 자신감일 수 있다. 삶의 다른 영역에서는 시험에 합격하거나 직장에 취직하거나 대규모 업무 프로젝트를 성공적으로 수행할 수 있다는 믿음을 의미할 수 있다.

이 장에서 제시할 마인드 전략에 대한 이야기를 시작하기에 앞서 먼저 자신감의 잘 알려지지 않은 특성에 대해 살펴보고자 한다. 자신감이 높을 때와 낮을 때의 느낌은 여러분도 이미 잘 알고 있을 테니 여기에서 굳이 설명하지 않겠다. 그 대신 여러분이 생각해 보길 바라는 것은 자신감은 동전 던지기처럼 무작위로 주어지는 것이 아니라는 사실이다. 자신감은 통제 불가능하거나 그냥 발생하거나 설명할 수 없이 왔다가 사라지는 것이 아니다. 특히 자신감을 키우는 과정은 스스로 통제 가능한 영역이다. 자신감이 흘러나오는 최고의 원천을 재료 삼아 자긍심을 높이고 자신에게 유리한 쪽으로 동전을 뒤집는 방법은 얼마든지 배울 수 있는 기술이다. 이것이 자신감이 생각보다 통제 가능한 이유다.

이 장에서는 이러한 자신감의 원천이 무엇인지 설명하고자 한다. 그런데 먼저 주의할 사항이 있다. 그건 자신감을 키우는 일이 쉽지는 않다는 사실이다. 이 책에서 소개한 다른 심리적 도구와 마찬가지로 자신감 키우기 과정도 꾸준한 연습과 끈기가 필요하다. 그러나 이런 힘든 작업을 기꺼이 수행할 준비가 되어 있다면 높아진 자신감이 주는 보상도 함께 누릴 수 있다.

자신감의 원천에 대해 설명하기 전에 한 가지 더 알아 두어야 할 사실이 있다. 그것은 자신감이 우리의 실제 능력보다는 우리 능력에 대한 믿음과 더 관련 있다는 사실이다.[3] 때로는 충분히 해낼 수 있는 일 앞에서도 자기 의심에 사로잡힐 때가 있다. 예를 들어 면접 질문에 대답할 수 있는 지식과 정보를 충분히 갖추었음에도 스스로의 능력을 의심하거나 심지어 해당 직무에 아예 지원조차 하지 않는 경우가 그렇다.

하지만 그 반대의 경우도 성립할 수 있다. 자신의 능력에 대한 믿음이 강하면 같은 능력을 지녔으나 믿음이 약한 사람보다 더 열심히 노력하거나 더 끈기 있게 도전할 가능성이 높다. 이런 식으로 우리의 믿음은 스스로 성취하는 예언이 된다. 과제를 완수할 능력이 있다고 믿을 때 더 열심히 노력하게 되고 궁극적으로 그 노력과 끈기 때문에 그것을 성취하게 된다. 따라서 우리의 믿음은 우리의 행동 방식을 결정하는 근본 요소이며 능력이나 기술에 차이가 없어도 높은 자신감은 스포츠와 일상생활 모두에서 더 좋은 성과를 가져오는 것으로 알려져 있다.

그렇다고 자신감이 있는 척하는 것으로 이런 효과를 누릴 수 있는 것은 아니다. 우리는 지금 상상 놀이나 요정의 마법 가루에 대해 이야기하는 것이 아니다! 흔들리지 않는 자신감을 키우려면 먼저 자신감을 위한 탄탄한 토대를 쌓는 작업이 필요하다.

자신감의 원천

자신감을 키우는 자기 믿음에 대한 첫 연구는 스탠퍼드대학교의 심리학 교수인 앨버트 반두라Albert Bandura가 행동의 변화로 이어지는 자기 믿음에 관한 선구적인 논문을 발표했던 1970년대로 거슬러 올라간다.*

이 논문에서 그는 심리 치료에서 자기 믿음이 수행하는 역할에 대한 획기적인 개념을 제시했다.[4] 가장 핵심적인 내용은 어떤 치료 환경에서든 환자에게 자신의 능력에 대한 자신감을 키워 주면 실제로 행동의 변화로 이어질 가능성이 높다는 사실이었다. 예를 들면 많은 사람 앞에서 발표하는 것이 너무 불안해서 감당하기 힘들다고 생각하는 사람은 어떻게 해서든 그런 상황을 피하려 할 것이다. 하지만 2장의 감정 관리법이나 4장의 건설적인 자기 대화법을 배운 후 이러한 마인드 전략이 실제 상황에서 도움이 될 거라고 진심으로 믿는 사람은 발표에 도전할 가능성이 더 높아질 것이다.

반두라의 초기 연구 이후 우리는 자기 믿음이 우리가 생각하고 느끼는 방식, 역경을 극복하는 방법, 생활 방식 선택에 이르기까지 삶의 거의 모든 측면에 영향을 미친다는 사실을 알게 되었다. 자신감이 퍼포먼스에 미치는 긍정적인 영향은 교육, 비즈니스, 정치, 의학, 스포츠 등 다양한 분야에서 연구되어 왔다.

삶의 어떤 영역이든 자신감의 원천으로 작용하는 다섯 가지

---

* 반두라는 자기 효능감에 관한 연구도 진행했는데 자기 효능감이란 특정 결과를 달성할 능력이 자신에게 있다고 믿는 믿음이다. 자신감과 자기 효능감의 미묘한 차이는 자신감은 일반적인 감정에 가까운 반면 자기 효능감은 1킬로미터를 8분 이내에 달릴 수 있다고 믿거나 시험 문제로 나온 주제에 대한 글쓰기를 자신이 쓸 수 있다고 믿는 것처럼 특정 과제와 관련이 있다는 점이다. 이 장에서는 자신감과 자기 믿음이라는 용어를 자기 효능감의 의미도 포함해서 사용한다. —저자주

주요 출처가 있다. 이러한 출처를 이해하면 자기 믿음이 필요할 때 이를 활용하여 자신감을 높일 수 있다. 그럼 중요한 순서대로 각 출처를 간략히 살펴보자.

1. 이전의 성취

과거에 달성한 업적은 가장 강력한 자신감의 원천이다. 이것은 우리가 자신감을 구축할 수 있는 견고한 토대가 된다.

이전의 성취에는 성공의 경험도 포함되지만 도전 과제 해결을 위한 기술을 배우고 향상하고 숙달했던 경험도 포함된다. 운전 기술을 배우고 향상하는 과정에서 운전 실력에 대한 자신감이 높아지는 것과 마찬가지다.

그런데 이러한 자기 믿음은 특정 과제와 연결되어 있다는 점을 인식하는 것이 중요하다. 예를 들어 몇몇 운전 기술을 익히면 전반적인 운전 자신감이 향상될 수 있다. 그러나 좁은 골목길에서 후진하기처럼 아직 숙달하지 못한 기술에 대해서는 여전히 자신감이 떨어질 수 있다. 이러한 사실을 인지하는 것도 자신감을 키우는 과정에서 중요한 부분을 차지한다. 기술을 하나씩 익힐 때마다 자신감을 이루는 벽돌을 하나 더 쌓는 것이기 때문이다.

이것이 우리가 '부록 1'의 '나의 강점 프로필'을 작성해 보는 것을 권장하는 이유이기도 하다. 이미 작성을 완료했다면 지금 이 프로필을 재점검해 보기에 좋은 타이밍이다. '현재 점수'를 다시 매겨 보면서 지금까지 이 책을 통해 학습한 마인드 전략이 우리의 기술과 자질을 향상했음을 깨달을 수도 있다. 만약 그렇다면 좋은 일이다! 그리고 자신감 향상이 여러분의 목표 중 하나라면 이 장에서 앞으로 계속 소개할 심리적 도구도 계속해서 학습하고 적용해 보길 바란다.

이전의 성과가 자신감 향상의 원천이 될 수 있다는 사실을 깨닫고 나면 무하마드 알리가 조지 포먼과의 경기를 앞두고 소니 리스턴을 상대로 거두었던 과거의 승리의 기억을 일깨운 이유를 이해할 수 있다. 두 경기는 비슷한 상황 속에서 치러졌지만(두 경기 모두 알리는 어마어마한 강자를 상대해야 하는 약자의 입장이었다), 알리는 리스턴이 앞으로 맞붙을 포먼보다 더 강한 복서라고 선언했다. 덧붙여 그는 자신이 리스턴을 상대할 때보다 지금 더 성장했다고 확신을 가지고 말했다. 자신감이 우리의 실제 능력보다는 우리 능력에 대한 믿음과 더 관련 있다는 사실을 기억하라.

여기에는 주의할 점도 있다. 이전의 성취를 자신감의 원천으로 이용하기 위해서는 성취에 관한 우리의 생각도 중요하다. 만약 과거의 성취가 별로 어렵지 않은 일이었다고 느끼거나 아니면 누군가의 도움을 받아 이룬 것이라고 생각한다면 자신감 향상에 큰 도움이 되지 않을 수 있다. 그러나 이전의 성취가 자신의 능력, 노력, 끈기로 이룬 것이라고 생각한다면 비슷한 상황이 다시 찾아왔을 때 자신이 발휘할 수 있는 능력에 관한 믿음도 훨씬 강할 것이다.[5]

2. 다른 사람의 경험

다른 사람의 경험에서 교훈을 얻는 것도 자기 믿음에 영향을 줄 수 있다. 보통은 다른 사람의 성공 사례로부터 교훈을 얻는 게 일반적이지만 늘 그런 것은 아니다. 때로는 다른 사람의 실패를 보고 비교를 통해 우리 자신을 더 긍정적으로 평가할 수 있으며 다른 사람의 실패가 우리 능력에 대한 믿음에 기여하기도 한다. 조지 포먼은 1974년에 무하마드 알리와의 대결을 준비하는 과정에서도 무패 행진을 이어가고 있었다. 그러나 알리는 포먼의 이전 상대들이 겪은 패배에서 교훈을 얻고 자기 믿음을 얻었다.

자신이 스스로 얻은 성취가 자기 믿음에 가장 강력한 영향을 미치지만 다른 사람의 경험을 통한 교훈도 자기 믿음의 원천이 될 수 있다. 예를 들면 스스로에게 참고할 만한 성취 사례가 없는 경우에는 다른 이의 사례를 참고하는 것이 자기 믿음을 키우는 데 도움이 될 수 있다. 그러므로 다른 이의 경험을 참고할 때는 다음의 과정을 거치는 게 중요하다. 다른 사람이 무엇을 잘하고 잘하지 못했는지 분석한 후 이렇게 얻은 정보를 활용하여 자신이라면 같은 상황에서 어떻게 할지 스스로에게 질문하는 것이다.

여기에도 주의 사항이 있다. 자신감을 높이고자 한다면 자신과 비교 대상 사이에 어느 정도 비슷한 점이 있어야 한다. 예를 들어 가족 중에 학사 학위를 딴 사람이 있다면 나도 그렇게 할 수 있다는 믿음에 더 큰 영향을 미칠 수 있다. 가족은 나와 같은 배경과 비슷한 기회와 인생 경험을 가진 사람이기 때문이다. 공감할 수 있는 유사점이 전혀 없는 사람을 비교 대상으로 삼는다면 같은 효과를 기대하기는 어렵다.

3. 언어적인 설득, 나는 할 수 있다!

언어적인 설득 또는 단순히 "너는 할 수 있어"라는 말을 듣는 것도 자기 믿음에 영향을 미친다. 코치나 팀 동료가 운동선수에게 "너는 할 수 있어!"라고 격려하는 것이 좋은 예다. 정치인의 경우에는 "우리는 할 수 있다!"라는 구호를 외침으로써 국민에게 변화할 수 있다는 자신감을 불러일으킬 수도 있다.

언어적 설득은 자신감에 도움이 되긴 하지만 자신이 직접 이룬 성취보다는 효과가 떨어진다. 또한 누군가의 말을 우리가 어떻게 평가하는지도 중요하다. 예를 들어 나에게 능력이 있다고 진정으로 믿지 않는다면 다른 사람의 설득은 자기 믿음에 거의 영향을 미치지 못할 것이다.

또한 설득의 출처도 중요하다. 신뢰하는 선생님이나 경험 많은 친구처럼 가까운 사람이라면 그 사람의 설득을 통해 자신감이 강화될 가능성이 훨씬 더 높다. 달리기 선수라면 관중 속 모르는 사람보다는 자신을 잘 아는 코치나 훈련 파트너가 경기 막판에 "저 선수는 제칠 수 있어!"라고 외치는 말을 더 믿을 것이다.

다른 사람의 말만 중요한 것은 아니다. 언어적 설득의 가장 큰 장점은 스스로에게 하는 말도 효과가 있다는 사실이다. 4장에서 다루었던 자기 대화법이 자신감을 키우는 데도 도움이 될 수 있다. "넌 할 수 있어!"와 같이 긍정적이고 건설적인 자기 대화는 자신의 능력에 관한 믿음을 증폭할 수 있다. 이것이 아마도 무하마드 알리가 "나는 지금 더 강해졌다" "나에겐 더 많은 경험이 있다" "나는 악독하다" "나는 빠르다!" "나의 위대함을 보여 주겠다"처럼 자신의 업적과 능력을 자랑하는 말을 그토록 자주 되뇌는 이유일 것이다. 다른 이들이 나의 능력을 의심하는 상황에서는 스스로에게 하는 이런 이야기가 특히 중요하다.

4. 감정의 해석

자신감의 원천 중 가장 눈에 잘 띄지 않고 그래서 아직까지 한 번도 생각해 보지 못했을 수도 있는 측면은 자신의 감정과 몸이 느끼는 감각을 어떻게 해석하는지와 관련 있다. 면접을 앞두고 대기하는 상황에서 나의 몸이 느끼는 감각을 한번 상상해 보자. 2장에서 살펴본 것처럼 심장 박동 수가 빨라지고 땀이 나고 위장이 살짝 뒤틀리는 느낌이 들 수 있다. 이런 느낌을 우리는 긴장한 것으로 해석한다면 그만큼 준비가 덜 되었다는 증거로 생각하여 의심과 걱정을 더욱 키울 수도 있다.[6]

그러나 그 반대의 경우도 성립할 수 있다. 2장에서 배운 재평가 기법을 사용하여 심장이 뛰고 위장이 뒤틀리는 느낌을 들뜬 감정으로 해석할 수 있다. 이렇게 하면 자신이 느끼는 감각을 자신이 충분히 준비되었고 이 면접에서 좋은 성적을 거둘 신호로 생각할 가능성이 높아진다.

중요한 순간에 나의 감정과 신체 감각을 어떻게 해석하느냐에 따라 자기 믿음을 바꿀 수 있다. 운동선수가 자신이 컨디션이 좋다고 느낄 때 또는 무하마드 알리의 경우처럼 빠르다고 느낄 때 이를 최고의 기량을 발휘할 수 있는 능력의 지표로 해석하면 자신이 잘할 수 있다는 믿음을 강화할 수 있다.

5. 자신의 상상력

한 걸음 물러서서 생각해 보자. 지금 내가 하려는 일이 지금 까지 그 누구도 시도하지 않은 일이라면 어떻게 해야 할까? 나에 게는 이전 경험도 역할 모델도 없으며 이 일을 할 때 어떤 기분이 들지도 예상할 수 없다. 우리의 자신감이 떨어져 있을 때는 보통 이런 때다. 이럴 때는 상상력이 도움이 될 수 있다. 잘해 내고 있 는 자신을 상상하거나 어려운 과제를 완수하는 자신의 모습을 상 상하는 것으로도 자신감의 원천이 될 수 있는 것이다.

특히 이전의 성공 경험이 아예 없거나 거의 없는 경우에는 상상하기를 통해 성취감을 맛볼 수 있고 이런 성취감을 통해 자 기 믿음을 키울 수 있다. 상상의 성취감은 실제의 성취만큼 강력 한 자기 믿음의 원천이 될 수는 없지만 그래도 도움이 될 수 있 다.[7] 다음에 살펴보겠지만 이미지로 떠올리기는 성공적인 운동선 수들이 어려운 경기를 준비하며 자신감을 키울 때 자주 사용하는 전략이다.

자기 모델링self-modeling은 앞서 언급한 자신감의 원천 중 두 번째인 '다른 사람의 경험으로부터 배우기'의 변형 버전이다. 이 는 다른 사람 대신 자기 스스로를 역할 모델로 삼는 전략이다.

자기 모델링에는 자신이 빛나던 순간을 영상으로 시청하거 나 머릿속으로 재생하는 방법이 포함된다. 이런 전략은 스포츠 이외의 상황에도 적용해 볼 수 있다. 예를 들면 성공적으로 면접 에 임하는 자신의 모습을 연기해 본 후 이를 행동이나 머릿속으 로 계속해서 되풀이하는 것이다. 이러한 자기 모델링을 통해 실제 상황에 앞서 자신의 능력에 대한 믿음을 키울 수 있다.

영국의 러프버러대학교Loughborough University에서 진행한 연구 결과를 보면 영상을 이용한 자기 모델링의 효과를 확인할 수 있다. 이 연구에서는 4명의 축구 선수가 경기 시즌 동안 자기 모델링 교육을 받았다.[8] 교육 전 선수들은 스스로 개선하고 싶은 축구 기술 두 가지를 선택했다. 여기에는 공 패스, 헤딩, 공 제어, 태클을 통한 상대 선수 제압 등이 포함되었다.

연구가 진행되는 동안 선수들은 경기 전에 자신이 가장 잘하는 기술 네 가지를 수행하는 자신의 모습이 담긴 동영상을 시청했다(이는 '긍정적인 자기 검토'라고 불리는 영상을 사용한 자기 모델링 기법의 일종이다). 선수들이 경기 중 더 좋은 모습을 보이면 그 모습으로 동영상은 매번 업데이트되었다. 연구진은 13주 동안 매번 경기를 치르기 전에 선수들에게 자신의 모습이 담긴 동영상을 보여 주고 경기 전에 느끼는 자신감의 정도를 체크하게 했다. 또한 경기 중 발휘되는 실제 퍼포먼스 능력을 측정했다.

연구 결과, 몇몇 선수들은 영상을 통한 자기 모델링 교육을 받은 후 경기력이 향상된 것으로 나타났다. 경기력에 영향을 미치는 가장 결정적인 요인은 경기 전 선수들이 느끼는 자신감의 정도였다. 영상을 보거나 아니면 자신의 뛰어난 모습을 상상하면서 "전에도 해냈으니 이번에도 할 수 있다"라는 강력한 자극을 받을 수 있었던 것이다.

지금까지 자신감 얻기에 가장 좋은 원천 다섯 가지를 소개했다. 그런데 운동선수들은 이 외에도 다른 원천을 사용하기도 한다. 우리는 자신감을 키우는 심리적 도구를 소개하기 전에 먼저 이러한 추가적인 원천 몇 가지를 간략하게 살펴보려 한다. 여기에서 우리가 중요하게 여기는 메시지는 이것이다. 안정적이고 견고하게 자신감을 키우기 원한다면 어떤 원천으로부터 자신감을 얻을지 신중하게 고려해야 한다.

스포츠에서의 자신감, 통제의 중요성

지금까지 설명한 원천 외에도 운동선수들은 코치의 리더십, 가족이나 친구 등 주변 사람의 지지, 운동하는 환경, 가끔씩 찾아오는 행운 등을 통해 자신감을 얻는다.[9] 그런데 3장에서 다루었던 '통제할 수 있는 것에 집중하기'가 여기에서도 중요한 역할을 한다.

위에 열거한 자신감의 원천을 살펴보면 어느 것 하나 스스로 통제할 수 있는 것이 없다는 사실을 깨닫게 될 것이다. 다른 사람의 지지, 운동 환경, 행운 여부는 내가 통제할 수 있는 것이 아니다. 자신감을 키우는 데 있어서 이는 중요한 요소다. 통제할 수 없는 요소에 지나치게 의존한다면 우리의 자신감은 타인의 변덕과 내가 어쩔 수 없는 상황에 맡겨지게 된다.

사실 운동선수가 자신감을 얻는 원천 중 스스로 완전히 통제할 수 있는 것은 단 두 가지뿐이다. 첫째는 기술을 갈고 닦는 노력, 둘째는 신체적 및 정신적 준비다. 이 두 가지는 앞서 설명한 다섯 가지 자신감의 원천과 일치한다. 자신감을 키우는 것이 중요하다면 자신감의 원천을 통제할 수 있어야 안정적이고 지속적인 방식으로 자신감을 키울 수 있다.

물론 통제할 수 없는 출처는 절대 사용해서는 안 된다는 의미는 아니다. 만약 자신감 강화에 도움이 될 만한 출처가 눈앞에 주어졌다면 마음껏 사용해도 좋다. 다만 의존하는 것은 다른 문제다. 자신감을 키우려고 할 때 그 과정에 대한 통제권이 자신에게 있다는 사실을 아는 것은 큰 힘이 된다. 이 책에서 소개한 마인드 전략이 견고하고 통제 가능한 자신감의 토대가 될 수 있다는 사실을 아는 것도 마찬가지다. 그리고 이러한 믿음은 연습과 숙달을 통해 더욱 강력해질 수 있다.

조지 포먼과 '정글에서의 결투'를 앞두고 알리가 어떤 훈련과 준비를 했을지 우리는 정확히 알 수 없다. 그가 진짜로 악어와 싸워서 이겼거나 고래를 때려눕히지는 않았을 것이라 짐작할 뿐이다. 분명한 건 그가 시합을 준비하며 전과 다른 무언가를 해냈다고 스스로 생각한다는 것과 그러한 준비 과정을 통해 스스로 자신감을 키울 수 있었을 거란 사실이다. 긍정적인 자기 대화와 구호의 반복을 통한 정신적인 준비가 분명히 자신에 대한 믿음을 강화했을 것이다.

운동선수들을 대상으로 한 연구를 살펴보면 경기 중 자신감을 발휘하기 위해서는 마인드 전략의 개발이 무척 중요하다는 사실을 알 수 있다. 스포츠 심리학자 케이트 헤이스Kate Hays 박사는 육상, 유도, 다이빙, 스피드스케이팅, 럭비 등 다양만 종목에서 올림픽 및 세계 선수권 대회 메달을 딴 선수들을 상대로 경기 중 가장 자신감을 느꼈던 순간과 그 원천에 대해 질문했다.[10] 예상대로 선수들이 꼽은 자신감의 원천은 다양했다. 그러나 모든 선수는 공통적으로 이전의 성취, 마인드 전략을 포함한 철저한 훈련과 준비가 중요하다고 대답했다. 다시 한번 강조하지만 거짓으로 만들어 낼 수 없는 이러한 원천이야말로 자신감의 가장 견고한 토대이다.

한 정상급 다이버는 경기 전 자신감을 강화하기 위한 준비 과정을 다음과 같이 자세하게 설명하면서 이 책에 소개된 여러 가지 마인드 전략의 중요성을 강조했다. 그녀의 말 중에 이 책에서 소개한 심리적 도구에 해당하는 것이 무엇인지 맞춰 볼 수 있는가?

저는 불안감 통제하기와 이미지화하기를 통해 다이빙에 대한 자신감을 키워요. 중요한 대화를 앞두고는 최상의 퍼포먼스를 하는 모습을 이미지화하는 훈련을 하죠. 그리고 심리학자와 함께 다이빙 전 루틴을 점검하고 최고의 기량을 발휘하며 다이빙을 하는 제 모습을 상상하는 게 많은 도움이 돼요. 세계 선수권 대회 출전 직전에도 그 방법을 사용했는데 자신감을 키우는 데 큰 도움이 되었어요. 목표를 설정하고 모든 과정을 구조화하고 제가 통제할 수 없는 것은 무시하고 제가 통제할 수 있는 것에만 집중하면 자신감도 생기고 다른 것에 정신이 분산되지 않아요.

그러나 모든 운동선수가 이러한 일을 완벽하게 해내는 것은 아니며 자신만 그렇게 못하는 것 같다고 속상해할 필요도 없다.

훌륭한 운동선수들도 항상 최고의 원천으로부터 자신감을 얻는 것은 아니라는 사실을 알아둘 필요도 있다. 예를 들어 세계적인 운동선수 54명을 대상으로 진행한 2010년 연구에 따르면 대부분의 선수가 통제하기 어려운 요소인 '상대 선수를 상대로 실력 발휘를 하는 것'을 자신감의 원천으로 꼽았다(실력을 잘 발휘하고도 패배할 수 있는데 말이다).[11] 이것이 노박 조코비치 같은 선수가 연속되는 승리에도 자신감을 "쉽게 흐트러질 수 있고 그래서 질 수도 있는 것"이라고 인식하는 이유인지 모른다.

하지만 이 장을 통해 자신감이 꼭 그럴 필요는 없다는 것을 깨달았기 바란다. 골프의 제왕으로 불리는 잭 니클라우스Jack Nicklaus는 안정적이고 지속적인 자신감을 위한 실용적이고 통제 가능한 접근법을 다음과 같이 제시했다.

자신감이 경기에서 가장 중요한 요소입니다. 그리고 타고난 재능이 아무리 뛰어나다 하더라도 자신감을 얻고 유지하는 방법은 단 하나밖에 없습니다. 그건 노력이죠.[12]

높은 자신감이 퍼포먼스에 도움을 준다는 사실을 아는 것은 분명히 중요하다. 그런데 어쩌면 그보다 더 중요한 것은 자신감을 키우는 과정을 스스로 통제할 수 있다는 사실을 이해하는 것일 수 있다. 그렇다면 궁금해질 수밖에 없는 '자신감을 키우는 데 사용할 수 있는 전략'을 이어지는 이 장의 마지막 부분에서 소개하고자 한다.

자신감 키우기 전략

지금까지 이 책에서 소개한 마인드 전략은 모두 자신감을 키우는 데 도움이 된다. 도전적인 목표 설정과 이를 위한 노력(1장), 자신의 신체적, 감정적 상태를 긍정적으로 평가하기(2장), 통제할 수 있는 행동에 집중하기(3장), 건설적인 자기 대화하기(4장) 등이 여기에 포함된다. 이러한 방법은 분명히 유용하지만 여기에서는 자신감의 가장 강력한 원천을 활용한 몇 가지 기술에 집중하고자 한다.

1. 준비 과정과 주요 성과 꼼꼼하게 기록하기

이전의 성공, 철저한 준비, 자기 분야의 기술 숙달은 견고한 자신감 키우기의 핵심 요소다. 그러나 지금까지 해 온 일과 앞으로 해야 할 도전을 연결하지 못한다면 이러한 과정은 얼마든지 무너질 수 있다. 많은 선수가 일기 쓰기를 통해 자신의 진행 상황을 기록한다. 일기를 쓰면 중요한 경기를 앞두고 스스로 철저하게 준비했다는 느낌을 주고 자신감을 고취할 수 있다. 경기를 준비하며 그동안 노력한 증거만큼 걱정을 덜어주고 의심을 완화해 주는 것은 없기 때문이다.

그러나 단순히 일기를 쓰는 것만으로는 충분하지 않다. 경기를 준비하며 몇 주간, 몇 달간, 몇 년간 이룬 발전을 눈에 띄게 기록하는 것이 중요하다. 운동선수라면 잘 진행된 훈련 방식, 집중을 도와준 새로운 마인드 전략 같은 성공적인 경험과 개인 기록 경신 같은 성과를 축하하는 글을 남기는 것이 그 예가 될 수 있다. 2장에서 다루었던 세레나 윌리엄스와 미케일라 시프린의 일기를 살펴보면 자신의 일상에서 일어나는 긍정적인 일과 부정적인 일에 대한 생각과 감정이 자세히 묘사되어 있다.

학생들도 이런 접근 방식을 활용할 수 있다. 기억력을 도와준 새로운 공부법, 공부가 잘되었던 환경, 열심히 노력하고 연구한 결과 얻을 수 있었던 좋은 성적에 대한 이야기를 일기에 기록하는 것이다.

어떤 방식으로 기록하든 중요한 것은 자신의 발전과 업적을 기록으로 남기고 이를 정기적으로 확인하며 자신감을 키우는 것이다. 일기장을 활용할 수도 있고 냉장고 문에 붙이거나 침대 옆 '자신감 상자'에 보관할 수도 있다.[13] 이러한 방식으로 그때의 상황을 떠올리는 것이 자신에 대한 의심의 순간을 극복하는 데 도움이 될 것이다. 중요한 것은 자신감의 원천을 스스로 통제할 수 있는 준비 과정을 지금까지의 성취와 연계하는 것이다. 이러한 기록은 의식적으로 자신감을 키우고 발전시키는 과정에서 가장 강력한 증거 자료로 기능할 것이다.

2. 상상해 보기

상상하기는 여러 가지 목적으로 사용될 수 있으며 자신감 향상에도 도움을 줄 수 있다.[14] 이 장의 앞부분에서 다룬 다이빙 선수의 말에서도 확인할 수 있었듯이 운동선수들은 특정 기술과 루틴을 연습할 때 상상력을 활용한다. 상상 속에서라도 기술을 성공적으로 수행하면 이는 자신감에 긍정적인 영향을 미칠 수 있기 때문이다.

마찬가지로 우리도 목표 달성을 위해 차근차근 노력하며 좋은 성과를 내는 자신의 모습을 상상할 수 있다. 또한 스트레스 상황을 맞았을 때 느껴질 감정을 상상해 본 후 이를 잘 관리하며 침착함을 유지하는 자신의 모습을 상상할 수도 있다.

마지막으로, 어려운 상황 속에서도 집중력을 유지하고 방해 요소를 피하면서 그 순간에 잘 대처하는 자신의 모습을 상상해 볼 수 있다. 언뜻 생각했을 때 이는 좋은 방법이 아닌 것처럼 느껴질지 모른다. 왜냐하면 우리는 모든 일이 잘 풀리기를 바라며 일이 잘못될 가능성에 대해서는 최대한 생각하지 않으려는 경향이 있기 때문이다. 하지만 1장의 마이클 펠프스의 사례에서 배운 것처럼 부정적인 시나리오, 즉 '만약의 순간'을 상상해 보고 각 상황에 대한 최선의 대응책을 강구하는 것은 자신감을 키우는 강력한 도구가 될 수 있다.

여러 선수의 사례를 살펴보면 상상하기를 활용할 수 있는 다양한 방법을 배울 수 있다. 미국의 올림픽 다이빙 선수 카트리나 영Katrina Young은 코로나19 팬데믹으로 인하여 평상시처럼 플로리다주립대학교의 훈련 장소를 사용할 수 없게 되자 상상하기를 통해 자신의 연습 루틴을 유지한 방법을 다음과 같이 설명했다.

저는 수영장으로 들어가는 저의 모습과 주변의 안전요원, 코치, 다이빙하는 학생 들의 모습을 상상하며 머릿속으로 모든 훈련 과정을 거쳤어요. 코치들이 조언하는 소리와 그 조언에 따라 움직임을 교정할 때 어떤 느낌이 드는지도 상상해 봤죠. 실제로 수영장에 갈 수 없는 상황에서는 이러한 연습이 정말 큰 도움이 되었어요.[15]

세계권투평의회WBC 헤비급 타이틀전에서 챔피언 자리를 차지한 디온테이 와일더Deontay Wilder는 선수 시절에 익힌 이미지 기술을 링 밖에서 어떻게 활용했는지를 다음과 같이 설명했다.

저는 달성하고자 하는 목표에 맞춰서 이 기술을 사용해요. 일상생활을 하면서 면접도 잘 보고 즐거운 하루를 보내는 내 모습을 상상해 보죠. 제가 전반적으로 어떤 마음가짐으로 생활하고 싶은지를 미리 그려보는 겁니다. 그러다가 실제로 상상했던 일이 발생하면 저는 이미 마음의 준비가 되어 있죠. 그리고 원하는 마음가짐으로 그 일에 대응할 수 있습니다.[16]

3. 다른 사람의 사례에서 배우기

이 장의 앞부분에서도 소개했던 자신감의 원천 중 하나인 '다른 사람으로부터 배우기'는 그들의 일거수일투족을 지켜보거나 시험장이나 면접장까지 따라가야 한다는 것을 의미하지 않는다. 내가 가고자 하는 일을 먼저 걸어간 역할 모델과 대화를 나누는 것만으로도 자신의 능력에 대한 믿음을 높일 수 있다. 그렇게 하면 자신이 생각했던 것보다 시험에 합격하기 위한 지식을 이미 많이 확보하고 있거나 아니면 취업에 필요한 기술을 이미 많이 갖추고 있다는 사실을 깨닫게 될 수도 있다. 자기 믿음은 자신이 보유한 기술에 대한 객관적인 척도보다는 자신의 기술로 무엇을 할 수 있다고 믿는지와 더 연관되어 있다는 사실을 기억하자.

다른 사람들의 경험을 통해 그들이 좌절에 어떻게 대처했는지, 부당한 상황을 어떻게 극복했는지 배울 수 있다. 심지어 다른 사람의 실패를 통해서도 우리가 삶에서 비슷한 장애물을 만난다면 이를 극복할 수 있다는 믿음이 커질 수 있다.

4. 지원군을 찾고 스스로를 지지하기

마지막으로, 주변에 좋은 지원군이 있으면 자신감을 키우는 데 도움이 될 수 있다. 운동선수에게 지원이란 코치, 팀원, 가족, 친구처럼 존경하고 신뢰하는 사람으로부터 받는 격려와 긍정적인 피드백이다. 11장에서는 노엘의 인생에서 가장 힘들었던 달리기 경주에서 지원군의 도움이 어떻게 큰 힘이 될 수 있었는지 살펴볼 것이다.

하지만 지원군이 있다고 해서 우리가 다른 사람의 지지에만 의존해야 한다는 것은 아니다. 사실 지원군은 우리가 통제할 수 있는 요소는 아니다. 그러나 스스로에게 하는 말은 통제할 수 있다. 이전 장에서 소개한 자기 대화 기술은 통제 가능한 자신감의 원천이다. 때때로 우리는 스스로를 응원하는 것이 얼마나 중요한지 잊어버릴 때가 있다.

자신감에 관한 마지막 조언

이번 장을 통해 자신감은 의도적으로 강화하고 발전시킬 수 있다는 걸 깨달았기 바란다. 자신감은 깨지기 쉽고 가변적이면서 통제 불가능한 심리적 특성이 아니다. 이 책 전반에서 소개한 심리적 도구를 사용하고 통제 가능한 출처를 통한다면 언제든지 견고한 자신감을 키울 수 있다.

물론 그것이 항상 쉬운 일은 아니다. 그러나 우리는 성공한 운동선수들의 사례를 통해 우리가 마인드 전략을 철저하게 개발하고 숙달했을 때 무엇이 가능해질 수 있는지 배웠다. 이제 남은 장에서는 운동선수처럼 생각하는 것이 스포츠와 일상생활에서 어떻게 성공으로 이어질 수 있는지 몇 가지 실제 사례를 통해 설명하고자 한다.

2부

뛰어난 운동선수처럼 목표를 달성하는 방법

6장 | 천 리 길도 한 걸음부터

성공에 유리한 위치에서
시작하는 방법

2018년 봄, 키칸 랜들Kikkan Randall은 천하를 얻은 것만 같았다. 그녀와 팀 동료 제시 디긴스Jessie Diggins가 함께 스프린트 계주에서 우승하며 미국인 최초로 올림픽 크로스컨트리 금메달을 차지했기 때문이다. 이는 5번의 올림픽 출전과 17번의 국내 크로스컨트리 스키 선수권 대회 우승을 포함한 15년 프로선수 인생의 성공적인 마침표였다. 또한 지난 올림픽에서 금메달 후보로 각광받았지만 결국 프리스타일 스프린트 결승 진출에 실패했던 아쉬운 성적을 만회해 준 사건이기도 했다.

그해 5월이 되자 그녀는 남편과 당시 두 살이었던 아들과 함께 알래스카에서 캐나다로 이사했다. 선수 생활을 은퇴하고 둘째 아이 임신을 계획하고 있던 서른다섯 살의 그녀는 이사를 통해 인생의 새로운 국면을 맞을 참이었다. 그날 밤 잠자리에 들던 그녀는 가슴에 작은 멍울이 만져지는 것을 발견했다. 다음 날 병원을 찾자 의사는 그녀가 아직 젊고 건강하기 때문에 크게 걱정할 일은 아니지만 예방 차원에서 유방 촬영과 초음파 검사를 받아보자고 했다.

영상 검사 결과는 조직 검사가 필요할 정도로 우려스러운 상황이었다. 공격성 유방암 2기라는 결과를 전해 들었을 때 그녀는 스웨덴에서 열리는 친구의 결혼식에 가던 중이었다. 일주일 후에는 악성 림프절이 발견되었다. 올림픽 금메달리스트가 된 지 불과 3개월 만에 그녀는 암 환자라는 새로운 수식어를 얻게 되었다.

"처음에는 현실을 부정했어요." 랜들은 말했다. "그다음에는 좌절에 빠졌죠. 저는 식습관 관리나 건강관리를 잘해 온 튼튼한 운동선수였고 가족력도 없었으니까요. 그다음에는 '불공평하다'라는 생각에 한동안 사로잡혀 있었어요."

이런 감정을 받아들이는 과정에서 평생 운동선수로 살아 온 그녀의 내면에 잠재되어 있던 의지가 발동되기 시작했다. "저는 올림픽이라는 목표에 도전했던 방식으로 암에 맞서 싸우기로 결심했어요." 그녀는 말했다. "과정은 다를지 몰라도 같은 접근 방식을 사용하기로 한 거죠."

경기 출전, 학위 취득, 이직, 출산, 투병 등 큰일을 앞두고는 상황의 중압감에 눌리기 쉽다. 성취하고자 하는 목표가 멀고 추상적으로만 느껴질 수도 있다. 하루하루 이뤄 내는 작은 성과가 장기적으로 무의미하게 느껴지기 쉽다. 이번 장에서는 성공한 운동선수들이 중요한 목표를 앞두고 어떻게 계획표를 작성하는지, 목표 달성을 위해 매일 해야 하는 일에 어떻게 집중하는지 살펴보자.

실행을 계획하고 계획대로 실행하기

랜들이 아무 감정도 느끼지 않는 로봇이었던 건 아니다. 그녀는 암 진단 직후에 자신이 느꼈던 모든 감정에 대해 솔직하게 털어놓았다. 중요한 건 모든 감정을 느낀 후 그녀가 한 행동이다.

"'그래, 이게 현실이구나'라고 생각했어요." 그녀는 말했다. "마냥 주저앉아 발생할 수 있는 모든 상황, 생존율, 공포심 같은 것에만 집중해 봤자 얻을 게 없다는 결론을 내렸습니다. 제가 할 수 있는 게 무엇인지 찾아야 했어요. 그리고 계획이 필요했죠."

암이 매우 공격적이었기 때문에 랜들과 의료진은 즉시 항암요법을 시작하기로 결정했다. 3주 간격으로 6번의 항암요법을 진행하는 방식은 빠르게 퍼지는 암에 대처하는 일반적인 치료법이다. 그러나 수십 년간 운동선수로 활동한 경험을 기반으로 한 랜들의 병에 대한 심리적 접근은 결코 일반적이지 않았다.

"저는 치료의 각 단계에 집중하기로 결심했어요." 그녀는 말했다. "항암 과정은 힘들지만 나는 충분히 이겨낼 수 있고 항암이 효과를 발휘할 가능성도 높으며 다시 내가 좋아하는 일들을 할 수 있고 건강하고 오래 살 수 있을 것이란 긍정적인 생각 외에는 너무 앞을 멀리 내다보지 않으려고 노력했어요."

"'항암 치료를 잘 이겨내려면 무엇을 해야 하지?'라는 생각에 집중했어요. 항암 치료 기간에 운동을 하는 것이 중요하다는 것을 알았기 때문에 매일 최소 10분 이상은 몸을 움직이기로 결심하고 주변에도 알렸죠." 그녀는 말했다. 그녀는 항암 치료를 받으러 갈 때마다 자전거를 타고 이동했다. "모든 것을 포기하고 내려놔야 하는 시기라고 생각할 수도 있어요. 그렇지만 저는 열린 마음으로 호기심을 가지고 일이 어떻게 진행될지 지켜보는 것도 나쁘지 않겠다고 생각했어요." 그녀는 말했다.

보통 사람들은 암에 적응하기까지 일련의 단계를 거친다. 그리고 그 과정에서 불안, 두려움, 분노 등 다양한 감정과 심리적 증상을 겪을 수 있다.[1] 2장과 3장에서 우리는 우리의 감정 반응을 바꿀 수 있는 마인드 전략을 살펴보았다. 2장에서 보았듯 감정 관리에 있어서는 재평가나 감정 표현하기처럼 문제를 직시하고 해결책을 도모하는 전략이 감정을 억누르거나 약물에 의존하기처럼 상황을 회피하고 외면하는 전략보다 훨씬 더 효과적이다.

암 진단 후 랜들이 보인 반응을 보면 몇 가지 마인드 전략이 쉽게 눈에 띈다. 여기에는 상황과 자신의 대처 능력에 대한 그녀의 재평가도 포함된다(2장 '다르게 생각하기'). 여기에서 중요한 것은 암 진단에 대한 랜들의 재평가는 현실과 동떨어져 있지 않았다는 사실이다. 무작정 긍정적인 태도를 유지하려 하기보다는 그녀는 매번 항암 치료를 받으러 갈 때마다 운동하기처럼 자신이 통제할 수 있는 행동(3장 '통제할 수 있는 것에 집중하기')에 우선순위를 둔 계획을 세웠다. 3장에서 살펴보았듯 힘들고 스트레스 받는 상황을 맞이했을 때 통제할 수 있거나 최소한 영향을 미칠 수

있는 것에 집중하면 상황에 대한 감정 반응을 변화시킬 수 있다.[2]

상황에 대한 재평가와 함께 랜들의 '자기 대화'(4장)도 눈에 띄는 마인드 전략이다. 앞으로 4~5개월 동안 6번이나 항암치료를 받아야 한다는 사실이 처음에는 절망적으로 느껴졌을 수 있다. 그렇지만 그녀는 "지금은 힘든 시기야. 그러나 난 충분히 이겨낼 수 있어"라고 스스로에게 말함으로써 자신의 시각을 희망적으로 바꿀 수 있었다. 그 외에도 현재의 순간에 집중하는 마음챙김(3장 '현재의 순간에 집중하기'), 그리고 항암 치료를 받을 때마다 한 번에 하나의 단계에만 집중하기(1장 '목표 세분화하기') 같은 전략이 힘든 암 치료 과정을 극복하는 데 도움이 된 것은 의심의 여지가 없다.

랜들과 같은 마인드 전략이 감정 조절에 도움을 준다는 사실을 뒷받침하는 연구 증거가 있다. 최근 유방암 진단을 받은 여성 80명을 대상으로 한 2019년 연구에 따르면 감정을 회피하고 억제하려 노력할수록 6주간의 방사선 치료 전후에 불안, 우울, 재발에 대한 두려움, 불면증, 피로를 더 많이 느끼는 것으로 나타났다. 또한 감정을 억누를수록 치료 전보다 치료 후 더 많은 우울증과 피로감을 느끼는 것으로 나타났다.[3]

물론 암 환자나 큰 질병에 직면한 사람들이 괴로운 감정을 느끼지 말아야 한다는 의미는 아니다. 감정 조절을 위한 마인드 전략은 무작정 긍정적인 생각만 하려고 노력하거나 늘 좋은 기분을 유지하려 애써야 한다는 것이 아니다. 그보다는 이 책에서 소개한 운동선수들처럼 효과적인 마인드 전략을 통해 우리는 감정적 경험에 적응할 수 있다. 자신의 감정 표현하기, 상황을 현실적으로 평가하기 같은 전략을 통해 우리는 감정에 적응하고 암 진단에 따르는 부정적인 심리적 증상을 일부 감소할 수 있다.

랜들의 치료를 맡은 의료진은 치료에 접근하는 그녀의 방식이 다른 암 환자들과는 사뭇 다르다는 것을 알아차렸다. "의사 선생님이 그러시더라고요. 항암 투여 중에 러닝머신에서 뛰어도 되냐고 묻는 사람은 저밖에 없었다고요." 그녀는 말했다. "치료에 적극적으로 동참하고 긍정적이고 낙관적인 태도를 보이려고 노력하는 저의 태도가 감명 깊으셨나 봐요."(결국 랜들은 항암 투여 중에는 달리지 않았다. 그 이유는 얼굴이 상기되면 그것이 운동 때문인지 항암제에 대한 반응인지 의료진이 알 수 없었기 때문이다.)

정상으로 오르는 디딤돌

스티브 홀먼Steve Holman은 1990년대를 주름잡았던 미국 최고의 육상선수였다. 오늘날 그는 금융회사 뱅가드 그룹의 고위 임원으로서 55여 명의 팀원을 이끌며 300억 달러 규모의 중소기업 퇴직금 자산 관리를 감독하고 있다. 이토록 다른 두 가지 이력 사이의 연결고리를 살펴보면 장기적인 목표를 가진 사람에게 교훈을 준다.

우선 우리는 한 번에 모든 걸 달성할 필요는 없다는 사실을 깨달을 수 있다. 장기적인 목표를 작은 목표들로 세분화하는 것이 좋은 것처럼(1장 '목표 세분화하기'), 여러 단계로 이루어진 작업을 시작할 때는 중간 지점에 핵심적인 이정표 몇 가지를 정해

두고 그것에 노력을 집중하는 것이 도움이 된다. 박사 학위를 취득하려면 학사 학위 취득부터 시작해야 하고 마라톤 완주는 꾸준한 달리기 습관을 기르는 것에서부터 시작해야 하며 홀먼의 경우 유명 회사의 고위 임원이 되는 것은 은퇴 후 남은 인생 동안 무엇을 할 것인가를 진지하게 고민하는 것에서부터 시작되었다.

1500미터 경주에서 두 차례나 세계 5위 안에 들었고 1992년 올림픽에서는 메달까지 땄던 홀먼이었지만 2000년 올림픽 선발전을 몇 달 앞두고 피로 골절상을 입는 바람에 그는 그해 올림픽 대표팀에는 합류할 수 없게 되었다. 서른한 살이 된 그는 인생의 다음 단계에 대해 점점 더 많은 생각을 하던 참이었다. 그는 프로 육상 경주에 한 번만 더 도전해 보고 2001년 시즌을 끝으로 육상계에서 은퇴하기로 아내와 합의했다. 하지만 2000년 가을에 그는 또다시 피로 골절상을 입고 말았다. "또 한 번 부상을 극복하고 봄이 되기 전에 대회에 나갈 수 있을 만큼 몸 상태를 회복할 의욕이 도저히 나지 않았어요." 그는 말했다.

그렇게 홀먼이 '광야'라고 부르는 시기가 시작되었다. "육상을 그만두고 나니 저는 아무것도 아닌 사람이더라고요." 그는 말했다. "아무런 방향성도 없이 하루하루를 허투루 보내곤 했어요. 오전 10시까지 잠을 자고 도넛이나 먹으러 가곤 했죠. 날이 갈수록 아내는 점점 더 저한테 화를 내기 시작했고요. 한번은 반스앤노블(미국에서 가장 큰 서점 체인―옮긴이주)에 입사 지원서를 냈다가 떨어졌다니까요. '젠장, 한때 올림픽 대표 선수였던 나를 이젠 반스앤노블도 받아 주지 않는구나' 하고 생각했죠."

"마침내 저는 다시 공부를 하기로 했어요. 학교 다닐 때도 공부는 잘했었거든요. 일단 학교에 들어가면 뭔가 길이 열릴 거라고 생각했죠." 조지타운대학교에서 영문학을 전공한 그는 경영학 수업이라고는 한 번도 받아본 적이 없었다. 그러나 2002년 가을에 그는 와튼스쿨의 MBA 프로그램에 지원하고 합격했다.

"지금 하고 있는 일을 제가 하게 될 줄은 꿈에도 몰랐어요." 그는 말했다. "금융 회사 임원이라는 건 한 번도 제 직업 물망에 오른 적이 없죠. 하지만 스스로에게 리더십 역량이 있다고 느낄 만큼의 자각은 있었어요. 운동선수 시절처럼 집중하고 노력하면 어떻게든 다시 성공할 수 있을 거라 스스로 생각했어요. 저는 제가 무슨 일을 하던 운동선수 시절 때처럼 잘해 낼 거라는 자신감이 있었거든요."

강점 프로필 작성하기는 자신의 정신적 강점과 자질을 인식하도록 돕는 훌륭한 도구이다. 이 책의 서문을 읽고 이미 자신의 프로필을 작성해 본 독자도 있을 것이다. 강점 프로필 작성하기는 버밍엄대학교의 제니퍼 커밍Jennifer Cumming 교수와 MST4Life 팀이 청소년 노숙자들이 자기 삶에서 겪은 성공 경험과 그 과정에서 드러난 정신적 강점을 스스로 인식하도록 돕기 위해 채택한 방법이다.[4] 그들의 목적은 청소년들이 회복탄력성, 자존감, 행복감을 회복하고 학업, 직업 훈련, 취업 전선으로 복귀하도록 돕는 것이었다. 홀먼처럼 말이다.

자신의 정신적 강점을 파악하면 이를 삶의 다른 영역에 적용할 계획을 세울 수 있다. 홀먼 같은 운동선수의 경우에는 스포츠를 통해 개발된 리더십, 팀워크, 인내심, 그리고 이 책에 제시된 마인드 전략을 통해 숙달한 생각과 감정 조절 능력 등이 강점에 포함된다.[5]

운동선수들이 자신의 특성과 강점을 고찰하고 이를 통해 은퇴 후 제2의 커리어를 준비하도록 돕는 접근법은 그 외에도 많다. 그중 하나가 '5단계 커리어 계획 전략Five-Step Career Planning Strategy, 5-SCP'이다.[6] 이 접근 방식은 여러 면에서 홀먼이 미래의 경영인이 되기 위해 세운 커리어 계획과 유사하다. 또한 이 책의 앞부분에서 '위대한 올블랙스' 리치 매코가 미래의 럭비선수가 되기 위해 세운 커리어 계획(1장 '목표 기록하기')과도 비슷하다.

아래에서는 5-SCP 전략의 각 단계에 대한 간략한 개요가 소개되어 있다. 그러나 만약 이 전략을 처음 사용한다면 진로 상담사나 스포츠 심리학 컨설턴트에게 전문적인 조언을 구하는 것을 권한다.

1단계에서는 자신의 출생부터 현재, 미래까지 타임라인을 그려본다. 다음 단계를 위한 충분한 공간을 확보할 수 있도록 큰 종이(A4용지보다 더 크면 좋다)에 이 작업을 수행한다.

2단계에서는 과거에 있었던 중요한 사건들을 되돌아본다. 운동선수라면 최고 기록 경신, 중요한 대회 참가, 커리어의 성공 등이 여기에 포함될 수 있다. 타임라인에 이를 모두 꼼꼼히 표시한다. 어떤 사건을 기록할지에 대해서는 신중하게 생각하는 과정을 거친다. 이 부분은 5단계 때 다시 중요하게 다루게 될 것이다.

다음 단계는 전문가의 도움을 받는 것이 가장 좋지만 이 과정이 도움이 된다고 생각되면 지금 바로 따라 해도 좋다. 3단계에서는 현재 내 인생에서 중요하다고 생각하는 모든 영역을 목록으로 작성한다. 여기에는 운동, 공부, 일, 가족, 친구 등이 포함될 수 있다. 다음으로 각 영역의 개인적인 중요도, 각 영역에 투자하는 시간, 각 영역과 관련된 스트레스 정도에 따라 순위를 매긴다. 파이 차트를 사용하여 각 영역의 우선순위를 표시하면 영역별로 중요도, 소요 시간, 스트레스 수준을 시각화하는 데 도움이 된다.

이 시점에서 삶의 각 영역에 대한 중요성, 투자하는 시간, 스트레스 수준에 대해 진지하게 한번 생각해 보는 시간을 갖는 것도 좋다. 예를 들어 가족을 인생에서 가장 중요한 영역으로 꼽으면서도 실제로 할애하는 시간은 가장 적을 수도 있다. 전문 상담사와 함께 이 작업을 해 보면 각 영역에 할애하는 시간이나 현재의 생활 방식에 따른 스트레스 수준에 대한 대화가 시작될 수 있다.

4단계에서는 다시 1단계의 타임라인으로 돌아간다. 그리고 1년 뒤, 3년 뒤, 10년 뒤 등 미래에 일어나기를 바라거나 일어날 것으로 예상되는 중요한 이벤트를 타임라인에 표시한다. 3단계에서와 마찬가지로 파이 차트를 사용하면 이러한 각 미래 이벤트의 중요성을 시각화할 수 있다. 또한 스티브 홀먼처럼 현재에서 원하는 미래로 가기 위한 디딤돌을 파악할 수 있다.

5단계는 세 가지 하위 단계로 이루어져 있고 각 단계는 이 책에서 배운 마인드 전략을 상기하게 한다. 첫 번째 하위 단계는 지금까지 인생의 중요한 순간을 되돌아보고 경기 중 세운 성공적인 업적이나 어려웠던 도전, 사용한 대처 전략, 그러한 사건에서 얻은 교훈 등에 대해 생각해 보는 것이다(5장 '이전의 성취'). 이러한 작업은 2단계에서 한 작업과 많은 부분 겹치게 될 것이다. 다만 다른 점은 5단계에서는 타임라인에 표시한 이벤트를 다른 관점을 가지고 검토하게 된다는 것이다. 예를 들어 인생의 힘든 순간에서 무엇을 배웠는지, 어려운 상황을 극복하기 위해 어떤 마인드 전략을 사용했는지 등을 되돌아볼 수 있다.

두 번째 하위 단계에서는 (4단계에서 파악한) 우선순위 영역에 대한 목표를 설정한다. 이때 중요한 건 목표 달성에 도움이 되는 자원과 방해 요소에 대한 분석도 포함하는 것이다. 자원에는 홀먼의 경우처럼 리더십과 운동선수로서 배운 정신적 도구 같은 개인적인 강점 및 가족의 지지처럼 외부적인 요인이 포함될 수 있다. 장애물에는 지망 분야에 대한 구체적인 지식 부족 등이 포함될 수 있다. 이런 분석은 경영 공부를 위해 학교로 돌아가기로 한 홀먼처럼 앞으로의 실행 계획을 세우는 데 도움이 된다.

마지막으로, 원하는 미래(4단계)와 현재 사이의 간극을 메우기 위해 지금 자신이 할 수 있는 일이 무엇인지 생각해 본다. 이러한 과정은 목표 달성을 위한 단기 목표 설정에 도움이 되며(1장의 효과적인 목표 설정 방법 참조), 현재의 우선순위(3단계)를 미래 계획에 맞게 조정하는 데도 도움이 된다. 홀먼의 경우처럼 원하는 미래에 도달하려면 공부에 더 많은 시간을 투자해야 한다는 결론을 얻을 수도 있다. 이는 결과적으로 삶의 다른 영역, 예를 들면 간식 먹으면서 노는 시간을 줄여야 함을 의미할 수 있다.

스스로의 경험에서 배우기

무언가를 시작하기도 전에 중압감을 느낀다면 반드시 명심해야 할 중요한 사항이 있다. 그건 거의 예외 없이 전에도 같은 경험을 한 적이 있다는 사실이다.

예를 들어 스포츠 대회의 새로운 시즌이 시작되거나 새로운 경주를 위한 준비를 시작할 때 우리는 결코 처음부터 다시 시작하는 것이 아니다. 우리 몸에는 지난 몇 주, 몇 달, 몇 년 동안 해온 노력의 결과가 고스란히 남아 있다. 심리적으로 힘들었던 초기 단계를 극복했던 기억도 그대로 남아 있다. 운동 경력에 따라 이런 경험을 여러 번 했을 수도 있다. 키칸 랜들이나 스티브 홀먼이 그랬듯 스포츠가 아닌 환경에서도 세부적인 사항은 다를지 몰라도 전반적인 접근 방식은 이미 익숙하다고 느낄 것이다.

2013년 뉴욕 마라톤 다음 날, 멥 케플레지기의 마음가짐이 바로 그랬다. 경주 후반에 갑자기 나타난 종아리 부상 때문에 케플레지기는 자신이 우승했던 2009년보다 14분이나 늦게 결승선에 도달했다. 이는 그의 마라톤 커리어 중 최악의 성적이었다. 그해 봄에 열린 보스턴 마라톤에는 부상 때문에 출전하지도 못했다. 그는 이미 38살이었고 20년간의 선수 생활 동안 올림픽 메달과 뉴욕 마라톤 우승 타이틀을 거머쥔 세계 정상급 선수였다. 그가 은퇴한다고 해도 아무도 이상하게 생각하지 않을 터였다.

그러나 비참했던 경주 바로 그다음 날, 케플레지기는 2013년 보스턴 마라톤 폭탄 테러가 발생했던 날에 세웠던 자신의 목표를 스스로에게 상기했다. 그것은 2014년에 개최되는 보스턴 마라톤에 최상의 컨디션으로 출전하여 1983년 이후 미국인 남자 선수로서 첫 우승을 차지하겠다는 목표였다. 케플레지기는 그날 아침 호텔 방을 서성이며 그 목표를 달성하기 위해 무엇을 해야 할지 생각했다. 그는 이미 답을 알고 있었다. 그는 보스턴 마라톤 코스를 이미 두 번이나 완주한 경험이 있었다. 그리고 뉴욕 마라톤과 보스턴 마라톤 사이의 5개월의 기간보다 더 짧은 기간을 두고 두 번의 마라톤 대회에 출전한 적도 많았다.

케플레지기는 자신의 몸이 10년 전 같은 세계적인 수준의 마라톤 훈련은 견디지 못할 것을 알고 있었다. 이와 동시에 그는 고된 훈련을 통해 평생 쌓아 온 경험과 기술이 경주가 끝났다고 해서 갑자기 사라지지 않는다는 것도 알고 있었다. 2013년 뉴욕 마라톤을 시작할 때 그의 몸 상태는 최상이었다. 종아리 부상만 극복할 수 있다면 지난 20년간 쌓아온 체력을 바탕으로 얼마든지 다시 달릴 수 있다고 그는 스스로를 다독였다.

회복탄력성 프로젝트

키칸 랜들, 스티브 홀먼, 멥 케플레지기를 하나로 묶어주는 심리적 특성은 바로 회복탄력성이다. 심리적 회복탄력성이란 잠재적으로 부정적인 영향을 미칠 수 있는 역경을 견디는 능력이다.[7] 앞서 이 선수들의 사례에서 보았듯 역경은 다양한 형태로 나타날 수 있으며 비교적 사소한 일상적인 스트레스부터 부상, 선수 생활 은퇴, 인생의 중대한 사건에 이르기까지 그 규모도 다양할 수 있다. 역경은 또한 지속 기간에 따라 다르게 나타날 수 있다. 역경의 규모와 지속 시간의 조합은 회복탄력성과 그 필요성에 중요한 영향을 미친다.

역경의 종류와 관계없이 심리적 회복탄력성의 핵심은 삶이 우리에게 던지는 장애물이나 난제에도 불구하고 계속 앞으로 나아갈 수 있는 능력, 즉 역경 속에서도 케플레지기와 같은 경기력, 홀먼과 같은 도전 정신, 랜들과 같은 건강을 유지할 수 있는 정신력이다.

우리는 스스로를 회복탄력성이 강한 사람 혹은 약한 사람으로 생각할 수 있다. 그런데 우리의 생각은 사실 중요하지 않다. 연구에 따르면 회복탄력성은 누구나 키우고 발전시킬 수 있는 능력이다. 이 장에서 앞으로 더 살펴보겠지만 우리는 회복탄력성 개발에 필요한 여러 가지 마인드 전략을 이 책을 통해 이미 배웠다.

회복탄력성은 다음의 두 가지 모습으로 나타날 수 있다.[8] 첫째는 '내구성 회복탄력성robust resilience'으로, 스트레스의 부정적인 영향으로부터 스스로를 보호하고 퍼포먼스와 정신 건강을 유지하기 위한 마인드 전략을 구사할 수 있는 능력이다. 키칸 랜들이 암 진단 과정을 극복할 수 있게 해 준 것이 바로 그녀의 강인한 내구성이었다.

이러한 내구성을 늘 갖추는 것이 이상적이지만 모든 상황에서 내구성을 발휘하길 기대하는 것은 비현실적이다. 아무리 뛰어난 운동선수라도 압박감으로 인해 경기력이 저하되는 경험을 해 보지 않은 선수는 없다. 이런 상황을 맞이했을 때는 이에 빠르게 대응하고 반등할 수 있는 '반등성 회복탄력성rebound resilience'을 갖추는 것이 중요하다.[9] 이러한 기술을 통해 스티브 홀먼은 '광야'를 겪고도 재기할 수 있었다.

스포츠에서 심리적 회복탄력성을 다룬 현존하는 대부분의 연구는 영국의 데이비드 플레처David Fletcher 박사와 무스타파 사르카Mustafa Sarkar 박사의 업적이다. 이들은 육상, 조정, 필드하키, 피겨스케이팅 등 다양한 종목의 올림픽 금메달리스트 12명을 대상으로 인터뷰를 진행하여 회복탄력성과 최고의 스포츠 성과 사이의 관계를 탐구하고 이러한 관계를 뒷받침하는 심리적 과정을 살펴보았다.[10]

플레처와 사르카는 연구 결과를 바탕으로 다음의 네 가지 요소를 고려한 심리적 회복탄력성 이론을 개발했다. 첫째, 선수들이 경험하는 스트레스 요인, 둘째, 각 스트레스 요인에 대한 선수들의 평가와 생각, 셋째, 선수들의 회복탄력성을 촉진한 마인드 전략, 넷째, 경험한 스트레스 요인에 대한 선수들의 반응이 여기에 포함되었다.

인터뷰에 참여한 선수들의 스트레스 요인은 다양했다. 훈련 요건, 컨디션 저하, 멥 케플레지기의 경우처럼 부상과 같은 경기력 관련 스트레스부터 자금 문제 같은 조직 관련 스트레스, 가족 문제 같은 개인사 관련 스트레스 요인도 있었다. 그리고 일과 운동의 균형 맞추기 같은 비교적 사소한 요인부터 사랑하는 이의 죽음과 같은 중대한 사건에 이르기까지 그 정도에도 많은 격차가 존재했다.

놀라운 사실은 이 선수들이 자신이 겪은 사건을 바라본 시각이었다. 이들은 스트레스 상황을 아무것도 얻을 게 없는 '나쁜' 경험으로 여기기보다는 힘들고 충격적인 사건이 오히려 자신의 스포츠 성공에 도움이 되었다고 주장했다. 즉 이러한 상황을 통해 성장하고 장기적인 시각에서 긍정적인 태도로 상황에 적응함으로써 올림픽 결승전 같은 다른 스트레스 상황에 대처할 준비를 할 수 있었다는 것이다. 이렇게 할 수 있었던 방법 중 하나는 과거의 힘든 경험에 대한 성찰이었다. 부정적인 사건과 그 사건을 자신이 어떻게 극복했는지 생각해 보는 과정을 통해 미래의 역경에 대처할 자신감을 키울 수 있었던 것이다(5장 '이전의 업적'). "나는 전에도 어려운 상황을 극복해 본 적이 있고 이번에도 해낼 수 있어"라는 자신감이 여기에 속한다.

또한 선수들은 스트레스 상황을 자신의 발전과 성장을 이룰 수 있는 도전의 기회로 평가했다. 2장에서 살펴보았듯 이런 시각으로 사건을 평가한다는 것은 이 사건이 우리의 목표 달성에 어떤 관련이 있는지, 우리에게 그 사건에 대처할 수 있는 여력이 있는지를 판단하게 한다. 키칸 랜들이 암 진단을 받았을 때나 멥 케플레지기가 종아리 부상을 당했을 때 그랬던 것처럼 말이다.

그뿐만 아니라 플레처와 사르카에 인터뷰에 응한 올림픽 메달리스트들은 경기 자체를 평가하기보다는 경기와 관련된 자신의 생각을 평가하려는 경향이 강했다. 이들은 자신이 어떤 생각을 하는지 의도적으로 고찰해 보는 과정을 통해 스트레스 상황에 따른 자신의 생각과 이러한 생각이 자신의 경기력과 정신 건강에 미치는 영향을 되돌아볼 수 있었다. 또한 자신의 생각에 대해 고찰해 보는 과정을 통해 가장 도움이 되는 마인드 전략을 선택할 수 있었다. 암 진단을 받은 랜들이 너무 먼 미래까지 생각하지 않으려고 노력한 전략, 2013년 뉴욕 마라톤과 2014년 보스턴 마라톤 사이의 몇 달 동안 자신이 수십 년간 훈련해 온 달리기 능력이 사라지지는 않을 것이라고 믿은 케플레지기의 확고한 신념이 여기에 속한다.

스트레스 상황에 대한 긍정적인 평가와 건설적인 생각은 다섯 가지 주요 심리적 요인의 영향을 받은 것이었다. 낙천적인 성격, 동기, 집중력, 자신감, 사회적 지지의 지각이 바로 그것이다. 이 책을 통해 여러분은 이미 이러한 요인을 개발할 수 있는 핵심 전략을 배웠다. 따라서 우리는 회복탄력성을 이런 식으로 생각할 수 있다. 절차 목표 설정하기, 재평가하기, 현재의 순간에 집중하고 머무르기, 자신에게 긍정적인 말을 건네고 격려하기, 자신감 키우기 같은 마인드 전략을 적재적소에 잘 활용할 수만 있다면 얼마든지 부정적인 상황에서도 회복탄력성을 발휘할 수 있다고 말이다.

따라서 위대한 선수의 회복탄력성은 타고난 것이 아니다. 회복탄력성은 오랜 경험과 이 책 전반에 걸쳐 소개된 심리적 도구를 학습과 훈련을 통해 필요에 따라 언제든 발휘할 수 있는 능력이다.

나팔소리도 북소리도 없이

"나팔소리도 북소리도 없이." 올림픽 육상 3관왕인 피터 스넬Peter Snell의 자서전 제목이기도 한 이 문구에는 가치 있는 목표 달성을 위해 묵묵히 혼자 노력해야 하는 시간과 그 목표를 달성했을 때 주어지는 축하와 환호의 대비가 잘 표현되어 있다.

"나팔소리도 북소리도 없이"라는 말에는 목표 달성을 위해 해야 하는 일상의 노력이 힘겹게 느껴지는 이유가 암시되어 있다. 목표를 달성한 자신의 모습을 상상하는 일은 쉽고 만족감을 준다. 큰 자부심을 느끼며 친구나 지인의 축하를 받는 모습을 상상하는 것은 즐겁다. 그러나 아침 일찍 일어나 출근 전에 훈련 시간을 채워야 하거나 저녁 식사 후에 일이나 공부를 하려고 할 때는 그런 즐거움이 느껴지지 않는다. 그런 시간에는 대개 나라는 존재와 나의 생각 말고는 아무것도 존재하지 않으며 그 생각마저도 이 시간에 할 수 있는 더 즐거운 일들로 가득 차 있기 마련이다.

목표 달성이나 프로젝트 완수에 필요한 작업을 정기적으로 수행하려면 지켜야 할 몇 가지 핵심 사항이 있다. 그중 하나는 시작을 잘하는 것이다. 그러나 안타깝게도 우리는 여러 가지 이유로 시작 단계에서 머뭇거린다. 해야 할 행동을 잊어버렸거나 앞으로 할 일에 대해 의심이 들었거나 일을 시작하기 위한 준비 작업을 소홀히 했을 수도 있다. 시작 단계에서 우리가 직면하는 가장 일반적인 두 가지 문제는 행동할 기회를 놓치는 것과 해야 할 일을 미루는 것이다. 이 두 가지 장애물을 어떻게 극복할 수 있는지 살펴보도록 하자.

행동할 기회를 놓치는 것

행동할 수 있는 시간이 너무 짧게 주어지거나 너무 드물게 찾아올 때 우리는 종종 기회를 놓치기도 한다. 입사 지원 마감일을 놓치거나 드물게 찾아오는 승진 기회를 놓치는 일이 여기에 속한다. 운동선수에게 있어서 많은 경우 경쟁에서 승리한다는 것은 기회가 찾아왔을 때 이를 잘 잡는 것을 의미한다. 아무리 뛰어난 선수라도 누구나 기회를 놓치는 경험은 하기 마련이다.

2019년 9월에 열린 국제사이클연맹UCI 세계 선수권 대회 남자 로드레이스 경기 중에 바로 이러한 시나리오가 현실이 되었다. 슬로바키아의 페테르 사간Peter Sagan은 이 종목에서 세계 최초로 4관왕을 노리며 경쟁하고 있던 참이었다. 261.8킬로미터를 달려야 하는 경주를 불과 30킬로미터 남긴 지점에서 5명의 선수가 펠로톤peloton(주요 라이더 그룹)에서 이탈했다. 이들은 함께 힘을 합쳐 사간을 포함한 나머지 선수들을 1분 이상 앞서 나갔다.

4관왕 타이틀이 위태로운 상황에서 만회하기엔 너무 늦었을 수도 있다는 생각을 하면서 사간은 3킬로미터 남은 지점에서 마지막으로 힘을 내 전속력으로 달리기 시작했다. 그러나 선두 주자들을 따라잡기에는 너무 늦은 상황이었다. 결국 덴마크 선수 매즈 페데르센Mads Pedersen이 우승 타이틀을 차지했고 사간은 43초 뒤진 5위에 머물렀다.

경주가 끝난 후 사간은 모여 있는 취재진에게 방금 일어난 일에 대한 자신의 생각과 느낌을 이야기했다.

오늘 컨디션은 좋았어요. 다만 선두에 설 기회를 놓치고 말았던 거죠. 중간에 선두로 치고 나갈까 하고 생각은 했지만 나중에 다시 전속력으로 달릴 기회가 올 거라고 생각했어요. 저는 제 나름대로 기회를 노린 건데 경주가 생각과는 다르게 풀린 거죠. 너무 오래 기다린 거고 막판에 전속력을 내보긴 했지만 결국 선두의 기회는 영영 놓치고 말았어요.[11]

이처럼 경험이 많은 선수도 행동할 기회를 놓치면 중요한 목표를 이루지 못할 수도 있다.

오늘 할 수 있는 일을 내일로 미루지 않기

할 일을 미루는 것은 행동할 기회를 놓치는 것과 마찬가지로 계획의 실행이나 완료를 지연하는 행위다. 거의 20퍼센트에 달하는 사람들이 습관적으로 할 일을 미룬다고 한다.[12] 대부분의 사람은 명절 선물 사기처럼 비교적 덜 중요한 행동을 미루지만 때로는 할 일 미루기가 심각한 결과를 초래할 때도 있다. 미국인의 약 3분의 1은 세금 신고를 마지막 순간까지 미루는데 이는 자신이 뭔가 실수할까 봐 두려워하기 때문이다.[13] 그러나 통계에 따르면 85퍼센트의 사람들은 세금 신고를 해도 추가로 납부할 세금이 없거나 오히려 환급을 받는다고 한다.

미루는 습관은 재정적 어려움으로 이어지기도 한다.[14] 그 이유는 미루는 사람들은 저축하거나 공과금을 납부할 때 가장 빠르게 처리할 수 있는 시간보다는 가장 늦게 처리할 수 있는 시간에 집중하기 때문이다. 이러한 경향은 일을 처리할 기회가 생겨도 그런 기회를 활용하지 못하게 하는 경우가 많다.

우리가 할 일을 미루는 데에는 여러 가지 이유가 있다. 그중 낮은 절제력과 성실성과 같은 성격적 특성은 할 일을 미루는 가장 강력한 요인 중 하나다.[15] 또한 사람들은 즐거운 활동보다 복잡한 세금 신고서 작성 같이 힘들고 지루하고 혼란스럽고 부담스러운 일을 미루려고 하는 경향이 더 강하다.

예를 들어 여러분이 갓 대학교에 입학한 신입생이라고 상상해 보자. 성실한 여러분은 최고의 학점을 받기 위해 열심히 공부할 계획을 세운다. 그런데 학기가 시작된 첫 주에 8주 후에 제출해야 하는 리포트 과제를 받으면 여러분은 첫 의도와는 달리 선택의 갈등에 놓인다. 여러분은 공부를 할 수도 있고 파티에 가서 친구들을 만날 수도 있다. 여러분이라면 어떻게 하겠는가? 기숙사에 남아 리포트를 작성하겠는가? 아니면 여러분 앞에 열려 있는 더 흥미로운 기회를 탐색하며 시간을 보내겠는가?

이런 상황에 직면하면 많은 사람이 아마 비슷한 선택을 할 것이다. 일단 지금은 놀고 리포트는 나중으로 미루기로 말이다. 물론 나중에라도 원래 의도대로 성실하게 리포트를 쓴다면 이런 행동이 크게 문제될 것은 없다. 그러나 이런 식의 미루는 습관은 아예 목표 달성을 시작도 못하게 하는 결과로 이어질 수도 있다.

올바른 균형 잡기

물론 목표 달성이 인생의 전부가 되어야 한다는 의미는 아니다. 우리 중 올림픽 메달을 따기 위해 전력으로 질주해야 할 사람이 얼마나 되겠는가. 대부분의 사람은 삶의 한 영역에서는 목표 달성을 위해 노력하는 동시에 다른 영역의 여러 책임도 함께 수행하며 균형을 맞춰야 한다.

여기에서도 멥 케플레지기의 조언이 유용하다. 그는 근력 운동, 달리기 자세 훈련, 스트레칭 등을 할 때 "재활(리햅rehap)이 아닌 사전 재활(프리햅prehap)을 해라"라는 말을 유명하게 만든 장본인이다. 이 말의 뜻은 부상 후에 많은 시간을 들이기보다는 매일 조금씩 시간을 투자하여 처음부터 건강을 유지하는 게 훨씬 좋다는 의미다.

이 장과 관련해서 케플레지기의 훈련 방식의 핵심은 그가 다양한 프리햅 운동을 매일 하는 핵심 운동 루틴에 포함했다는 것이다. 즉 그에게 프리햅 운동은 컨디션이 좋을 때 추가하는 운동이 아니라 일상적인 훈련의 필수 요소였다. 그는 달리기 훈련을 시작하기 전에 스트레칭을 하고 달리기 훈련 직후에는 바로 자세 훈련과 근력 운동에 돌입했다. 이 모든 과정이 오랜 세월 동안 거의 자동적으로 이루어졌다. 그렇게 함으로써 그는 프리햅 운동을 규칙적으로 할 수 있었을 뿐 아니라 하루의 남은 시간은 가족과 사업에 집중할 수 있는 여유도 가질 수 있었다.

목표 달성을 위해 매일 할 일을 반복하는 것은 피터 스넬과 멥 케플레지기의 사례에서 알 수 있듯이 지루해 보일 수 있다. 행동할 기회를 놓치거나 할 일을 미루거나 다른 일을 하고 싶은 충동을 이기기 위한 해결책은 1장에서 제시한 이프덴 플래닝과 습관 형성에 있다. 기회에 어떻게 반응하고 방해 요소에 어떻게 대처할지를 미리 계획하면 이러한 함정을 피하는 데 도움이 된다. 예를 들어 지루하지만 꼭 필요한 프리햅 운동을 꾸준히 하기 위해서는 "달리기를 하러 갈 때는 그 전에 미리 스트레칭을 한다" "달리기를 마치면 바로 자세 훈련을 한다"와 같은 이프덴 플레닝이 도움이 될 수 있다.

계획을 세운 후에는 이러한 행동이 지속되도록 반복하는 것이 중요하다. 목표 달성에 도움이 되는 행동을 습관화하면 목표에 훨씬 더 쉽게 도달할 수 있다. 1장에서 살펴보았듯이 습관 형성의 핵심 중 하나는 특정 행동을 다른 활동과 연결하여 습관 반응이 촉발되도록 하는 것이다. 그래서 케플레지기는 매일 하는 운동에 프리햅 운동을 연결해서 자세 훈련과 근력 운동처럼 습관화되기를 원하는 활동이 자연스럽게 촉발되도록 했다.

다시 처음으로 (그리고 1장으로) 돌아가서

탁월함에 도달하는 운동선수의 모습이 외부인의 관점에서는 재미있어 보일 수 있다. 실제로 재미있고 짜릿하다. 그러나 우리는 보통 승리의 순간에만 운동선수를 본다. 즉 1장에서 살펴보았듯이 우리는 최종 결과만 보고 그 지점까지 도달하기까지 운동선수들이 거친 과정은 놓치는 경우가 많다. 선수들이 최고의 순간에 도달할 수 있었던 이유는 그다지 재미는 없지만 성공의 토대를 이루는 근본적이고 중요한 활동을 수 시간, 수개월, 수년간 고수했기 때문이다.[16] 대니얼 챔블리스Daniel Chambliss 박사는 올림픽 수영선수들의 훈련 방식과 습관에 대한 연구에서 이를 '탁월함의 평범성'이라고 표현했다.[17] 그는 연구 논문에서 다음과 같이 썼다. "이 선수들은 무척 흥미로운 일을 해내는 사람들이지만 이들은 단지 빨리 수영하기 위해 필요한 일을 매일 했을 뿐이다. 그들이 하는 일은 사실 무척 평범했다. 한 친구가 그건 별로 재미없어 보인다고 했을 때 내가 할 수 있는 최선의 대답은 '그게 바로 핵심이야'였다."

우리의 목표와 야망도 마찬가지다. 우리가 지향하는 목표의 결과가 개인적으로 의미 있고 우리에게 동기를 부여하는 것도 중요하지만 그 목표에 도달하기 위해서는 단계별 과정에 집중해야 한다. 목표가 반드시 올림픽 출전과 같은 원대한 꿈일 필요는 없다. 사실 그런 꿈을 이룰 수 있는 사람은 거의 없으며 어떤 경우에는 우리가 꾸는 꿈이 더 근본적일 수 있다. 키칸 랜들의 사례를 통해 알 수 있듯 우리의 목표는 단순히 건강하게 오래 사는 것이 될 수도 있다.

7장

무엇이 두려운가?

실패의 두려움과 성공을 방해하는
위협에 대처하는 방법

설문조사에 따르면 어떤 사람들은 대중 앞에서 말하는 것이
죽음보다 두렵다고 평가하기도 한다.

그 이유는 알기 어렵지 않다. 청중 앞에서 연설해야 할 때 우
리는 자신을 노출해야 하는 피할 수 없는 상황에 갇힌 느낌을 받
는다. 이렇게 취약해진 상태로 우리는 청중이 우리를 부정적으로
평가할지도 모른다는 심리적 위협을 경험하며 이는 대중 연설에
서 흔히 느끼는 불안 중 하나다.[1]

이러한 불안감이 증폭되는 이유는 누군가 다른 사람들이
우리의 말을 들어야 할 필요가 있다고 판단해서 우리를 청중 앞
에 서게 했기 때문이다. 동료들 앞에서 프로젝트 현황을 설명하
거나 장례식에서 친구를 추모하거나 학우와 교수 앞에서 발표

하거나 콘퍼런스에서 우리의 전문 분야에 대해 말해야 할 수도 있다. 이런 시나리오는 2장에서 살펴본 뉴질랜드의 올블랙스가 2007년 럭비 월드컵 8강전에서 경기를 완전히 망쳤던 때와 비슷한 스트레스 반응을 유발할 수 있다. 불안감을 느끼면 목이 바짝 마르고 호흡이 가빠지는데 이런 신체 현상은 대중 연설에 아무런 도움이 되지 않는다. 무력감을 느끼고 통제력을 잃을 수 있으며 청중의 부정적인 평가가 걱정되어 생각이 엉망이 될 수 있다.[2] "사람들이 나를 바보라고 생각하게 내버려두는 것이 굳이 입을 열어 그 생각의 옳음을 증명하는 것보다 낫다"라는 옛말이 떠오를 만하다.

다행히도 대중 앞에 서는 것을 좋아하지 않는 대부분의 사람은 그런 일을 자주 해야 할 일이 없다. 그러나 삶의 다른 도전 과제 앞에서 우리는 비슷한 두려움에 직면하는 경우가 많다. 특히 새로운 일을 계획하거나 시작하는 단계에서 우리는 일이 잘못될 수 있는 모든 가능성에 대한 생각으로 무력감을 느낄 수 있다. 그것은 이직 같은 장기적인 일이 될 수도 있고 하프 마라톤처럼 단기적인 이벤트가 될 수도 있다. 이러한 심리적 불안감은 실제로 현실이 될 수도 있고 그렇지 않더라도 우리가 성공을 위해 최선을 다하는 데 방해가 될 수 있다. 이 장에서는 이러한 두려움이 우리의 목표 달성을 방해하지 않도록 하는 방법을 살펴보려 한다.

무거운 부담감

대학을 졸업한 지 몇 주 만에 미국 올림픽 육상대표팀에 합류하고 나이키와 프로 계약을 맺었다고 상상해 보자. 그것은 무척 황홀한 경험일 것이다. 그러나 동시에 이와 같은 성취가 가져오는 부담감의 무게도 상당할 것이다.

1990년대 초에 스티브 홀먼이 처한 상황이 바로 이런 것이었다. 1992년 6월, 조지타운대학교 학생이었던 홀먼은 전미대학체육협회NCAA 1500미터 경주에서 우승을 차지하며 졸업했다. 그달 말에는 올림픽 선발전에서 2위를 차지하며 그해 여름 바르셀로나에서 열릴 올림픽 경기에 출전할 미국 대표팀에 합류했다. 얼마 지나지 않아 그는 잡지를 비롯한 여러 매체에 '미국의 위대한 차세대 육상선수'로 이름을 올렸다. 이제 겨우 스물두 살이었던 그가 올림픽 메달리스트이자 세계 기록 보유자인 짐 륜Jim Ryun, 역사상 4분 이내 돌파 최다 기록 보유자인 스티브 스콧Steve Scott과 같은 쟁쟁한 육상선수들과 어깨를 나란히 하게 된 것이다.

"그런 기사들이 쏟아지던 순간부터 저는 엄청난 부담감을 느끼기 시작했어요." 홀먼은 말했다. "그런 기사들은 저에게 전혀 동기 부여가 되지 않았어요. 이성적인 반응은 아니었지만 어쨌든 저는 그렇게 반응하게 되었어요. 그때부터는 항상 그 타이틀에 걸맞게 살아야 한다는 엄청난 중압감을 느꼈죠. 제가 진짜로 미국의 위대한 차세대 마라토너라는 사실을 증명할 기회가 올 때마다 저는 그 압박감과 스트레스를 극복하지 못하고 최고의 기량을 발휘하는 데 실패했어요. 이를 극복할 적절한 기술이 제게 없었던 거죠."

홀먼이 항상 잠재력을 발휘하지 못했던 건 아니다. 그는 1990년대에 미국 선수 중 1500미터를 가장 빨리 달린 선수였고 세계 5위 안에도 두 번이나 들었다. 9장에서 자세히 살펴보겠지만 문제는 그가 대부분의 경쟁자보다 훨씬 뛰어난 실력을 가졌음에도 국내 대회에서 늘 고전을 면치 못했다는 사실이다.

스포츠와 인생에서의 성공은 어느 정도는 우리를 향한 요구에 대한 우리 시각에 달렸다고 볼 수 있다. 우리는 상황을 도전으로 인식하고 긍정적으로 대응할 수도, 위협으로 인식하고 부정적으로 대응할 수도 있다.[3]

우리가 앞에 놓인 과제를 도전으로, 즉 빨리 해보고 싶은 무언가로 인식하면 그것이 경기이든 대중 연설이든 우리는 '들뜸' 같은 긍정적인 감정을 느끼게 된다. 이런 상태에서는 더 맑은 정신으로 과제에 집중하게 되고 좋은 결정을 내릴 수 있는 능력도 향상되어 궁극적으로는 퍼포먼스의 향상으로 이어진다. 그러나 앞에 놓인 과제를 위협으로 여기거나 홀먼의 경우처럼 부담으로 여기게 되면 우리는 불안감을 느낀다. 이럴 때는 집중력과 명확한 사고 능력이 떨어지고 어떻게든 해야 할 일을 피하고 싶은 생각에 휩싸이게 되어 결국 퍼포먼스 저하로 이어진다.

그렇다면 도전과 위협으로 이어지는 반응의 차이는 어디에서 오는 것일까? 위협을 도전으로 전환하기 위해 할 수 있는 일은 무엇일까? 우리는 2장에서 상황 자체보다는 상황에 대한 우리의 평가가 중요하다는 사실을 이미 배운 바 있다.

우리는 어떤 상황을 평가할 때 두 가지 정보를 비교한다. 쉽게 말해 두 가지를 놓고 저울질을 한다. 저울의 한쪽에는 우리가 생각하는 상황적 요구 사항이 있다. 이러한 요구 사항은 상황에 따라 달라진다. 1500미터 달리기 경주를 해야 하는 상황이라면 우리를 향한 요구 사항은 비등비등한 실력과 의지를 가진 경쟁자들을 이기기 위해 엄청난 노력을 기울여야 하는 것이다. 취업 면접 상황이라면 어떤 질문이 나오든지 대답할 수 있어야 한다. 대중 연설 상황이라면 기대에 찬 청중에게 감명을 줄 수 있는 말을 자유자재로 적재적소에 던질 수 있어야 한다.

저울의 반대편에는 우리가 가진 자원, 즉 우리의 기술과 능력이 있다. 좀 더 정확하게 말하자면 스스로 가지고 있다고 생각하는 기술과 능력, 이를 통해 할 수 있다고 평가하는 것이 있다. 이러한 평가 과정에서 육상선수라면 자신의 빠르기, 강함, 치열한 경주를 침착하게 극복할 수 있는 정신력 등을 따져볼 것이다. 대중 연설을 앞둔 상황이라면 마찬가지로 수많은 청중과 소통하는 자신의 능력을 평가해 볼 것이다. 자신에게 이러한 상황적 요구에 부응할 수 있는 기술과 능력이 부족하다고 판단될 때, 즉 요구가 가진 능력보다 더 크다고 판단될 때 우리는 상황을 위협으로 인식한다.

문제는 중요하고 개인적으로 의미 있는 상황일수록 우리는 그 상황을 더 강렬한 위협으로 인식하게 된다는 사실이다. 홀먼의 말처럼 압박감과 스트레스를 극복하고 최고의 기량을 발휘하기 위한(상황적 요구) 적절한 기술(자원)이 자신에게 없다고 느끼기 때문이다.

우리가 스스로 가진 자원을 평가할 때 세 가지 핵심 요소가 서로 상호 작용하며 평가에 영향을 미친다. 그것은 결과적으로 우리가 눈앞의 상황을 도전으로 인식할지 아니면 위협으로 인식할지를 결정한다. 그 세 가지 핵심 요소는 우리가 집중하는 목표의 유형, 통제감, 자신감이다. 이미 눈치챘듯이 우리는 이전 장에서 이 세 가지에 관한 마인드 전략을 이미 배웠다. 이는 좋은 일이다. 이러한 전략을 통해 우리는 인생에서 더 많은 도전에 대비하고 위협을 줄일 수 있기 때문이다. 여기에서는 우리 인생의 중요한 이벤트를 앞두고 이러한 전략을 어떻게 적용하여 스스로를 준비시킬 수 있는지 알아보도록 하자.

첫 번째 핵심 요소는 우리가 설정하고 집중하는 목표의 유형이다.[4] 우리가 결과에 집중할 때, 즉 경쟁 상대를 이기거나 심지어 경쟁 상대도 아닌 타인의 기대에 부응하는 것과 같은 일에 집중할 때 보통 둘 중 하나의 반응이 일어난다. 자신이 다른 사람보다 낫다는 것을 증명하기 위해 노력하거나 반대로 상대를 이기지 못할 것이라 생각하여 어떻게든 경쟁을 피하려고 노력하게 되는 것이다. 따라서 위대한 미국의 차세대 마라토너로 칭송받는 선수가 자신이 그러한 타이틀에 걸맞은 실력을 갖추지 못한다고 느낀다면 그는 '남들보다 못하다는 평가를 받고 싶지 않다'라는 생각으로 경쟁 회피에 초점을 맞춘 채 경주에 임할 수 있다. 그리고 그러한 생각은 상황을 위협으로 인식하게 하여 자신의 기량을 최대치로 발휘하지 못하는 결과로 이어질 가능성이 높다.

그런데 우리가 '결과'가 아닌 '숙달'에 목표를 집중하면 어떨까? 이럴 때 우리는 남이 아닌 스스로 설정한 기준 이상으로 더 나아지기 위해 노력하게 된다. 즉 다른 사람과 자신을 비교하는 것이 아니라 당면한 과제에 숙달하고 가진 기술과 능력을 최고 수준으로 개발하는 데 집중하는 것이다. 이처럼 우리가 새로운 기술을 배우고 익히며 더 나은 자신이 되기 위해 노력할 때 우리는 상황을 위협이 아닌 도전으로 인식한다.

지금까지 이 책에서 소개한 마인드 전략을 통해 우리는 '숙달'에 우리의 목표를 집중하고 이를 통해 상황을 도전으로 인식할 수 있는 방향으로 저울을 기울일 수 있다. 먼저 우리는 결과 목표보다 과정 목표, 즉 상황적 요구 사항을 충족하는 데 도움이 되는 통제 가능한 단계별 행동에 집중할 수 있다(1장). 여기에는 침착하고 평정심을 유지할 수 있게 해 주는 감정 조절 전략(2장)의 사용이 포함될 수 있다. 이를 위해서는 지나친 생각을 피하고 매 단계 최고의 성과를 내도록 돕는 트리거 단어나 문구(3장)가 도움이 될 수 있다. 이는 목표 달성에 방해가 되는 생각을 관리하는 데 유용한 자기 대화 문구 목록 작성(4장)과 함께 이루어진다.

도전 또는 위협 상태를 결정하는 두 번째 핵심 요소는 통제감이다. 우리가 느끼는 통제감이 강할수록, 즉 우리가 통제할 수 있는 상황적 측면에 집중하고 통제할 수 없는 상황을 있는 그대로 받아들일수록(3장 '통제할 수 있는 것에 집중하기'), 우리는 '기대감'처럼 상황을 도전 상태로 인식하게 하는 감정을 더 많이 느낀다. 반대로 우리가 통제할 수 없는 상황적 측면에 집중하면(홀먼이 기자들이 쓴 기사에 집중했던 것처럼), 우리는 불안과 걱정을 느끼고 상황을 위협으로 인식한다.

중압감을 느끼는 상황에서 우리가 느끼는 반응을 형성하는 세 번째 요소는 자신감이다. 자신이 상황적 요구를 충족하는 데 필요한 기술적, 전술적, 신체적, 정신적 능력을 갖추고 있다는 자신감의 유무가 상황을 도전으로 인식할지 위협으로 인식할지를 결정한다. 그러나 자신감은 가짜로 만들어 낼 수 있는 것이 아니다. 5장에서 잭 니클라우스가 말했듯 자신감을 얻고 유지하는 방법은 오직 '노력'밖에 없다. 그리고 운동선수처럼 생각하기를 통해 마인드 전략을 개발하는 것은 그 과정의 중요한 단계이다.

홀먼은 결국에는 국내 대회마다 겪던 부진을 극복해 냈다. 그러나 은퇴 후 금융회사 뱅가드 그룹에서 일을 시작했을 때 그는 또다시 다른 이의 기대가 불러오는 부담감을 경험했다. 프로 선수 외에 다른 직업을 가져본 적이 없었던 홀먼은 선수 생활을 통해 습득한 자신감 키우기 전략을 새로운 환경에 적용하여 난관을 헤쳐 나갔다.

"제가 가진 기량을 모두 발휘하려면 성공할 수 있다는 믿음이 절대적으로 중요했어요." 그는 말했다. "뱅가드에 입사한 초기에는 그런 환경에서 자신감이 부족했기 때문에 정말 소심하고 모든 게 조심스러웠죠. 지금 생각하면 그때도 기술과 역량은 충분했던 거 같아요. 어쨌든 그 사람들도 제가 잘할 수 있다고 생각하니까 저를 고용했겠죠. 생각해 보면 저 자신보다도 다른 사람들이 저를 더 믿어준 경우가 많았어요. 그렇지만 '나는 할 수 있다'

라는 장벽을 넘기 전까지는 자신감이 없었고 그게 저의 성과에 분명히 영향을 미쳤을 거라 생각합니다."

위협적인 상황에서 이성 발휘하기

어떤 상황을 위협으로 인식하는 이유에는 타인의(그리고 자신의) 기대와 관련이 없는 것도 있다. 우리는 최고의 기량을 발휘해야 하는 상황일 때 장비가 고장 나거나 실행 계획에 문제가 생기거나 경쟁자에게 뒤처지는 등 일이 잘못되는 수많은 가능성을 상상할 수 있다. 또한 일이 어떻게 될지 모른다는 막연한 걱정의 늪에 빠지기도 한다. 이런 느낌을 단순히 신경성이라고 생각할 수 있지만 이는 물론 신체뿐 아니라 정신적인 현상이기도 하다.

가장 뛰어난 운동선수들조차도 이런 위협적인 생각에 빠지는 위기를 자주 겪는다. 그러나 성공한 운동선수들은 이러한 위협에 건설적인 방식으로 맞서는 방법을 안다.

영국의 남부 해안 도시 풀Poole 출신인 브리애나 스텁스Brianna Stubbs는 열두 살이었던 2004년에 영국 해협 33킬로미터를 가로지른 최연소 조정선수가 되었다. 이후 그녀는 2000미터 올림픽 조정 종목에 훈련을 집중했다. 2013년에는 엘리너 피젓Eleanor Piggott과 함께 경량급 더블 스컬 종목(두 명이 진행하는 경기로 각 선수는 두 개의 노를 젓는다─옮긴이주)에서 23세 이하 세계 선수권 대회에서 우승했고 2015년과 2016년에는 세계 선수권 대회에서 영국 경량 쿼드러플 스컬(네 명이 진행하는 경기로 각 선수는 두 개의 노를 젓는다─옮긴이주) 대표팀의 일원으로 출전해 동료들과 함께 각각 은메달과 금메달을 따냈다.

여기까지만 읽으면 스텝스가 조정 기계처럼 느껴질 것이다. 그러나 그녀 또한 일이 잘못될 수도 있다는 생각에 늘 시달리는 평범한 사람이었다.

그녀는 경기를 즐겼지만 "결과가 어떻게 나올지에 대한 두려움은 여전히 남아 있었다"고 말했다. "경기를 하다 보면 가장 두려운 게 실력 발휘를 못하거나 아니면 일대일 경주에서 뒤처지게 되는 상황이죠. 500미터까지 정말 노를 잘 저었는데 우리 앞으로 지나쳐 가는 보트가 보이면 어떻게 하지? 이런 생각이나 감정을 조절하기는 정말 어려워요."

하지만 스텝스는 그런 생각에 사로잡혀 무기력해지기보다는 그녀가 '시나리오 플래닝'이라고 명명한 전략을 통해 자신을 진정하려고 준비했다. 이는 우리가 이전 장에서 살펴본 '이프덴 플래닝'과 동일한 것이다.

"시나리오 플래닝은 정말 큰 도움이 되었어요." 스텝스는 세계 정상급 조정팀 시절을 상기하며 이렇게 말했다. "자신의 감정을 명확하게 표현하고 해결할 수 있었을 뿐 아니라 팀원들의 감정에 대해서도 들을 수 있었고 상황별 대비책을 미리 마련해 두었다가 실제로 그 상황이 발생하면 어떻게 행동해야 할지에 대한 공통된 이해를 가질 수 있었으니까요."

"우리는 경기 외적인 상황에 대해서까지 대비책을 마련했어요. 예를 들면 워밍업 도중에 장비에 고장이 나거나 호텔에서 경기장까지 이동하기 어려운 상황 발생 같은 것이죠. 이런 상황에 대해서도 미리 대화해 두면 모두가 같은 생각을 가지고 경기에 임할 수 있어 정말 도움이 되었어요."

장비 고장이나 이동 문제와 같은 상황에 대한 스텁스의 시나리오 플래닝은 1장에서 살펴본 마이클 펠프스와 밥 보먼의 '이프 덴 플래닝'을 떠올리게 한다. 그런데 이런 전략이 '통제할 수 있는 것에 집중하기'와 어떻게 부합하는지 궁금할 수 있다. 일어나지 않을 수도 있고 어느 정도는 우리의 통제를 벗어나 있는 상황에 대해 왜 고민해야 하는 것일까?

핵심은 우리가 상황을 항상 통제할 수는 없지만 상황에 대한 우리의 반응은 항상 계획하고 통제할 수 있다는 데 있다. 최선을 다해 준비하고 점검을 했다 하더라도 2008년 올림픽 접영 200미터 결승전에서 마이클 펠프스의 물안경이 깨졌던 것처럼 장비가 고장 날 수 있다. 이런 상황에도 침착하게 대응하는 것이 당황하거나 불안해하는 것보다 훨씬 더 좋은 성과로 이어진다. "저에게 도움이 됐던 방식 중 하나는 결승선을 트램펄린처럼 생각하기였어요. 그러니까 결승선에 대해 한번 생각하면 그 생각이 지금 내가 있는 이 자리로 다시 튕겨 오게 해서 지금 할 일을 떠올리는 거예요. 현재에 집중하고 과정에 최선을 다하는 방법을 배운 거죠." 스텁스는 말했다.

대중 연설처럼 스포츠가 아닌 상황에서 발생하는 불안감에도 이와 같은 논리를 적용할 수 있다. 프레젠테이션을 앞두고 '시각 자료가 열리지 않거나 준비한 메모를 못 찾으면 어쩌지?' '사람들이 내가 알지도 못하는 소리를 지껄인다고 생각하면 어쩌지?' 혹은 '내가 묻는 질문에 아무도 대답하지 않으면 어쩌지?'와 같은 생각에 사로잡힐 수 있다(마지막 부분에 대해서는 1장 노엘의 해결책을 참조하자).

하지만 많은 운동선수가 경기 전 긴장을 관리하는 방법을 익힌 것처럼 우리도 이 책에 소개된 여러 전략을 사용하여 인생의 중요한 행사를 앞두고 발생하는 불안에 대처할 수 있다. 예를 들어 점점 난이도가 높은 대중 연설 상황을 가정하면서 동시에 심호흡하기나 점진적 근육 이완(2장 '심호흡하고 이완하기') 같은 이완 기법을 사용하는 '체계적 둔감화' 전략을 사용할 수 있다.[5] 처음에는 방 안에서 혼자 연설문 낭독하기부터 시작해서, 기대에 찬 청중 앞에서 연설하는 상황, 연설 도중에 프로젝터가 고장 나서 슬라이드 자료가 화면에서 사라지는 상황까지 점차 난이도를 높여 가며 상황에 효과적으로 대응하는 자신을 상상해 보는 것이다. 이러한 체계적 둔감화 훈련은 긴박한 순간이나 예상치 못한 상황에서도 침착함을 유지하고 자신감과 통제력을 발휘하는 데 도움이 된다.

우리는 이미 재평가(2장 '다르게 생각하기')가 힘든 상황을 앞둔 선수들이 자신의 의구심을 관리하는 데 도움이 된다는 사실을 배웠다. 재평가는 대중 연설이나 다른 형태의 퍼포먼스 관련 불안을 경험하는 사람들에게도 도움이 될 수 있다. 만약 전문 심리치료사와 함께 대중 연설에 대한 불안을 재평가한다면 가장 먼저 대중 연설에서 구체적으로 어떤 두려움을 느끼는지에 관한 대화부터 시작한다. 이는 대중 연설에 대해 자신이 가진 부정적인 생각과 비합리적인 신념이 무엇인지 파악하는 과정이다. 이후 치료사는 내담자가 자신의 잘못된 믿음을 극복하도록 돕고 '나는 이 문제를 해결할 수 있다(4장 '혼잣말하기')'와 같은 더 건설적인 생각을 말로 하도록 유도하여 연설 중에 발생할 수 있는 부정적인 사건이나 도움이 되지 않는 생각에 대처할 수 있도록 돕는다.

여러 면에서 이러한 재평가 전략은 브리애나 스텁스가 국제 대회를 앞두고 팀원들과 함께 진행한 시나리오 플래닝과 유사하다. 선수들은 경기 전 자신의 감정을 명확히 표현하고 불리한 상황 발생 시 대처법을 함께 고민하고 계획하는 과정을 통해 모든 시나리오를 두려워해야 할 위험이 아닌 극복할 수 있는 도전으로 재평가하도록 서로를 도왔다.

다른 재평가 기법도 도움이 될 수 있다. 2장에서 살펴본 것처럼 대중 연설자와 마찬가지로 운동선수도 관중이 자신의 퍼포먼스에 아무런 영향도 행사할 수 없다는 사실을 스스로에게 상기할 수 있다. 또한 불안감을 기대감으로 재평가하는 전략도 스포츠뿐 아니라 사람들 앞에서 노래하기나 대중 연설 같은 상황에서 퍼포먼스의 성과를 높이는 데 도움이 될 수 있다.

마지막으로 퍼포먼스의 대부분은 우리가 몇 주, 몇 달, 몇 년에 걸쳐 노력해 온 결과물이라는 점을 기억하자(마라톤 챔피언 멥 케플레지기는 중요한 경주가 있는 날을 자신의 졸업식으로 생각하기를 좋아했다). 프레젠테이션을 앞둔 학생은 그 과정을 수강할 자격을 얻기까지 열심히 공부해 온 학생일 것이다. 마찬가지로 동료들 앞에서 프로젝트 현황을 발표해야 하는 임무를 맡았다면 그 상황을 자신의 능력을 보여줄 수 있는 특별한 기회로 생각할 수 있다.

스텁스는 이렇게 말했다. "출발선에서 모든 긴장이 최고조에 달해 있을 때, 아니 긴장감이 최고조에 달하는 모든 순간을 선택이자 특권으로 생각하기가 저에게는 가장 도움이 되는 전략이었어요. 우리는 서로에게 이렇게 말하곤 했어요. '이 출발선에 서 있을 수 있다니 우린 정말 행운아야.' 경기를 앞두고 호텔에 누워 잠을 청하다 보면 모든 상황이 부정적으로 보이고 스트레스를 느끼기 쉽죠. 그렇지만 나 대신 지금 이 자리에 있기를 열망하는 모든 사람을 떠올려 보면 상황을 긍정적으로 재평가할 수 있어요."

천재는 1퍼센트의 영감과 99퍼센트의 땀으로 만들어진다

스텁스는 세계 선수권 대회에서 두 개의 금메달을 따낸 운동선수일 뿐 아니라 생리학 박사 학위를 보유한 학자이기도 하다. 그녀는 운동, 건강, 인지 기능에 광범위한 효능이 있다고 알려진 케톤 에스테르ketone esters(지방을 대사해 에너지로 사용되는 케톤 수치를 높이기 위해 섭취하는 용액—옮긴이주)에 대한 세계적인 권위자 중 한 명이다.

"나쁜 뜻은 아니지만 운동선수들은 단순하게 생각하거나 두뇌를 그냥 꺼버리는 게 가능한 경우가 많아요." 스텁스는 말했다. "그렇지만 저는 생각이 너무 많은 스타일이라 뭔가를 생각하거나 분석하지 않고 그냥 행동만 하는 것이 불가능했어요. 이런 저의 특성에 맞는 운동 방법을 개발해야 했죠."

"선수 생활을 하는 동안 우리는 훌륭한 심리치료팀의 지원을 받았어요." 스텁스는 말했다. "모든 선수가 이용할 수 있는 서비스였죠. 그렇지만 모두가 이를 활용하지는 않았어요. 저는 제 자신이 심리적으로 조금은 불안정한 사람이라 생각했고, 자신의 심리에 대해 공부하는 것이 경기력 상승에 분명히 도움이 될 거라 생각했어요."

스티브 홀먼이 국내 경기에서 부진을 겪던 시기에 그의 지인들은 선의를 가지고 이런 말로 그를 위로하려 했다. "당신은 너무 똑똑하고 생각이 많은 게 문제예요." 9장에서 살펴보겠지만 홀먼은 올림픽 선수가 되고 세계 랭킹 5위 안에 들게 된 지 한참이 지난 후에야 스포츠 심리학자의 도움을 받았다.

여기서 중요한 점은 스텁스나 홀먼 같은 선수들이 가진 높은 지능이 경기력에 '좋은지' 혹은 '나쁜지'가 아니다. 핵심은 높은 지능 자체가 자동으로 우승으로 이어지지는 않는다는 사실이다. 스텁스와 홀먼은 최고의 선수가 되기 위한 마인드 전략을 개발하기 위해 적극적으로 노력했다. 그들은 자기 자신에 대한 지식과 개선이 필요한 심리적 영역의 향상을 위해 언제나 노력해야 한다는 사실을 잘 알고 있었다.

이런 점에서 스텁스와 홀먼은 다른 뛰어난 운동선수들과 공통점을 지닌다. 많은 사람이 '천재성'을 타고난 능력이라 생각하지만 운동선수의 천재성은 중압감이 따르는 경기 상황에 필요한 인지적 도구를 학습하고 연마함에서 비롯되는 것이다. 예를 들어 올림픽 스키 챔피언인 키칸 랜들은 스텁스처럼 자기가 "심리적으로 조금 불안정하다"라고 말하지는 않는다. 그녀는 자기 성공의 상당 부분이 프로 선수 시절 초기부터 학습하고 이후 15년 동안 연마해 온 마인드 전략 덕분이라고 말한다.

2002년에 미국의 선수 육성 프로그램에 발탁된 랜들을 비롯한 모든 선수에게는 스포츠 심리학을 전공하는 대학원생이 한 명씩 연결되었다. "최고의 마인드 훈련 기술을 배우는 프로그램이었어요." 랜들은 말했다. "다양한 유형의 마인드 전략을 접할 수 있어서 정말 좋았어요. 새로운 기술을 학습할 때마다 처음에는 각자 자신의 현재 수준을 평가하고 학습을 마칠 무렵에 한 번 더 자신을 평가하곤 했죠. 전체 과정이 끝날 무렵에는 각자에게 가장 중요하다고 생각되는 마인드 전략을 선택할 수 있었어요."

익숙하게 들리는가? 랜들은 우리가 이 책의 서문에서 소개한 강점 프로필 작성하기에 대해 이야기하고 있는 것이다. 강점 프로필 작성 방법은 '부록 1'에 소개되어 있다.

랜들은 청소년 때부터 부모와 코치를 통해 긍정적인 자기 대화 같은 마인드 전략을 접해 본 경험이 있었다. 그럼에도 이런 훈련은 그녀에게 많은 도움이 되었다. "제가 이미 사용하고 있는 기술 중에 어떤 것이 좋은 것인지 어떻게 조정하면 더 강력한 도구로 사용할 수 있는지 알게 되어 정말 좋았어요." 그녀는 말했다.

천재성이란 자신이 무엇을 모르는지 아는 것, 무엇을 개선해야 최선의 결과를 얻을 수 있는지 아는 것이기도 하다. 자신에게 맞춤화된 심리적 도구를 사용할 수 있게 되면 이제는 두려움에 직면하고 이를 해결할 수 있다. 또한 위협으로 인식한 상황을 재구성하여 이러한 상황이 더 이상 자신의 최고의 퍼포먼스에 방해물이 되지 않도록 조치할 수 있다.

8장

동력을 잃지 않기

끝까지 초심을 유지하는 방법

　2017년에 미국 성인 1159명을 대상으로 한 설문조사에서 미국인들이 가장 많이 하는 새해 결심 다섯 가지는 더 많이 운동하기, 식습관 개선하기, 돈 절약하기, 자기 돌봄에 더 신경 쓰기(휴식과 수면 시간 늘리기 등), 독서량 늘리기였다.[1]

　이러한 결심의 결과가 어땠는지는 쉽게 상상할 수 있을 것이다. 새해 결심을 한 사람 중 많게는 80퍼센트가 두 달 안에 결심한 내용의 실천을 중단했다.[2] 새해 결심 실천 여부의 지표 중 하나인 헬스장 출석률을 살펴보면 문제 상황이 좀 더 명확히 보인다. 헬스장 등록 후 2개월 이내에 47퍼센트가 등록을 해지하고 1년 이내에 96퍼센트가 등록을 해지하는 것으로 나타났다.[3]

　가장 굳은 의지를 가진 것처럼 보이는 사람들도 이런 경향에서 자유롭지 못하다. 사실 목표에 이르는 궤도에서 이탈하게 되는 것은 무척 흔한 일이다. 달리기 대회에 출전하기로 결심하고 처음 몇 주 동안은 열의를 불태우지만 시간이 갈수록 점점 훈련에 빠지기 시작한다. 하루에 다섯 번 이상 채소를 먹기로 결심했지만 한 달 정도 지나자 감자칩도 채소라고 스스로를 설득하기 시작한다. 매주 요가 수업에 가고 매달 독서 모임에 참여하겠다고 결심했다가도 6개월이 지나면 요가나 독서 모임 같은 것은 하지 않았던 예전의 생활로 돌아가 있다.

이런 일이 발생하는 이유는 우리에게 의지력이 부족해서만은 아니다. 목표를 향한 열망이 부족해서도 아니다. 열성적으로 무언가를 시작했지만 중간에 길을 잃는 상황이 자주 발생하는 이유는 우리에게 이 문제를 해결할 수 있는 적절한 마인드 전략이 없기 때문이다.

루틴을 통한 성공

목표 달성을 위한 실천을 시작한 지 얼마 되지 않은 초기 몇 주 동안이 목표를 향한 길에서 이탈하여 예전의 행동과 일상으로 되돌아갈 위험이 가장 높은 시기다. 오랜 시간 동안 고수해 온 삶의 방식에서 벗어나 의지대로 행동하고 꿈을 이루려 하는 우리에게 성공한 운동선수들은 많은 것을 가르쳐 줄 수 있다.

19번이나 세계 선수권 대회에서 우승을 차지하고 올림픽에서도 4관왕에 오른 체조 선수 시몬 바일스Simone Biles가 UCLA 대학교 시절 매일 실천했던 하루 일과를 살펴보자.[4]

오전 7시: 기상, 양치질, 화장, 머리 손질

오전 8시: 시리얼 또는 달걀 흰자로 아침 식사

오전 9시: 기본기와 기술에 중점을 둔 워밍업 및 훈련

오후 12시: 닭고기 또는 생선으로 구성된 고단백 점심 식사

오후 1시: 휴식

오후 2시: 단백질 셰이크, 바나나, 땅콩버터로 구성된 간식

오후 3시: 체육관에 가서 오전 연습 루틴을 통해 익힌 기술을 정리

오후 6시: 체육관 또는 집에서 물리 치료

오후 7시: 저녁 식사(좋아하는 건강식은 연어, 쌀, 당근)

오후 8시: 가족과 함께 휴식

오후 9시: 밀린 숙제하기

오후 11시: 소등 및 취침

성공적인 운동선수가 되기 위한 모든 요소가 이 일정표 안에 있다. 더 중요한 건 많은 사람이 그토록 열망하면서도 실천하기 어려워하는 건강하고 생산적인 생활을 위한 행동 지침도 이 안에 모두 있다는 사실이다. 그녀의 일정표에는 규칙적으로 운동하기, 건강한 음식 섭취하기, 충분한 수면과 휴식 취하기 같은 자기 돌봄 등 우리가 새해에 가장 많이 결심하는 항목들이 모두 포함되어 있다.

우리가 의도대로 행동하고 실천하기 어려워하는 이유에는 여러 가지가 있다. 그중 하나는 행동을 바꾸려면 소파에 앉아 TV 보기나 정크 푸드 먹기 같은 오래된 습관과 싸워 이겨야 한다는

것이다.

행동을 바꾸려면 높은 수준의 자제력이 필요하다. 그런데 1장에서 살펴본 것처럼 자제력은 한정된 자원이다. 피곤하거나 오랜 기간 어떤 유혹을 억누르느라 자제력이 떨어져 있는 상태에서는 실천하기로 마음먹었던 행동을 방해하는 충동에 쉽게 굴복하게 된다.

가장 흔한 새해 결심인 '소파를 박차고 일어나 운동을 더 많이 하겠다'를 예로 들어 보자. 최신 이론에 따르면 운동 루틴을 성공적으로 실천하는 사람과 시작은 잘하지만 결국 포기하는 사람을 가르는 핵심 기준은 다음의 두 가지 과정과 관련되어 있다고 한다.[5]

첫 번째는 운동을 떠올릴 때 무엇을 자동적으로 연상하는지와 관련되어 있다. 몸을 움직이고 활동하는 것을 떠올리면 그것이 재미있고 즐거운 것으로 생각되는가? 그 일을 즐기고, 하고 나면 기분이 좋아지는가? 운동은 생각만 해도 등골이 오싹해지거나 지루하거나 힘들거나 괴로워서 기분이 불쾌해지는가(부상을 당한 것이 아닌 전제로)?

물론 우리의 반응이 단순하게 어느 한 가지로만 이루어지지 않을 수 있다. 운동에도 우리가 좋아하는 것과 좋아하지 않는 것이 있을 수 있다. 이 책의 두 저자, 노엘과 스콧 모두 달리기 예찬론자이다. 달리기는 우리 둘에게 많은 즐거움을 선사하는 활동이다. 노엘은 달리기를 떠올리면 자유로움, 편안함, 활력처럼 기분 좋은 것들이 연상 작용처럼 머릿속을 가득 채운다. 노엘에게 달리기는 '나만을 위한 시간'이다. 또한 달리면서 정말 즐거웠던 순간들과 당시의 느낌에 대한 기억도 떠오른다. 스콧은 달리기가 어찌나 좋았던지《나는 달리기로 마음의 병을 고쳤다Running Is My Therapy》라는 제목의 책도 썼다.

하지만 골프를 떠올리면 노엘은 즉각 불쾌한 감정에 휩싸인다. 과거의 골프 경험이 노엘에게 그다지 즐겁지 않은 기억으로 남아 있기 때문이다. 노엘에게 있어 골프란 주로 키 큰 잔디 사이에서 공을 찾느라 짜증을 내거나 심지어 분통을 터뜨리기도 하는 시간이다. (스콧은 골프를 떠올리면 골프장의 녹지가 아깝다는 생각만 든다. 달리기를 하는 장소로 사용할 수 있다면 얼마나 좋을까?)

이처럼 어떤 활동에 대해 우리가 느끼는 감정은 매우 중요하다. 이러한 감정이 갖는 의미는 다음으로 요약할 수 있다. 우리에게는 기분이 좋아지는 행동은 반복하고 기분이 나빠지는 행동은 회피하려는 경향이 있다. 이것이 스콧과 노엘이 달리기는 매일 하지만 골프를 정기적으로 치지 않는 이유다.

두 번째 과정은 자제력과 관련되어 있다. 기분이 좋지 않더라도 끝까지 해내야 하는 활동도 있기 마련이다. 스콧과 노엘도 모든 달리기가 즐겁기만 한 것은 아니다. 인터벌 훈련, 반복해서 언덕 오르기, 장시간 달리기는 때에 따라 극심한 고통을 수반하기도 한다. 이러한 훈련이 얼마나 힘든지 잘 알기에 때로는 더 쉬운 운동으로 대체하거나 아예 운동을 하고 싶지 않은 날도 있다.

그럴 때는 지금 해야 하는 일이 우리의 목표와 가치에 어떻게 부합하는지 성찰해 보는 것이 도움이 될 수 있다. 목표에 관한 성찰은 우리가 훈련을 통해 잘하고 싶어 하는 경주나 스포츠에 대해 생각하기가 될 수 있다. 가치관에 관한 성찰은 우리에게 중요한 가치가 무엇인지 생각하기가 될 수 있다.[6] 이러한 가치에는 열심히 일하기, 한번 시작한 과제를 끝까지 완수하기, 스스로 정한 규율 지키기, 장기적인 목표 달성을 위해 단기적인 만족 포기하기 같은, 일에 대한 자신의 신념이 포함된다.[7] 이러한 성찰은 우리로 하여금 일단 밖으로 나가 운동을 시작하게 하는 동력이다.

하지만 기분이 좋아지지도 즉각적인 보상이 주어지지도 않는 활동을 지속적으로 완수하는 과정에는 많은 자제력이 필요하다. 아무리 강한 의지를 가지고 계획을 잘 세웠다 하더라도 동기도 의욕도 느껴지지 않는 날에는 정말 하고 싶지 않다는 마음이 생기기 때문이다.

이러한 분야에 대한 연구는 몇 가지 중요한 시사점을 제공한다. 첫째는 운동 습관을 바꾸고 신체 활동을 늘리려면 자신이 좋아하고 기분이 좋아지는 운동을 선택하는 것이 도움이 된다는 사실이다. 춤추기를 좋아하거나 친구들과 축구하는 것이 즐겁다면 그런 활동을 선택하는 것이 좋다. 운동할 때 오디오북이나 음악을 듣거나 자연 환경이 아름다운 장소를 선택한다면 그런 것들이 긍정적인 의미로 주의를 분산해 운동을 더 쉽고 즐겁게 만들어 줄 수도 있다(3장 '주의 분산 전략의 장점'). 어떤 활동이든지 즐겁고 유쾌할수록 오래 지속할 가능성이 훨씬 높다는 사실을 기억하자. 소위 '맞춤형 운동 처방'이 자주 간과하는 것이 바로 감정이다. 사실 건강에 가장 좋은 운동은 자신이 가장 자주 하게 되는 운동이다.

그러나 자신이 좋아하는 활동도 늘 즐겁기만 한 것은 아니다. 때로는 지루하고 힘든 날이 있다. 이럴 때 도움이 되는 심리적 도구가 있다. 건강을 위해 매일 운동하고 몸에 해로운 간식을 먹지 않는 사람이나 시험을 앞두고는 소셜 네트워크 서비스SNS를 피하고 공부에만 몰두하는 사람처럼 자신의 가치와 목표에 부합하는 행동의 반복을 어려워하지 않는 사람들의 특징은 자신의 행동을 고수하는 것을 쉽게 만들어 주는 전략을 사용한다는 것이다.[8] 성공의 핵심은 방해 요소를 극복하고 유혹을 뿌리치기 위하여 자신의 의지력에만 의존하지 않는 것이다.

이러한 전략 중 하나는 많은 자제력이 필요해지는 상황을 미리 예상하고 이를 피하는 것이다. 예를 들어 식습관 개선이라는 목표에도 불구하고 감자칩의 유혹을 뿌리치기 어렵다면 식료품 매장에서 정크 푸드 코너 쪽으로는 아예 가지 않는 것이 좋다. 그렇게 하면 나중에 찬장 안에서 당신을 유혹하는 감자칩 봉지의 존재도 없어질 것이다.

마찬가지로 중요한 시험을 앞두고 있거나 독서 시간을 늘리고 싶은데 SNS가 자꾸만 유혹한다면 휴대폰을 끄고 다른 방에 두는 것이 도움이 된다. 이렇게 하면 SNS 피드를 확인하고 싶은 유혹을 덜 받게 되고 그 결과 공부나 독서를 위해 자제력을 발휘해야 하는 필요성이 줄어들게 된다.

물론 여기에도 첫 번째 과정이 적용될 수 있다. 정크 푸드를 좋아하지 않고 신선한 과일과 채소의 맛을 좋아하는 사람은 건강한 식습관 형성에 큰 의지력이 필요하지 않을 것이다. 마찬가지로 SNS 활동이 별로 즐겁지 않거나 지루하게 느껴지는 사람은 SNS를 피하기 위해 자제력을 발휘할 필요가 없을 것이다.

이전 단락에서 언급한 첫 번째 전략, 즉 자제력이 필요한 상황 피하기는 1장에서 소개한 '이프덴 플래닝'을 기반으로 한다는 점을 눈치챘을 것이다. 만약의 상황에 대비한 대처 계획을 세워두면 방해 요소를 제거하거나 유혹을 뿌리치기 위해 자제력을 발휘할 필요성이 줄어 목표 달성에 도움이 된다. 다시 말해 이프덴 플래닝이 방해 요소나 유혹 거리에 대한 노출을 애초에 줄여주는 역할을 하는 것이다.

때로는 '운동 루틴 습관화하기'처럼 다른 사람의 도움을 받는 것이 목표 이탈 방지에 도움이 되는 경우가 있다.[9] 운동 파트너가 있으면 체육관 같은 운동 장소가 덜 부담스럽게 느껴질 수 있다.[10] 또한 운동 중에 파트너와 대화를 나누면 긍정적인 방식으로 정신이 분산되어 운동 시간이 기분 좋게 느껴질 수도 있다. 또한 운동 계획을 세우는 과정에서 파트너와 시간 약속을 하면 운동 시간을 지키기 위해 자신의 의욕과 자제력에만 의존해야 하는 일도 훨씬 줄일 수 있다. 의욕이 떨어진 경우에도 파트너와 약속을 했다면 운동 시간을 지킬 가능성이 훨씬 높아지기 때문이다.

목표 달성을 위한 행동을 지속적으로 실천하고 자제력에 대한 의존도를 줄일 수 있는 마지막이자 근본적으로 가장 중요한 전략은 바로 '습관화'다(1장 '습관화하기'). 습관이란 동기 부여나

의식적인 생각이 거의 필요 없는 자동화된 행동이다. 다시 말해 습관화된 행동은 어떤 결단이나 사전 계획이 필요하지 않기 때문에 의지력에도 덜 의존한다. 따라서 습관화된 행동은 피곤하거나 직장에서 스트레스를 받았거나 유혹 거리가 많은 날에도 실천하게 될 가능성이 더 높다. 1장에서 살펴본 나쁜 습관을 끊고 좋은 습관으로 대체하는 단계를 따르면 건강한 식습관, 규칙적인 운동 등 바람직한 행동을 성공적으로 습관화하고 유지하는 데 도움이 될 것이다.

보상에 시선 고정하기

불행하게도 대부분의 사람은 정크 푸드를 좋아하고 운동보다는 TV를 보거나 소파에 누워 쉬는 것을 좋아한다. 또한 일해야 할 시간에 SNS 피드나 다른 유혹 거리에 정신이 팔려 몇 시간씩 시간을 보내면서 자기 나름대로의 이유를 찾으려 한다. 예를 들어 책을 써야 하지만 지금은 머리가 잘 돌아가지 않으니 엑스(트위터)를 보거나 십자말풀이를 하면서 좀 쉬다 보면 다시 집필을 시작할 마음 준비가 될 것이라고 스스로에게 말하는 것이다.

만약 여러분들이 자주 이런 상황을 겪는다면 그러한 상황이 결국 여러분의 목표 달성을 실패하게 만들 수 있다. 이런 방해꾼이나 유혹 거리에 일시적으로 굴복하는 것은 큰 문제가 되지 않지만 그것이 반복되면 스스로 함정에 빠질 수 있다. '이번 한 번만'이 누적되면 좋은 습관 만들기를 시도하기 전보다 오히려 더 목표에서 멀어질 수 있다. 왜냐하면 유혹과 산만함에 굴복하는 자신의 행위를 숫자에 상관없이 일회성 일탈이라 착각하기 쉬워지기 때문이다.

운동선수들이 우리에게 가르쳐 줄 수 있는 한 가지는 목표를 위한 행동을 실천에 옮기기에 완벽한 시간은 거의 항상 '지금'이라는 것이다. 거의 매일, 일주일의 대부분의 시간을 훈련에 투자하려면 주어진 시간 동안 최선을 다해야 한다. 육체적인 활력, 정신적인 의욕, 날씨의 협력까지 갖추어진 완벽한 날을 기다리겠다는 것은 그냥 하지 않겠다는 것과 마찬가지다. 방해꾼이나 유혹거리가 발목을 잡는 느낌이 드는 날에는 악천후 속에서도 달리기를 하기 위해 집을 나섰던 날이나 잘 자지 못한 다음 날 아침에도 운동 루틴을 지켰던 과거의 날을 떠올려 보자. 그리고 계속 앞으로 나아가는 것이다.

이러한 상황은 좋은 목표 세우기가 얼마나 중요한지 다시 한번 일깨워 준다. 1장에서 자세히 살펴보았듯 좋은 목표의 특징 중하나는 조금은 무리해야 달성할 수 있다는 것이다. 할 수 있다는 확신이 드는 목표만 세운다면 그것이 무슨 의미가 있을까? 무리해야 할 때 우리는 쉬운 길을 택하고 싶은 유혹을 느끼기 마련이다. 손에서 일을 놓고 SNS를 하며 시간을 보내거나 운동을 하는 대신 늦잠을 자는 것이 대표적인 예이다.

우리는 1장에서 저명한 생물학자이자 울트라 마라톤(풀 코스인 42.195킬로미터보다 더 먼 거리를 달리는 마라톤. 일반적인 울트라 마라톤 대회에서는 100킬로미터를 달린다—옮긴이주) 챔피언인 베른트 하인리히를 만났었다. 그는 장기적인 목표에 도전하려는 욕구가 인간다움의 일부라고 믿었고 이러한 활동을 '대체 추격'이라 불렀다. 그는 이것을 아주 오래전 먹이 사냥을 위해 끈질기게 무언가를 뒤쫓았던, 우리 조상이 물려준 추격 본능의 현대 버전으로 설명했다. 하인리히에 따르면 진화는 가능성이 없어 보이는 상황에서도 추격을 멈추지 않은 사냥꾼을 선호했고 후손인 우리에게도 이러한 심리적 특성이 남았다.

하인리히에게는 달리기는 훈련이고 자연 속 산책은 연구였다. 훈련과 연구는 개인 최고 기록이든 생물학 연구의 새로운 발견이든 둘 다 반대편의 무언가에 도달하기 위해 의식적으로 인내심을 발휘해야 하는 행위다.

"달리기는 재미있지만 훈련은 재미가 없죠. 하루 종일 나무 위에 앉아 까마귀만 쳐다보는 것도 재미없기는 마찬가지예요." 하인리히는 자신의 연구에 대해 설명하면서 이렇게 말했다. "비전과 구체적인 목표가 있어야 이런 고된 순간을 견딜 수 있어요. 연구는 달리기와 비슷하죠. 목표를 달성하고 보상을 얻으려면 꾸준하고 성실하게 노력해야만 합니다."

하인리히가 "고된 순간"이라고 표현한 것을 좀 더 순화해 설명하자면 '의욕도 없고 목표를 위해 실천하려는 기분이 들지 않을 때'라고 표현할 수 있다. 하인리히보다 수십 년 뒤에 태어난 한 과학자이자 달리기 선수도 스포츠와 일상생활에서 동력을 잃지 않기 위해 하인리히와 비슷한 접근 방식을 취했다.

미국 뉴멕시코주 로스 앨러모스 출신인 릴리안 케이 피터슨 Lillian Kay Petersen은 고등학교 3학년을 대상으로 하는 권위 있는 리

제네론 과학 경시대회의 2020년 우승자였다(이 대회는 하인리히가 태어난 지 2년 후인 1942년에 처음 시작되었다).

피터슨에게 우승을 안겨 준 연구 프로젝트는 위성 이미지를 이용해 아프리카 국가들의 작물 수확량을 3~4개월 전에 예측하는 모델이었다. "개발도상국은 가뭄과 식량 부족에 빠르게 대응하지 못하는 경우가 많기 때문에 이 모델을 만들었어요." 그녀는 말했다. "에티오피아는 2015~2016년에 큰 가뭄이 발생해 1800만 명이 기아 위기에 처한 적도 있었죠. 어떤 단체도 이러한 위기에 제대로 대비하지 못했어요. 저는 관련 단체들이 실시간으로 가뭄의 진화에 따른 작물 상태를 모니터링할 수 있는 방법을 찾아 미래의 식량 위기에 대응하고 예방할 수 있도록 하고 싶었어요"

현재 하버드대학교에 재학 중인 피터슨은 7학년 때부터 매년 최소 한 가지 이상의 연구 프로젝트를 수행해 왔고 그중 두 개는 동료 평가를 하는 학술지에 게재되기도 했다. 7학년 때부터 달리기를 해 온 그녀는 달리기를 통해 습득한 사고력이 자신의 과학적 성과에 큰 도움이 되었다고 말했다.

"저는 달리기를 할 때 제가 세운 목표와 이루고자 하는 목적에 집중하는 편이에요." 그녀는 힘든 달리기 훈련이나 경주에 대해 이렇게 말했다. "느슨해지거나 쉬운 길을 택하면 결국 제가 그토록 오랜 시간 동안 달성하고자 노력해 온 목적을 이룰 수 없다는 걸 알거든요."

피터슨은 무엇이 자신을 유혹할지라도 목표에만 시선을 고정하는 접근 방식을 자신의 연구에도 적용했다. "연구라는 건 결코 쉬운 과정이 아니에요." 그녀는 말했다. "몇 달에서 몇 년 동안 끈기 있게 해야 하거든요. 동시에 다른 여러 가지 일도 처리해야 하고요. 저는 연구의 가장 어려운 부분을 '오르막길'이라고 생각해요. 일단 오르막길을 통과해서 정상에 도달하고 목표를 이루고 나면 그때부터는 연구 업적에 대한 인정을 받고 기분이 뿌듯해지는 '내리막길'이 이어지죠. 그렇지만 거기까지 도달하기 위해서는 그 전에 정말 열심히 노력해야 해요."

"달리기를 하다 보면 좋은 날과 나쁜 날, 오르막길과 내리막길이 있어요." 피터슨은 말했다. "연구도 마찬가지죠. 재미있을 때도 있지만 대부분의 시간은 도대체 뭐가 잘못된 건지 모르겠고 그만두고 싶을 정도로 힘들어서 컴퓨터에 머리를 쿵쿵 박으면서 시간을 보내죠. 그렇지만 달리기를 할 때도 이런 과정은 그만한 가치가 있어요. 매일 훈련할 때마다 점점 강해지고 목표에 가까워지는 제 자신이 느껴지거든요. 연구도 마찬가지예요. 프로젝트가 진행될수록 연구 실력도 향상되고 능숙해지고, 연구 결과이든 프로젝트의 완성이든 논문 발표든 처음 세웠던 목표에 점점 더 가까워지고 있는 게 느껴지니까요."

마지막으로 개인적으로 의미 있는 목표와 가치관이 어떻게 우리로 하여금 목표와 관련 없는 유혹과 산만함에 흔들리지 않도록 돕는지에 관한 피터슨의 이야기를 들어 보자.

"달리기를 하면서 저는 진정한 만족감과 단기성 행복감의 차이를 알게 됐어요." 그녀는 말했다. "만족감은 정말 열심히 일할 가치가 있을 정도로 나를 행복하게 해요. 더 열심히 노력해서 더 많은 목표를 이룰수록 TV 보기나 SNS에 쓰는 시간이 아깝게 느껴지거든요. 이런 일들은 순간의 행복감을 줄지 몰라도 장기적인 성공이나 만족감을 주진 않으니까요."

9장

중간 과정의 혼란 이겨 내기

유연하게 대처하고
생각에 매몰되지 않기

이 책의 대부분은 어려운 상황을 맞이했을 때 "물러서" "포기해" "다음으로 미뤄"처럼 도움이 되지 않는 마음속 목소리에 대처하는 방법을 다루고 있다. 그러나 이렇게 끈기 있게 도전하고 인내하는 정신만이 우리의 퍼포먼스를 저하하는 모든 문제에 대한 해결책은 아니다.

우리의 퍼포먼스를 방해하는 두 가지 현상은 겉으로는 보기에는 서로 상반되는 것 같다. 그것은 충분히 생각하지 않는 것과 지나치게 많이 생각하는 것이다. '충분히 생각하지 않는 것'은 상황적 요구에 따라 우리의 심리적 접근 방법을 유연하게 조정하지 못하는 것을 의미한다. '지나치게 많이 생각하는 것'은 진행되는 상황에 대한 끝없는 분석의 늪에 빠지는 것이다. 두 가지 현상 모두 우리의 퍼포먼스를 저해한다.

이러한 장애물은 목표 지점이 눈앞에 있고 앞으로 해야 할 일이 명확할 때("이제는 마무리 해야지!")는 잘 모습을 드러내지 않는다. 그보다는 상황 대처에 유연성이 떨어지고 원래 하려던 방식을 고수하려는 습성이 강한 첫 3분의 2 이전 지점에서 우리를 괴롭히는 경우가 많다. 이 장에서는 이러한 장애물에 잘 대처하여 끝까지 흔들리지 않고 최고의 성과를 낼 수 있는 방안을 살펴보려고 한다.

유연하게 대처하기

2007년에 개최된 게이트리버 런Gate River Run(미국 플로리다주 잭슨빌에서 매년 개최되는 15킬로미터 달리기 대회—옮긴이주)은 라이언 홀Ryan Hall의 출전으로 역사상 가장 큰 기대를 모았던 15킬로미터 경주 중 하나로 기억된다. 홀은 휴스턴 하프 마라톤에서 59분 43초로 미국 신기록을 세운 지 두 달도 채 지나지 않아 이 대회에 참가한 참이었다. 휴스턴에서 세운 기록으로 그는 아프리카 태생이 아닌 선수로는 최초로 하프 마라톤을 1시간 안에 돌파한 선수가 되었다.

휴스턴에서 홀의 기록보다 더 인상적이었던 것은 그가 기록을 세운 방식이었다. 그해 말 미국에서 열린 올림픽 마라톤 선발전에서 우승하게 될 때와 마찬가지로 홀은 달리면서 주위의 시선을 전혀 아랑곳하지 않는 듯했다. 휴스턴 하프 마라톤을 달리는 내내 그는 거의 혼자 달렸고 무난하게 약 1.6킬로미터를 4분 30초

이내로 연달아 끊어냈다. 달리는 자세에서는 유능함과 자신감이 뿜어져 나오는 듯했고 결승선을 통과할 때도 지친 기색보다는 활력이 넘쳐 보였다.

그래서 홀이 게이트리버에서 미국의 15킬로미터 기록을 깨겠다고 선언했을 때 팬들은 흥분했다. 그 목표는 충분히 달성 가능해 보였다. 그때까지 미국의 15킬로미터 최고 기록을 보유하고 있었던 토드 윌리엄스Todd Williams의 기록은 42분 22초였다. 홀은 휴스턴 하프 마라톤에서 21킬로미터를 달리는 동안 약 1.6킬로미터당 평균 4분 33초를 기록했는데, 그가 게이트리버에서 윌리엄스의 기록을 깨려면 1.6킬로미터당 평균 1초만 더 빠르면 되는 상황이었다. 게다가 15킬로미터 경주는 하프 마라톤보다 거의 6킬로미터나 짧은 경주 아닌가.

그러나 윌리엄스의 기록은 그날 깨지지 않았다(사실 1995년에 세워진 이 기록은 지금도 건재하다). 휴스턴에서와 달리 홀의 몸은 그가 마음속으로 세운 야심 찬 목표를 달성할 준비가 되어 있지 않았다. 그는 경주가 시작되자마자 자신의 속도 기록을 이탈하기 시작했다. 홀의 첫 5킬로미터 기록은 14분 13초였고 이는 1.6킬로미터당 평균 4분 35초로 두 달 전 하프 마라톤 대회 때보다 느린 속도였다.

그 후 다음 5킬로미터를 달리는 동안 홀은 (자주 손목시계를 들여다보는 모습에서 알 수 있듯) 자신의 목표 속도에서 더 뒤처졌을 뿐 아니라 선두 자리까지 내 주게 되었다. 휴스턴에서는 홀보다 2분 30초 이상 뒤늦게 결승선을 넘었던 뎁 케플레지기가 5킬로미터 지점을 지나자마자 홀을 추월하기 시작했다. 10킬로미터 지점에서는 케플레지기가 홀을 14초 앞서고 있었다. 결승선에 도달했을 때는 선두를 달리던 케플레지기와 홀의 격차는 20초까지 벌어져 있었고 결국 케플레지기가 43분 40초로 우승을 차지했다. 2위를 차지한 홀의 기록은 자신의 원래 목표보다 1분 30초나 느린 44분 00초였다.

4장에서 살펴본 것처럼 케플레지기는 자기 대화를 통해 스스로 동기 부여하는 것에 매우 능한 선수였다. 그가 그렇게 할 수 있는 요인 중 하나는 그가 매우 유연하고 단계적인 목표를 가지고 경주에 임하기 때문이었다. 케플레지기는 그날 자신이 세운 최고 목표 달성이 더 이상 현실적이지 않다고 판단되자 빠르게 자신의 목표를 조정했다. 반면 홀은 경주 때 예측 불가능한 상황이 벌어지면 그것에 적응하는 데 종종 어려움을 겪는 선수였다. 많은 경우 그는 다른 주자들보다 시계와 경쟁하는 사람처럼 보였다. 2007년 게이트리버 런 대회는 시간처럼 고정적인 목표와의 경쟁이 얼마나 위험할 수 있는지 보여 주는 극단적인 예라고 할 수 있다. 시계가 더 이상 긍정적인 피드백을 제공하지 않자 홀의 경기력이 크게 흔들리고 말았기 때문이다.

물론 당시 홀이 실제로 어떤 생각을 했는지 우리는 추측할 뿐이다. 그러나 최고의 성과를 내는 것이 중요한 상황에서 예상치 못한 상황이 발생했을 때 이 책 전반에 걸쳐 지금까지 소개한 여러 경험과 증거를 바탕으로 이에 빨리 적응할 수 있는 몇 가지 마인드 전략을 제시할 수는 있다. 먼저 '기록 경신' 같은 결과 목표보다는 '긴장을 풀고 순조롭게 페이스 유지하기'처럼 통제할 수 있는 과정 목표에 집중하는 것이 불안감을 줄이고 자신감을 높여 더 나은 성과를 내는 데 도움이 된다. 또한 단기적인 하위목표를 세우고 달리는 순간에 집중하면(《달리는 순간에 집중하기 Running the Mile You're In》는 홀이 쓴 회고록의 제목이기도 하다) 집중력을 높이고 변화하는 상황에 효과적으로 적용할 수 있다. 이는 운동선수들이 2장에서 소개한 '목표 세분화하기(청킹하기)' 전략을 사용하는 방법의 예시이기도 하다.

또한 우리가 3장에서 살펴본 내용 중 하나는 때로는 무언가를 억지로 할 때도 최고의 퍼포먼스가 나올 수 있다는 사실이다. 홀이 휴스턴의 하프 마라톤에서 최고 기록을 세운 것과 게이트리버 런에서 기록 경신에 실패한 사례를 비교하다 보면 3장에서 살펴본 플로와 클러치의 차이가 떠오른다.

플로는 보통 초반부터 일이 잘 풀릴 때 발생한다. 예를 들면 달리기 대회에서 첫 번째 목표 구간을 목표 속도 내로 안정적으로 달렸을 때 우리는 일이 잘 풀리고 있다는 것을 직감하게 되고 그때부터는 모든 일이 순조롭게 진행될 뿐 아니라 우리의 자신감도 커진다.

하지만 순조롭지 않은 날에는 어떨까? 일이 잘 풀리지 않을 때도 어떻게든 성과를 내야 할 때 우리는 다른 마인드 전략이 필요하다. 긴장을 풀고(2장), 현재의 순간에 집중하고(3장), 건설적이고 동기를 유발하는 방식으로("넌 할 수 있어!") 자신과 대화하는 것(4장) 모두 이런 순간에 도움이 될 수 있다.

1장에서 살펴본 것처럼 정상급 운동선수들은 이처럼 일이 잘 풀리지 않을 때를 대비하여 계획하고 준비한다. 그래서 그런 순간이 실제로 닥쳤을 때 쉽게 적응할 수 있는 것이다. 2008년도 올림픽 접영 200미터 결승전에서 물안경이 깨졌을 때 침착하고 차분하게 대응했던 마이클 펠프스의 모습을 떠올려 보자. 이처럼 만약의 순간에 대한 대비책을 미리 마련해 두면 최악의 상황에서도 흔들리지 않고 묵묵히 앞으로 나아갈 수 있다.

돌발 상황에도 흔들리지 않기

이 책에서 배운 다른 기술들과 마찬가지로 돌발 상황 관리 능력도 노력을 통해 향상할 수 있는 영역이다. 여기에서 마이클 펠프스가 다시 떠오르는 이유는 그와 그의 코치가 구체적이고 특이한 돌발 상황을 일부러 만들어서 연습하기를 무척 좋아했기 때문이다. 물론 우리 대부분은 학습을 위해 이런 '만약의 경우'를 일부러 만들어서까지 연습에 투자할 시간적 여유는 없다. 그렇지만 과거의 돌발 상황에 대응했던 기억을 교훈 삼아 미래의 돌발 상황에 대처하기 위한 자신감과 회복탄력성을 키울 수 있다.

오랜 육상 경력을 자랑하는 알비나 비게이Alvina Begay가 가장 힘들었던 것으로 기억하는 두 번의 훈련 과정을 한번 살펴보자. 그 유명한 나이키의 오리건 프로젝트Oregon Project (나이키가 미국 내 중장거리 육상선수들을 육성하기 위해 본사가 있는 미국 오리건주에서 2001년에 시작한 프로젝트—옮긴이주)에 합류하기 전에도 비게이는 혹독한 훈련에 익숙한 선수였다. 그러나 오리건 프로젝트 코치인 알베르토 살라자르Alberto Salazar가 어떤 인물인가? 그는 1978년 팰머스 로드레이스Falmouth Road Race를 완주한 후 탈진해서 쓰러지는 바람에 얼떨결에 종부 성사(카톨릭에서 신자가 마지막 숨을 거둘 때 행하는 성사—옮긴이주)까지 받았던 전설적인 마라토너였다. 그가 생각하는 '혹독한 훈련'은 레벨이 달랐다. (비게이가 이 프로젝트를 떠난 지 오랜 시간이 흐른 후 살라자르가 도핑 금지 처분을 받는 사건이 벌어졌지만 비게이에게는 어떠한 혐의도 발견되지 않았음을 밝힌다.)

살라자르를 만나기 전까지만 해도 비게이에게 가장 힘든 훈련은 도로 위에서 약 1.6킬로미터짜리 인터벌 세션을 여섯 번 반복하는 훈련이었는데 이 모든 과정을 5킬로미터와 10킬로미터 사이의 경주 속도로 달려야 했다. 그러나 살라자르에게 그 정도는 일상적인 훈련이었다. 살라자르와 함께하는 훈련에서는 트랙 위에서 1.6킬로미터 인터벌 세션을 열 번 반복해야 했고 반복할 때마다 이전보다 더 빠른 속도로 달려야 했다. 비게이는 이때를 떠올리면 여전히 몸서리가 쳐진다고 했다.

비게이는 목표 세분화하기, 과정별 목표 세우기, 동기 부여형 자기 대화법을 통해 이 지독한 훈련을 견뎌낼 수 있었다. 그녀는 압도적으로 느껴지는 훈련의 총량보다는 지금 달리고 있는 1.6킬로미터 인터벌을 목표 시간 내에 완주하는 것에 집중했고 자신이 이 혹독한 훈련을 성공적으로 완수할 수 있다고 끊임없이 스스로를 다독였다.

그녀는 결국 성공적으로 훈련을 마쳤다. 아니, 그랬다고 생각했다. 살라자르는 그녀에게 축하의 말을 건넨 이후 귀를 의심하게 하는 소식을 전했다. 비게이에게 최대한 빠른 속도로 400미터를(트랙을 한 바퀴 도는 것) 네 번 반복해 달리라고 추가로 지시한 것이다. "정말 울고 싶었어요." 비게이는 말했다. 그렇지만 그녀는 다시 집중력을 끌어모아 이 잔인한 추가 훈련을 끝까지 해냈다.

또 한 번은 비게이에게 그녀의 풀 마라톤 목표 속도보다 조금 더 빠른 속도로 약 19킬로미터를 달리라는 지시가 떨어졌다. 이는 실질적으로는 하프 마라톤(약 21킬로미터) 목표 속도에 맞춰 달리라는 의미였다. 19킬로미터 지점에 가까워질 무렵 그녀는 힘든 와중에도 좋은 성적으로 훈련을 마친 스스로에게 뿌듯함을 느끼고 있었다. 바로 그때 살라자르는 그녀에게 속도를 높여서 약 3킬로미터를 추가로 뛰라고 지시했다.

이런 살라자르의 훈련 방식은 실전에서 코치들만 사용하는 전략이 아니다. 실험실 가운을 입고 연구실에 앉아 지구력을 연구하는 노엘 같은 괴짜 마조히스트 과학자는 종종 비게이가 당한 것과 비슷한 방식으로 실험 과제를 조작하곤 한다.

남아프리카공화국의 케이프타운대학교 연구진이 수행한 연구를 예로 들 수 있다.[1] 16명의 숙련된 달리기 선수를 대상으로 진행된 이 실험에서 연구진은 참가자들에게 러닝머신에서 20분간 세 번 뛰라는 지시를 내렸다. 첫 번째 달리기를 시작하기 전에는 참가자들에게 앞으로 20분 동안 달리기를 하게 될 것이라는 사전 정보가 주어졌다. 두 번째 달리기는 아무런 사전 정보 없이 이루어졌고 20분이 지난 뒤에 연구진이 달리기를 중단시켰다. 세 번째 달리기를 할 때는 10분 동안만 달리라는 과제가 주어졌다. 그런데 10분이 지난 후 참가자들은 비게이가 살라자르에게 당한 것처럼 10분을 추가로 더 달려야 한다는 지시를 받았다.

예상하듯이 참가자들은 추가로 10분을 달리라는 지시를 받은 후에 달리기가 이전보다 더 힘들게 느껴졌다고 말했다. 흥미로운 사실은 세 번 모두 똑같은 속도로 달렸음에도 불구하고 참가자들은 앞선 두 번의 달리기의 마지막 10분보다 세 번째 달리기를 할 때 추가로 주어진 10분이 더 힘들다고 느꼈다는 사실이다. 이는 자신의 몸이 무엇을 느끼는지에 대한 생각으로 주의를 돌렸을 때의 시점과 일치했다. 3장에서 살펴보았듯 호흡이나 근육 피로와 같은 신체 감각에 지나치게 집중하면 달리기 같은 활동이 더 힘들게 느껴질 수 있다. 이처럼 돌발 상황 관리 능력은 특정 순간에 자신의 주의를 원하는 곳으로 돌리기 위해 어떤 심리적 기술을 사용하는지에 달려 있다고 볼 수 있다.

노엘은 2019년 북아일랜드의 얼스터대학교에서도 달리기 선수들을 대상으로 비슷한 연구를 진행했다.[2] 그는 이 실험을 통해 달리기 실험의 난이도가 선수들의 속도 조절에 어떤 영향을 미치는지 알고 싶었다. 또한 선수들이 돌발 상황에 대처할 때 사용하는 마인드 전략에 대해서도 자세하게 알아보고 싶었다. 노엘은 케이프타운 연구와 유사한 실험 환경을 조성한 후 숙련된 달리기 선수 28명에게 세 번의 달리기를 하되 이번에는 자신의 속도를 스스로 조절하게 했다. 첫 번째 달리기는 평평한 러닝머신 위를 3

킬로미터 달리는 실험이었다. 선수마다 무작위 순서로 이루어진 두 번째와 세 번째 달리기는 마지막 800미터를 7퍼센트 경사로 달리는 실험이었다.

이 중 한 번은 달리기를 시작하기 전에 참가자들에게 마지막 구간에서는 7퍼센트 경사를 달려야 한다는 사전 정보가 주어졌다(예측된 경사 실험). 또 한 번은 참가자들을 완전히 속이고 진행되었다. 달리기를 시작하기 전에는 3킬로미터를 달리는 내내 러닝머신이 평평하게 유지될 것이라고 말한 후 달리기가 시작되고 경사가 시작되기 200미터 전에서야 7퍼센트 경사를 달려야 한다는 정보를 제공한 것이다(예측하지 못한 경사 실험). 다시 말해 선수들은 경사가 시작되기 1분 전에서야 이 소식을 알게 되었다.

예상할 수 있듯이 참가자들은 7퍼센트 경사가 기다리고 있다는 사실을 사전에 알았을 때보다 몰랐던 초반에 더 빨리 달렸다. 이는 합리적인 선택이었다. 우리는 보통 앞으로 일의 난이도가 올라가거나 더 많은 일을 해내야 할 거라 예상되면 초반에는 속도를 조절하며 에너지를 아끼려는 경향이 있다.

또 한 가지 흥미로운 점은 예상하지 못한 경사에 대한 참가자들의 반응이었다. 사실 7퍼센트 경사를 오르는 일은 원래 힘들다. 그런데 경사를 예상하지 못했고 이를 위한 에너지도 아껴 두지 않은 상황에서 경사를 오르는 것은 훨씬 더 어려운 일이다. 경험이 많은 참가자들은 "멈추지 마. 계속 달려!"와 같은 긍정적인 자기 대화를 반복하며 달리기를 계속해 나갔고 '예측된 경사 실험'을 먼저 했던 선수들은 "아까처럼 똑같이 하면 돼!"라는 말로 자신을 다독이기도 했다. 그런데 놀랍게도 선수들의 마지막 800 미터 경사 구간의 시간 기록을 보면 경사에 대해 알았든지 몰랐든지 간에 큰 차이가 없었다. 유일한 차이점은 전체 달리기 시간 기록이었다. 참가자들은 경사에 대해 알았을 때보다 몰랐을 때 전체 구간을 14초나 더 빠르게 달렸다.

무언가가 쉬울 거라 예상하면 더 빨리 달리는 경향이 우리에게 있다는 사실을 보여 준 이 연구의 결과를 보면, 훈련 코스가 실제보다 더 짧거나 쉽다고 선수들을 속이는 살라자르의 전략을 이해할 수 있을 것이다. 그 외에도 코치들은 선수들이 긴박한 상황에서 자신의 감정 반응을 조절하도록 훈련하기 위해 이런 전략을 사용한다. 이는 밥 보먼이 마이클 펠프스가 올림픽 경기 중 돌발 상황을 만났을 때 이에 유연하게 대처할 수 있도록 도운 훈련 방식과도 유사하다. 심리학자들은 이런 훈련법을 '압박 내성 훈련 pressure inurement training'이라고 부른다.[3] 이는 운동선수를 스트레스 환경에 노출해 자기 통제를 연습하게 하고 압박감을 느끼는 상황에서 더 나은 퍼포먼스를 도출할 수 있도록 돕는 훈련 방식의 한 형태이다.

물론 이런 훈련을 통해 회복탄력성을 키우려면 힘든 상황에 대한 노출뿐 아니라 이를 극복할 수 있도록 돕는 심리적 도구가 필요하다. 알비나 비게이는 목표 세분화하기, 과정 목표에 집중하기, 동기 부여형 자기 대화 반복하기 같은 다양한 마인드 전략을 사용할 줄 아는 숙련된 운동선수였기 때문에 살라자르의 도전적이고 돌발적인 훈련 방식을 잘 이겨낼 수 있었다. 그러나 스포츠에서든 일반적인 상황에서든 압박이 가해지는 상황만 조성하고 이에 대처할 심리적 도구의 학습 같은 적절한 지원을 하지 않는다면 이는 우리를 괴롭게 하는 가혹한 환경일 뿐이다. 이런 환경은 건강하지 못한 경쟁, 성적이 좋지 못한 사람에 대한 조롱, 선수들의 안녕과 건강에 대한 무관심을 유발하며 궁극적으로는 고립감, 스트레스, 번아웃 등으로 이어질 수 있다. 반대로 도전적이면서도 충분한 지원이 제공되는 환경에서 우리는 힘들고 어려운 상황에 대처하는 심리적 도구를 연마하는 동시에 진정한 성장을 이룰 수 있다.

"선수 시절에 배운 것들이 지금 같은 어려운 시기를 헤쳐 나가는 데 많은 도움이 되었어요." 비게이는 말했다. 통제할 수 없는 상황에서도 침착함을 유지하고 해야 할 일을 계속 해 나갈 수 있는 능력 덕분에 그녀는 자신이 속한 나바호족(미국 남서부 지역에 거주하는 아메리카 원주민 부족—옮긴이주) 지역 사회가 코로나19 팬데믹 상황을 잘 관리할 수 있도록 도울 수 있었다고 말했다. 또한 팬데믹이 한창일 때 그녀의 아버지가 뇌졸중으로 쓰러져 나바호 보호구역에서 3시간이나 떨어진 병원으로 이송되어야 했을 때에도 그녀는 가족의 버팀목이 되어줄 수 있었다. "달리기 덕분에 돌발 상황 대처 능력을 엄청나게 키울 수 있었어요." 비게이는 말했다.

돌발 상황 대처법

스포츠나 일상생활에서 중요한 순간에 돌발 상황이 발생했을 때 어떻게 대처해야 하는지에 대한 짧지만 중요한 이야기를 마지막으로 이 장을 마치고자 한다.

2015년 베를린 마라톤에서 우승한 엘리우드 킵초게의 사진이나 동영상을 본다면 아마 눈을 의심할 것이다. 킵초게는 당시 세계 신기록이었던 2시간 2분 57초를 깨겠다는 목표를 가지고 이 대회에 참가했다. 그는 나이키가 새로 출시한 러닝화 시제품을 신고 이 대회에 참가했는데 경주가 시작되자마자 신발에 문제가 생겼다. 양쪽 신발의 안창이 느슨해지더니 신발 밖으로 삐져나오기 시작한 것이다. 킵초게는 결국 42킬로미터를 달려야 하는 이 경주에서 약 32킬로미터 이상을 안창이 삐져나온 신발을 신고 달려야 했다.

킵초게는 발에 물집이 생기고 피가 흐르는 와중에도 집중력을 잃지 않고 침착하게 경주를 마쳤다. 결과는 2시간 4분 00초였다. 킵초게가 목표로 했던 세계 신기록에는 1분 조금 넘게 못 미쳤지만 킵초게의 개인 최고 기록은 경신한 시간이었다. 물론 킵초게는 신발의 결함 때문에 세계 신기록 경신의 기회를 놓친 것을 아쉬워했다. 그러나 그는 자신이 최선을 다했다는 것을 알았기 때문에 심리적으로 위축되지 않았다. 그는 결국 2018년 베를린 마라톤에서 2시간 1분 39초를 기록해 세계 신기록을 경신했고 이듬해 가을에는 세계 최초로 풀 마라톤을 2시간 미만으로 완주하는 쾌거를 이루었다(이 기록은 페이스 메이커를 비롯한 기타 관련 표준 규정을 준수하지 않았기 때문에 공인 기록으로는 인정되지 않는다).

크로스컨트리 스키 선수인 키칸 랜들도 가장 중요한 순간에 장비의 결함으로 큰 기회를 놓친 경험이 있다. 2014년 동계 올림픽에 출전한 그녀는 프리스타일 스프린트 종목에서 가장 유력한 우승 후보로 여겨지던 선수였다. 그러나 그녀는 이 대회에서 준결승 진출에 실패하고 말았다.

준준결승전에서 그녀는 자신의 스키가 조금 느리다고 느꼈다. 그건 그녀와 팀 기술자들이 그날의 눈 상태에 맞는 스키 선택과 왁싱 작업에 실패했음을 의미한다. "코스 정상까지는 선두로 달리고 있었는데 그만큼 격차를 벌려 놓기 위해 초반에 이미 많은 에너지를 써 버린 상태였어요. 나중에 내리막길을 내려오는데 제 스키가 다른 선수들보다 느리다 보니 그 격차가 점점 줄어들기 시작했죠." 그녀는 말했다. "결승점에 도달했을 때는 격차가 아예 없어진 상태였어요."

랜들은 준준결승전에서 0.05초 차이로 아쉽게 탈락했다. 올림픽 메달을 놓고 겨루려면 또 다시 4년을 기다려야 했다.

"저는 금메달을 딸 준비가 되어 있었어요." 그녀는 말했다. "실력이 충분히 된다는 걸 알고 있었지만 경기 중에는 돌발 상황이 있기 마련이라는 것도 알고 있었죠. 그리고 그날 제가 최선을 다했다는 확신도 있었고요. 메달 기회를 한번 놓쳤다고 해서 그것이 저나 제 커리어를 정의할 수 없다는 걸 알았기 때문에 저는 그날 좋은 감정을 가지고 물러설 수 있었어요."

3장에서 살펴봤듯이 정상급 운동선수들은 자신이 통제할 수 있는 행동에 집중하고 통제할 수 없는 문제에는 정신적 에너지를 낭비하지 않으려는 경향이 강하기 때문에 이런 식의 평정심을 유지하는 데 능한 편이다. 6장에서 종아리 경련 때문에 인생 최악의 마라톤을 치러야 했던 멥 케플레지기도 자신이 통제할 수 없는 문제를 가지고 자책하지 않았다. 케플레지기는 킵초게와 랜들처럼 그러한 경험을 미래의 대회를 위한 교훈으로 삼았고 결국 5개월 후 보스턴 마라톤의 챔피언이 되었다.

날씨, 장비 결함, 나쁜 상사나 도움이 되지 않는 동료 등 여러 가지 요인이 우리가 최고의 기량을 발휘하는 것을 방해할 때가 있다. 이럴 때 우리가 랜들처럼 자신이 최선을 다했다는 확신을 가지고 뒤끝 없이 물러날 수 있다면 그것은 또 하나의 승리다.

느슨해지지 않기

1999년 육상 전미선수권 대회 1500미터 달리기에서 우승한 스티브 홀먼은 우승 직후 고개를 뒤로 젖히고 두 팔을 들어 올리며 환희와 감사, 안도감을 표현하는 제스처를 취했다. 홀먼의 이력을 다른 주자들과 비교해 봤을 때 이런 세리머니는 다소 과장된 것처럼 보일 수 있다. 경쟁자 대부분의 약 1.6킬로미터 최고 기록은 4분에서 겨우 1~3초 더 빠른 정도였지만 홀먼의 기록은 3분 50초였다. 정상급 선수 사이에서 이는 매우 큰 차이다. 홀먼이 1500미터(1.6킬로미터보다 약 100미터 짧은 거리로 국제 대회에서 육상선수들이 경쟁하는 거리)에서 세계 5위 안에 두 번이나 랭크된 세계 정상급 선수였던 반면 그날 함께 경쟁한 다른 선수들은 세계 정상급이라기보다는 국가대표급에 가까웠다.

하지만 홀먼의 이력을 잘 아는 사람들은 그의 환희를 충분히 이해할 수 있었다. 7장에서 살펴보았듯 홀먼은 대학 졸업 직후부터 자신을 따라다닌 '미국의 위대한 차세대 마라토너'라는 칭호를 무척 부담스러워했다. 물론 그는 대부분의 경우 실제로 위대한 선수였다. 1990년대에 1500미터를 그보다 더 빨리 달린 미국 선수는 없었다. 그는 개인 최고 기록 경신에 중점을 두는 유럽의 국제 대회에서 특히 두각을 나타냈다.

"그런 대회들은 모든 면에서 훈련 때와 상당히 비슷하게 진행됐어요." 그는 말했다. "페이스메이커들이 첫 800미터 지점을 지나가는 시간도 꿰고 있었고 필드를 둘러보면서 저에게 유리한 위치가 어디인지도 쉽게 파악할 수 있었죠. 그때부터 다음 400미터 지점까지는 제가 올바른 위치에 있는지만 확인하면서 달리기에 집중하면 되니 정말 편했어요. 이런 경주에서는 생각을 끄고 달리기에만 집중하는 게 그리 어렵지 않아요. 그저 본능과 직관에 따라 몸이 움직이도록 내버려두면 되니까요. 마치 자동 모드처럼요."

홀먼이 고군분투한 영역은 속도보다 순위가 중요한 전국 선수권 대회였다. 여기에서 3위 안에 들어야 세계 선수권 대회(홀수 해)나 올림픽(4년에 한 번)에 출전할 국가대표팀에 합류할 수 있었다. 이런 대회는 선수들이 다른 대회에 비해 초반에는 느리게 달리다가 중반에 치열한 순위 다툼을 벌이고 마지막에는 3위 안에 들기 위해 전속력으로 달리는 스프린트로 마무리되는 게 특징이다. 역대 우승 시간은 홀먼의 최고 기록보다 보통 훨씬 느렸다.

1992년 올림픽 선발전에서 2위를 차지하며 프로선수 생활을 시작한 홀먼은 이후 실력이 향상되었음에도 전국 선수권 대회 성적은 점점 더 떨어졌다. 1993년 전국 대회는 부상으로 출전하지 못했고 1994년 대회 때는 결승 진출에 실패했다. 그러나 그때도 몸이 좋지 않았을 뿐 아니라 세계 선수권 대회나 올림픽 선발도 없었던 해였기 때문에 그는 결과에 크게 개의치 않았다.

정말로 문제가 생긴 건 1995년부터였다. 전년도에 세계 랭킹 5위에 올랐던 그는 어느 때보다도 좋은 컨디션으로 전국 대회에 출전했다. 그러나 그는 그곳에서 5위에 머무르고 말았다.

"저의 문제는 생각이 너무 많다는 것이었어요." 그는 말했다. "잘못될 수 있는 모든 가능성을 상상하며 괴로워하곤 했죠. 마치 섭식 장애가 있는 사람과 비슷했어요. 자신의 모습을 명확하게 보지 못했거든요. 몸 상태가 더할 나위 없이 좋았음에도 불구하고 뭔가 조금만 잘못되어도 과민 반응을 보이곤 했어요. 그리고 마음속에서 문제를 크게 키우곤 했죠."

"경기 도중에 갑자기 몸이 좋지 않다고 느낀 게 기억나는데 그것이 제 마음을 힘들게 했어요. 자동 모드에 돌입해서 몸이 할 일을 하도록 내버려두는 대신 느껴지는 피로감에 지나치게 집중했고 그게 결국 자신감을 떨어뜨리고 말았어요. 하지 말아야 할 생각들이 머릿속을 헤집고 다니고 있었죠." 그는 말했다.

1996년 올림픽 선발전이 다가오자 홀먼은 스스로 과거에 갇혀버린 것처럼 느꼈다. 언론과 팬들(그리고 일부 선의가 부족한 경쟁자들)은 전국 선수권 대회에서 부진을 면치 못하는 홀먼에 대해 공공연하게 떠들어대곤 했다. "선발전이 열리기 몇 달 전부터 그 날을 생각만 해도 공포심에 휩싸이곤 했어요." 그는 말했다.

관중들은 그가 자신의 과거를 극복할 수 있을 거라 생각할 이유가 충분했다. 준준결승전에서 그는 마지막 반 바퀴를 필요 이상으로 빠른 속도로 달리며 우승을 거머쥐었었다. "멋져 보이고 싶었거든요." 홀먼은 웃으며 말했다. "제 실력을 모두에게 보여 주고 싶었어요. 어쩌면 저 자신에게 가장 증명하고 싶었는지 모르죠." 이후에 그는 준결승전에서도 우승을 차지했다. "그날은 정말로 컨디션이 좋았어요." 홀먼은 말했다. "결승전에서 느꼈던 부담감은 전혀 느껴지지 않았죠."

결승전이 열리던 날, 전국 선수권 대회답게 경주는 천천히 시작되었다. "속도에 비해 몸이 너무 힘들다는 생각을 했던 게 기억나요. 그리고 생각했죠. '이렇게 느리게 달리는 데도 힘들면 나중에 다들 진짜로 뛰기 시작할 때 다른 주자들과 속도를 맞출 수 있을까?'"

답은 '아니오'였다. 마지막 반 바퀴 남은 시점에서 3위를 달리던 홀먼은 앞의 선수들이 마지막 스프린트를 시작할 때도 속도를 높이지 않았다. 뒤에 있던 선수들이 그의 몸을 피하며 앞으로 추월하기 시작할 때도 그들과 보폭을 맞추지 않았다. 3위에서 5위, 그리고 7위로 내려앉은 홀먼은 그를 지나쳐 가는 선수들 때문에 마치 뒷걸음질 치는 것처럼 보였다. 마침내 결승선에 도착했을 때 그는 뒤에서 두 번째인 13위였다.

"'아이고'가 '맙소사'로 바뀌고 나중에는 수치심과 굴욕감만 남았죠." 그는 말했다. "경주를 망치고 나서야 나에게 무슨 일이 일어나고 있는지 깨달았어요. 마치 자기 성취적 예언 같았죠. 가장 걱정했던 일이 현실이 되었으니까요. 나중에는 '역시 내 생각이 맞았네'라는 생각밖에 들지 않더라고요."

(15000미터 기록 경신에 실패한 라이언 홀과 마찬가지로) 홀먼의 문제는 돌발 상황을 예상하지 못한 게 아니었다. 그는 돌발 상황을 충분히 예상했지만 바로 그 걱정 때문에 자신의 최고 기량을 발휘하지 못했다.

"전국 대회가 그토록 공포스러웠던 이유는 국제 대회보다 불확실성이 크다는 걸 알고 있었기 때문이었어요." 그는 말했다. "무슨 일이 벌어질지 예측하기 힘들었고 위험 부담도 더 컸으니까요. 그런 것에 너무 집중하다 보니 생각을 끄고 경기에 집중할 수 없었어요."

"사람들이 저를 '무능한 전술가'라고 부를 때마다 무척 불쾌했어요. 그건 사실이 아니었으니까요. 저는 전략적으로 무엇을 해야 할지 정확히 알고 있었고 정신 상태만 제대로 간수할 수 있다면 얼마든지 전략대로 실행할 수 있었어요. 문제는 그 전략을 실행할 수 있는 위치에 제 자신을 가져다 놓지를 못한다는 거였죠. 자꾸만 나타나는 방해꾼들을 지속적으로 차단할 능력이 없었으니까요."

홀먼의 고민을 들으면서 이 책에서 배운 심리적 기술 중 몇 가지가 머릿속에 떠오를 것이다. 스포츠든 일상생활에서든, 불확실성을 관리할 수 있는 방법 중 하나는 자신이 통제할 수 있는 상황에 집중하는 것임이 떠올랐는가. 그건 정말 맞는 생각이다. 올림픽 선발전 같은 스트레스 상황에서 자신이 통제할 수 있는 것에 집중하는 사람들은 일반적으로 그 상황에 더 효과적으로 대처한다.

3장에서 우리는 통제할 수 있는 요소와 통제할 수 없는 요소를 파악하는 데 도움을 주는 컨트롤 매핑을 연습했다. 이 도구를 잘 사용하려면 이 책의 다른 전략들과 마찬가지로 연습이 필요하다. 상황마다 고려해야 할 요소가 항상 다르기 때문이다. 컨트롤 매핑을 하다 보면 생각보다 우리가 통제할 수 있는 요소가 많다는 걸 발견할 수도 있다. 스티브 홀먼의 올림픽 선발전 경험을 염두에 두면서 한 가지 예를 들어 보겠다.

사실 통제할 수 있는 것보다는 통제할 수 없는 것을 떠올리는 게 더 쉽다. 예를 들어 경기 전 언론, 팬, 경쟁 주자들이 나에 대해 하는 말은 통제할 수 없다. 따라서 이런 것들은 그냥 무시하는 게 상책이다. 또한 1장에서 살펴본 것처럼 올림픽 출전권 같은 결과 목표에 집중하면 불안감이 커질 수 있다. 마지막으로 돌발 상황이란 말 그대로 돌발적이고 통제할 수 없는 상황이다. 따라서 이런 상황에 대해 걱정하는 것은 정신적 에너지의 낭비다. 그보다는 돌발 상황에 관한 대비 계획을 세우고 어떻게 반응할지에 집중하는 것이 더 좋은 방법이다. 통제할 수 없는 상황이 아니라 통제할 수 있는 자신의 반응에 집중하면 걱정을 줄일 수 있다는 점에서 이는 중요한 핵심이다.

통제할 수 없는 요인이 무엇인지 생각하다 보면 통제할 수 있는 요인이 무엇인지도 명확해진다. 심호흡하기와 안정화 기법 (2장), 상황 재평가하기, 생각과 감정 반응 재평가하기(불안한 감정을 들뜬 감정으로 평가하기 등), 현재에 집중하기(3장) 등의 마인드 전략을 통해 우리는 스트레스 상황이 유발하는 생각과 느낌을 통제할 수 있다. 사건을 위협이 아닌 도전으로 관점을 전환할 수도 있다. 즉 마인드 전략을 적절히 사용하면 자신의 심리 상태와 그에 따른 생각과 느낌까지 바꿀 수 있는 것이다. 중압감을 느끼는 상황을 시뮬레이션하면서 돌발 상황에도 평정심을 가지고 침착하게 대응하는 방식을 연습하고 이를 위한 대응 원칙을 만들 수도 있다.

그러나 아무리 철두철미하게 계획하고 준비한다 해도 돌발 상황의 발생 자체를 막을 수는 없다는 걸 기억해야 한다. 이럴 때 효과적인 마인드 전략이 있다. 우선 예상치 못한 상황이 발생할 수 있다는 사실을 받아들이는 게 마음가짐 관리에 매우 중요하다. 때로는 자신이 지나치게 생각이 많다고 판단한 NBA 선수 스티브 커가 그랬듯 "될 대로 되라지" 같은 태도를 취하는 것이 끝없이 반복되는 부정적인 생각과 잡생각의 고리를 끊는 데 도움이 될 수 있다.

1996년 올림픽 선발전에서 참담한 성적을 거둔 홀먼은 심리 상담을 받기 시작했다. 당시에 사용되던 용어는 현재와는 조금 다르지만 그가 받은 처방은 오늘날의 권장 사항과 크게 다르지 않다.

"중요한 경주를 앞두고 지나치게 긴장하는 게 문제였어요.

극단적으로 과도한 자극을 받는 케이스였죠." 홀먼은 말했다. "그 래서 그 반대의 조치가 필요했어요. 명상 기법, 심호흡 운동, 스스로 진정하기 같은 불안 관리 방법을 배웠죠."

홀먼은 부정적인 생각을 관리하는 방법도 배웠다. "생각 바꾸기 연습에 시간을 많이 투자했어요. 부정적인 생각이 떠오를 때마다 생각을 멈추고 긍정적인 생각으로 대체하려 많이 노력했죠." 그는 말했다. 이를 위해 그는 시각화 기법을 많이 활용했다. 긍정적인 경험의 기억을 배경으로 삼고 그 안에서 중요한 경주를 하는 자신의 모습을 상상해 보는 것이었다.

"유럽에서 좋은 성적을 거두었던 대회나 훈련이 잘되던 날을 떠올리곤 했죠." 홀먼은 말했다. "그때의 느낌과 생각을 떠올리고 몸에 익히려고 노력했어요. 그런 다음 다가오는 전국 선수권 대회를 떠올리면서 훈련을 통해 몸에 익혀둔 마음가짐을 경주에 적용하려 노력했죠. 긴장을 푸는 동시에 긍정적인 마음가짐을 가지면서 대회를 준비했어요."

"그리고 1999년대 열린 전국 선수권 대회에서 저는 결국 제 두려움을 정복해 냈죠."

홀먼의 커리어를 지켜봐 온 사람이라면 누구나 이 말에 동의하지 않을 수 없었다.

10장 | 노력과 인내심을 인식하기

실천이 평소보다
힘들게 느껴질 때

운동이나 업무가 술술 잘 풀렸던 날을 한번 떠올려 보자. 그럴 때 우리는 우리가 가진 신체적, 정신적 능력이 상황의 요구와 완벽하게 일치할 때 느껴지는 유능감을 경험한다. 3장에서 우리는 이런 몰입 상태에 도달하는 데 필요한 요소가 무엇인지 살펴보았다.

이제 지난 몇 주 동안 우리가 실제로 했던 운동과 업무를 한번 떠올려 보자. 대부분은 '그럭저럭 해낸 날'로 기억할 것이다. 전력을 다하지도 못했고 그렇다고 죽도록 힘들지는 않았던, 이 책에 제시된 마인드 전략 중 몇 가지의 도움을 받아 그럭저럭 해야 할 일을 해냈던 그런 날들이었을 것이다. 우리가 8장에서 제시했던 마인드 전략, 즉 '힘들었지만 끝까지 할 일을 잘해 냈던 날 떠올리기'는 바로 이런 날에도 목표를 향한 동력을 잃지 않기 위한 것이었다.

이제 정말 힘들었던 날을 떠올려 보자. 뚜렷한 이유도 없이 평상시 운동하던 속도나 목표 거리에 도달하기가 정말 힘들었거나 또는 직장에서 늘 하던 일이 평소보다 더 많은 집중력을 요구하고 결과는 더 나쁘게 나왔던 그런 날 말이다. 이런 날은 그렇게 자주 찾아오지 않는다(만약 이런 상황이 매일 찾아온다고 생각한다면 '평범함'이란 무엇인지 다시 생각해 봐야 할 때다!). 그런데 이런 날이 상대적으로 드물게 찾아온다고 해서 덜 힘든 것은 아니다. 이번 장에서는 일이 평소보다 힘들게 느껴질 때 이를 극복하도록 돕는 몇 가지 심리적 도구를 살펴보도록 하겠다.

변화하는 기준

멥 케플레지기는 휴스턴 하프 마라톤에서 놀랄 만큼 좋은 성적을 거두며 2014년을 시작했다. 그가 이 대회에 참가한 이유는 스폰서 계약을 체결한 스포츠 브랜드 스케쳐스Skechers와의 약속을 지키기 위해서였다. 스케쳐스는 이 대회의 주요 스폰서였다. 이날 케플레지기는 5년 전 자신의 개인 최고 기록보다 23초 느린 61분 23초로 이 대회에서 우승을 차지했다. 이런 좋은 성적이 인생 최악의 마라톤을 치른 지 두 달 만에 나왔기에 낙관적인 케플레지기도 조금 놀랄 수밖에 없었다. 그는 기대감으로 흥분된 마음을 가지고 자신의 마지막 마라톤이 될 것으로 예상되는 보스턴 마라톤에 출전하기 위해 떠났다.

케플레지기는 높은 이상을 가졌으면서도 동시에 현실에 기반한 사람이었다. 그해 4월에 보스턴 마라톤을 완주하고 나면 그는 얼마 지나지 않아 서른아홉 살이 될 터였다. 그의 몸은 이제 5년 전 뉴욕 마라톤에서 우승했을 때나 10년 전 올림픽 마라톤에서 은메달을 차지했을 때처럼 장거리 달리기와 고된 운동으로부터 빨리 회복하지 못했다. 보스턴 마라톤을 준비하면서 그는 훈련 주기를 7일에서 9일로 바꾸었다. 매주 장거리 달리기와 두 번의 고강도 운동을 하는 대신에 한 주의 훈련이 끝나면 이틀 동안 가벼운 러닝으로 몸을 회복하는 시간을 가진 것이다.

그렇게 했음에도 30대 후반에 강도 높은 훈련을 해 본 사람이라면 누구나 예상할 수 있듯 케플레지기는 훈련이 힘들게 느껴지는 날이 많았다. 더 힘든 것은 그런 날이 언제나 예고 없이 찾아왔다는 사실이다. 예를 들어 하프 마라톤 속도로 1.6킬로미터 반복 달리기를 하는데 처음부터 목표 속도가 안 나오는 날이 있었다. 중압감을 느끼는 상황에서도 스스로에게 동기 부여하는 능력이 탁월한 케플리지기는 저서 《평범한 사람을 위한 멥의 생활 지침Meb For Mortals》에 이러한 상황을 타개한 자신의 접근법을 다음과 같이 설명했다.

1.6킬로미터 반복 달리기를 하는데 매번 속도가 느려진다면 저는 평균 시간에 집중하려 합니다. 예를 들어 처음에는 1.6킬로미터를 4분 35초에 뛰고 그다음에는 4분 38초 그다음에는 4분 41초에 뛰었다면 속도가 느려지고 있다고 생각하기보다는 '평균 속도가 4

분 38초네. 그럼 다음번에는 평균에 얼마나 가까이 될 수 있을까?'
라고 생각하는 거죠.[1]

케플레지기의 유연한 목표 설정 방식이 익숙하게 느껴질 수
도 있다. 1장('나의 능력은 어디까지일까?')에서 살펴본 개방형 목
표의 장점이 강조되어 있기 때문이다. 해야 할 일이 평소보다 힘
들게 느껴질 때는 목표를 현실에 맞게 재조정하는 것이 가장 좋
은 전략이다. 세계 정상급 조정선수로 활약한 브리애나 스텁스는
2016년에 은퇴한 후 철인3종 선수가 되었다. 그녀는 철인3종 하
프 코스 세계 선수권 대회에 두 번이나 출전할 정도로 이 분야에
서도 뛰어난 기량을 나타냈다. 샌프란시스코 인근에 위치한 벅
노화연구소Buck Institute for Research on Aging에서 정규 수석 과학자로
일하면서도 철인3종 경기 훈련을 병행하는 그녀는 팀 훈련이 훈
련의 대부분을 차지했던 조정선수 생활과는 다르게 거의 모든 훈
련을 혼자 소화하고 있다. 다시 말하자면 평소보다 해야 할 일이
힘들 때 스스로에게 동기 부여하는 것이 그녀에겐 일상이다.

"바보같이 보일지 모르겠지만 제게 정말 도움이 된 방법은
이거예요. 10에서 3정도만 할 수 있겠다는 생각이 드는 날에는 오
늘은 3에서 3을 하는 날이라고 생각하는 거예요." 그녀는 말했다.
"항상 100퍼센트의 컨디션을 유지할 수는 없다는 사실을 받아들
이는 거죠. 그리고 가진 에너지 수준과 주어진 조건 아래에서 최
선을 다하는 거예요."

스텁스는 이런 전략이 현재에 도움이 될 뿐만 아니라 미래의

성취에도 도움이 된다고 생각한다. "저는 한 번도 힘든 운동을 아예 중단한 적은 없어요." 그녀는 말했다. "그건 정말 위험한 습관이거든요. 한 번 중단하면 그다음 번에 중단하기는 더 쉬워져요. 차라리 '3에서 3만 한다' '7에서 7만 한다' 같은 사고방식으로 운동을 유지하는 게 훨씬 나아요. 예를 들어 자전거 타는 게 오늘따라 너무 힘들게 느껴진다면 '나는 지금은 200와트의 출력을 유지할 수 있는 컨디션이 아니니까 185와트로 최대한 오래 버텨 보겠어'라고 생각을 바꾸는 거죠. 이렇게 즉석에서 목표를 재설정할 수 있어야 스스로에게 계속 동기를 부여하면서 훈련해 나갈 수 있어요."

목표 세분화와 자기 대화

상황이 평소보다 힘들게 느껴질 때는 이 책의 앞부분에서 설명한 두 가지 심리적 도구, 즉 1장에서 설명한 '목표 세분화하기'와 4장에서 설명한 '자기 대화하기'의 결합 전략을 사용할 절호의 기회다. '목표 세분화하기'는 압도적으로 느껴지는 작업을 관리하기 쉬운 작은 단위로 나누고 한 번에 한 단위에만 집중하는 전략이다. 올림픽 스키 챔피언 키칸 랜들은 이 두 가지 전략을 다음과 같이 결합하여 사용한다.

"현재에 대한 집중력을 잃지 않게 하는 목표를 즉석에서 세우는 게 저한테는 정말 도움이 되었어요." 그녀는 말했다. "예를 들어 30킬로미터 경주를 하고 있는데 아직 1킬로미터밖에 가지 못한 시점에서 벌써 속도 유지가 너무 힘들게 느껴질 때면 '30킬로미터 동안 이 속도를 어떻게 유지한담'이라는 생각이 들 수밖에 없죠. 그럴 때 저는 자신에게 이렇게 말해요. '좋아, 한 번에 30킬로미터를 다 가려고 생각하지 말고 다음 1킬로미터에만 집중해 보자. 일단 5킬로미터 지점까지만 지금 경쟁하는 이 그룹에서 이탈하지 이탈하지 말자' 또는 '저기 언덕 꼭대기가 보이네. 저기까지만 어떻게든 가 보자' 이런 식이죠. 그렇게 언덕 꼭대기까지 가면 또 다음 목표가 보여요. 긴 시간 동안 먼 거리를 완주해야 할 때는 이렇게 순간에 집중하게 하는 작은 목표들을 떠올리는 게 정말 큰 도움이 돼요."

그녀는 그 외에도 자기 대화를 '재평가(2장)'나 '마음 챙김을 기반으로 한 수용(3장)' 같은 다른 심리적 도구와 결합해 무력감이 느껴지는 상황을 극복해 나갔다.

"머릿속에 떠오르는 모든 생각을 어떻게 해석할지는 스스로 선택할 수 있어요." 그녀는 말했다. "모든 생각을 있는 그대로 인정하는 것도 중요하지만 인간의 본성은 부정적인 생각에만 초점을 맞추는 경향이 있죠. 예를 들면 '이 속도를 유지하는 건 정말 힘들어' '오늘 경쟁자들은 되게 잘하는 사람들처럼 보이네' '오늘은 날씨가 좋지 않겠어' 같은 생각 말이에요."

"이런 부정적인 생각을 인정하되 언제나 더 긍정적인 방향으로 재해석하려고 노력해야 해요. 예를 들면 '그래, 정말 잘하는 경쟁자들만 모였지만 전에 다 겨루어 본 사람들이잖아? 너는 그동안 잘 준비해 왔고 이 경주를 잘 치를 수 있어' 또는 '그래, 오늘은 나보다 잘하는 사람들과 함께 달리면서 그들의 속도를 한번 느껴볼까?' 또는 '그래, 오늘은 날씨가 정말 안 좋겠어. 2주 전에 그 악천후 속에서도 훈련하길 잘했지 뭐야. 그 덕분에 오늘 경주 준비를 잘할 수 있었어'로 생각을 바꾸는 것이죠."

4장에서 살펴본 것처럼 전력을 다해서 상황을 극복해야 할 때는 자기 대화를 할 때 1인칭보다는 2인칭('너')을 사용하는 것이 더 효과적일 때가 많다. 랜들은 자신이 사용하는 자기 대화 방식을 이렇게 설명했다. "저는 제3자인 응원 단장이 되어 저 자신을 응원해요. 그 응원 단장이 저를 코칭하고 응원하는 역할을 하죠. 그러니까 제 생각을 해석하는 주체가 저 자신이 되는 거예요. 제 안에는 '뭘 해도 안 될 거야'라고 말하는 부정적인 목소리도 있지만 한편으론 '아니야! 넌 할 수 있어. 넌 할 준비가 되어 있어!'라고 말하는 또 하나의 목소리도 있어요."

과거의 성공 사례 기억하기

랜들의 자기 대화 중에 악천후에서도 훈련했던 경험을 떠올린 것에 주목해 보자. 이처럼 과거에 무언가를 이겨냈거나 적어도 끝까지 인내했던 경험을 떠올리는 것은 평소보다 할 일이 힘들게 느껴질 때 강력한 동기 부여가 될 수 있다.

멥 케플레지기는 2014년 보스턴 마라톤에서 바로 이 전략을 사용했다. 과거에 그가 완주한 열여덟 번의 마라톤에서 그는 언제나 선두 그룹이나 추격 그룹에 최대한 오래 머물면서 달리곤 했다. 그렇게 해야 육체적, 정신적 에너지를 절약하면서도 가능한 높은 순위를 차지할 수 있었기 때문이다(세계 정상급 선수 열 명이 자신을 크게 앞서도록 내버려두면서 중요한 마라톤 대회에서 우승할 수는 없다). 하지만 그 해 보스턴에서는 상황이 평소와 다르게 전개되고 있었다. 약 8킬로미터 지점에서 케플레지기는 자신이 다른 선수들보다 조금 앞서서 달리고 있다는 사실을 깨달았다. 그는 자신보다 개인 최고 기록이 더 빠른 열네 명의 주자가 초반 페이스를 느리게 유지하려 한다는 사실을 알고 있었다. 케플레지기는 순위뿐 아니라 개인 기록도 중요하게 생각하는 선수였기에 지금이 자신의 개인 기록을 경신할 수 있는 좋은 기회라고 생각했고 그 기회를 낭비하고 싶지 않았다. 그래서 그는 그룹 안으로 물러나기보다 선두로 치고 나갔다. 다른 한 명의 주자 조스팟 보이트Josphat Boit도 그와 함께 선두로 나섰지만 몇 킬로미터 후에는 다시 뒤로 처졌다. 약 16킬로미터 지점에 이르렀을 때 케플레지기는 전년도에 있었던 폭탄 테러로 인해 세계에서 가장 유명한 대회가 된 마라톤에서 단독 선두로 달리고 있는 자신을 발견했다. 그는 아직도 약 25킬로미터를 더 달려야 했다.

'이런 상황은 처음인데 이제 어떡하지?'라고 생각하는 대신 케플레지기는 과거의 훈련을 떠올렸다. 그는 지난 몇 년간 거의 모든 훈련을 홀로 해 왔다. 그는 자신이 마라톤 경주 속도로 혼자 16킬로미터에서 24킬로미터를 달리는 데 익숙하다는 사실을 상기했다. 강도 높은 훈련 도중에도 혼자서 그 힘든 거리를 완주할 수 있었다면 이제 인생에서 가장 중요한 경주가 된 이곳에서도 충분히 그 속도를 유지할 수 있다고 스스로를 격려했다.

5장에서 배운 것처럼 과거의 성공을 떠올리면 자신에게 최고의 퍼포먼스를 낼 기량이 충분하다는 강한 믿음을 가질 수 있다. 이전의 성취야말로 이러한 자신감의 가장 강력한 원천이다.

이때 과거의 성취를 자신이 어떻게 인식하고 있는지도 중요하다. 만약 케플레지기가 자신이 과거에 경주 속도를 유지할 수 있었던 이유를 훈련 파트너가 있었기 때문이었다든가 또는 충분히 휴식을 취한 상태였기 때문이라고 생각했다면 자신에 대한 의심이 가득했던 마지막 보스톤 마라톤에서는 큰 도움이 되지 않았을 것이다. 그러나 과거의 경험을 자신의 노력 때문이라고 생각하고 고된 훈련 일정으로 피곤한 가운데서도 마라톤 경주 속도를 유지했던 경험을 떠올린 것은 자신의 능력에 대한 믿음을 더욱 키워 주었다. 그 자신감으로 그는 마지막 25킬로미터를 달릴 수 있었다.

케플레지기, 랜들, 스텁스가 사용한 전략은 3장에서 소개한 다양한 몰입 상태를 상기하게 한다. 운동선수들은 플로 상태에서만 최고의 퍼포먼스를 발휘하지 않는다. 승부를 놓고 겨룰 때는 스스로 최고의 퍼포먼스를 만들어 내야 할 때가 있다. 이런 클러치 상태는 운동선수가 목표 달성을 위해 그 순간에 가장 필요한 마인드 전략을 의식적으로 사용하고 노력할 때만 만들어진다. 이러한 마인드 전략에는 케플레지기, 랜들, 스텁스의 사례처럼 효과적인 목표 설정, 마음 챙김을 기반으로 한 수용, 재평가, 동기를 부여하는 자기 대화, 자신감을 위해 이전의 성취 떠올리기 등이 모두 포함된다.

또한 과거 선수 시절의 운동 능력을 원천 삼아 스포츠가 아닝 영역에서도 힘든 시기를 잘 이겨 나갈 수도 있다. 키칸 랜들은 유방암으로 오랜 항암 받는 동안 스키를 타던 시절의 기억에 기대곤 했다.

"치료가 정말 힘들고 몸이 좋지 않은 날에는 선수 시절에 질병이나 부상으로 컨디션이 좋지 않았던 모든 순간을 떠올렸어요. 그때도 그런 날들은 정말 길게 느껴졌었죠. 그렇지만 내일은 더 나을 거라는 희망을 버리지 않았어요." 그녀는 말했다. "언젠가는 다시 건강해질 거라고 믿었기 때문에 저는 응원 단장처럼 저 자신을 격려하며 하루하루 조금씩 이겨 내자고 다짐했어요."

인식의 변화

뉴턴 소방서는 보스턴 마라톤 코스에서 약 27킬로미터 지점을 조금 지난 곳에 위치하고 있다. 이곳은 결승점에 이르기까지 보스턴 마라톤 코스의 마지막 모퉁이가 있는 곳이다. 2014년에 이 마라톤을 선두에서 달리던 멥 케플레지기는 이 모퉁이를 돌면서 뒤를 돌아보았다. 다른 주자는 전혀 보이지 않았다. 45분 전에 확보한 2위와의 격차는 그새 더 벌어져 있었다. 그는 자신이 얼마나 더 앞서 있는지 알 길이 없었지만 그건 추격 그룹도 마찬가지일 터였다. 케플레지기는 유명한 뉴턴 언덕이 있는 다음 약 6킬로미터 구간을 속도를 높여 달리기로 결심했다. 그렇게 하면 추격자들과의 격차도 더 벌어져서 그들의 시야와 관심에서 사라질 수 있다고 생각한 것이다.

뉴턴 언덕의 노면에는 마라톤 경기 날 보통 '넌 할 수 있어!You got this!'같은 문구가 붙어 있다. 2014년 마라톤 당일에는 '보스턴은 강하다Boston Strong'라는 문구도 코스 안팎에서 볼 수 있었다. 그해의 특별한 메시지는 달리기 전략 실행에 온통 정신이 팔린 케플레지기의 시선도 끌지 않을 수 없었다. 그에게 이러한 메시지는 집중력을 흐트러뜨리는 방해 요소가 아니었다. 폭탄 테러 희생자 네 명의 이름을 배번호에 적었을 때와 마찬가지로 그 메시지는 오히려 그에게 원동력이 됐다. 이러한 메시지는 그에게 이번 마라톤이 단순한 스포츠 대회가 아니라는 사실을 상기해 주었다. 그는 이 대회에서 반드시 우승하여 전년도의 끔찍한 기억으로부터 대회의 본래 의미를 되찾고 싶었다.

보스턴의 관중은 케플레지기가 하는 도전의 의미를 잘 알고 있었다. 배번호에 새겨진 '멥'이라는 이름으로 쉽게 알아볼 수 있었던 그는 많은 환호를 받으며 뉴턴 언덕을 넘고 또 넘었다. 케플레지기는 열광하는 관중을 무시하지 않고 오히려 그들로부터 에너지를 받았다. "USA! USA!"를 외치는 그들의 응원 소리는 미국인이라는 케플레지기의 자긍심을 고취해 반드시 승리하겠다는 결의를 다지게 했다. 그는 엄지손가락을 치켜세우거나 주먹을 불끈 들어 올리며 관중의 환호에 화답했다. 생체역학 엔지니어라면 케플레지기에게 그런 제스처를 취하느라 귀중한 에너지를 낭비하지 말라고 말했을지 모른다. 그러나 스포츠 심리학자라면 케플레지기가 어떤 의도로 그런 행동을 하는지 정확히 알아차렸을 것이다.

관중으로부터 영감과 동기 부여를 받은 케플레지기의 사례는 지구력 운동선수의 퍼포먼스에 영향을 미치는 가장 중요한 두 가지 변수를 강조한다. 어떤 활동을 얼마나 힘들다고 인식하는지는 지구력 퍼포먼스를 제한하는 요인 중 하나다. 우리는 일반적으로 어떤 작업을 수행할 때 자신이 감당할 수 있다고 느끼는 정도까지만 그 일을 계속한다.

두 가지 전략으로 이 임계치와 그에 따른 성과를 바꿀 수 있다. 첫째는 동기 부여의 수준, 더 정확하게는 동기 부여의 질을 높여서 우리가 감당할 수 있다고 느끼는 정도를 높이는 것이다. 의무감이나 메달 같은 보상은 상대적으로 약한 동기이다. 가장 높은 수준의 동기는 일이 본질적으로 흥미롭고 즐겁다고 느끼거나 아니면 가치관에 맞고 개인적 의미를 가진다고 생각할 때 발생한다.[2] 이것이 많은 사람이 마라톤을 뛰거나 의미 있다고 생각하는 단체에 시간과 돈을 기부하는 이유다.[3] 다른 사람들에게 도움을 주는 일에 가치를 느껴서 그 일을 열심히 할 때 우리는 강력한 동기를 느낀다.

어떤 일을 하는 이유를 상기하는 것도 중요하다. 1983년 보스턴 마라톤에서 미국인 최초로 우승했던 케플레지기는 폭탄 테러 다음 해에 이 마라톤에서 다시 한번 우승하는 것이 커리어에서 가장 의미 있는 목표였다. 코스 곳곳에 적힌 '보스턴은 강하다'라는 메시지는 경주의 중요한 순간에 그에게 그 동기를 다시금 일깨워 주었다.

부담에 대한 임계치를 바꿀 수 있는 두 번째 전략은 일을 좀 더 쉽게 느끼도록 만드는 정신적 기법을 사용하는 것이다. 3장과

4장에서 우리는 이런 심리적 도구를 많이 살펴봤다. 주의를 다른 곳으로 돌리기(3장 '주의 분산 전략의 장점'), 근육통이나 호흡 같은 신체 감각에 지나치게 집중하지 않기(3장 '주의 집중 전략의 장점') 가 여기에 포함된다. 동기 부여형 자기 대화나 스스로에게 도전하는 자기 대화(4장)를 사용하면 지구력을 발휘해야 하는 과제를 더 쉽게 느끼고 결과적으로 퍼포먼스를 향상할 수 있다. 이러한 사실을 감안하면 보스턴 관중의 열광적인 응원은 케플레지기에게 동기를 부여했을 뿐 아니라 뉴턴 언덕을 오르는 그의 노력에 대한 자기 인식에도 긍정적인 영향을 미쳤음을 쉽게 상상할 수 있다.

운동선수의 직장 생활

연구에 따르면 운동선수와 일반인의 통증 역치는 비슷하다고 하다. 그러나 통증 내성 테스트에서는 운동선수가 훨씬 더 높은 점수를 받은 것으로 나타났다. 운동선수들과 일반인들에게 얼음물에 손을 담그는 실험을 실시하면 두 그룹 모두 거의 같은 시간에 손이 아프다고 말한다. 이것이 바로 통증 역치이다. 그런데 손이 아프기 시작한 후에도 운동선수들은 일반인보다 훨씬 더 오랫동안 얼음물에 손을 담그고 있다. 이것이 바로 통증 내성이다.

적어도 한 연구에 따르면 운동선수들이 더 큰 통증 내성을 타고나거나 통증 내성을 타고난 사람만 운동선수가 되는 것은 아니다. 연구진은 주로 앉아서 생활하는 사람들을 대상으로 그중 절반에게 일주일에 30분씩 자전거를 타게 했다. 그러자 이들의 통증 내성은 증가한 반면 계속 앉아서 생활한 사람들의 통증 내성은 증가하지 않았다. 이러한 결과로 봤을 때 규칙적인 운동이 불편함을 참아내는 능력을 길러주고 이러한 능력은 운동이 아닌 영역에서도 힘을 발휘하는 것으로 보인다.

통증 역치와 통증 내성에 대한 연구 결과를 보면 여기에는 심리적인 요인이 있음을 알 수 있다. 문제는 육체적 고통이 아니라 정신적 부담감인 것이다. 운동선수들에게는 목표를 달성하고자 불편함을 감내하는 것이 일상이다. 이런 힘든 시간을 이겨내기 위해 그들이 사용하는 도구는 스포츠가 아닌 다른 일터에서도 힘을 발휘한다. 운동선수들은 이러한 도구를 주로 앉아서 일하는 동료들보다 더 자유자재로 사용할 수 있다.

스티브 홀먼과 브리애나 스텁스는 은퇴 후 새롭게 몸담게 된 직장에서 이런 사실을 금방 알게 되었다. 두 사람 모두 어린 시절과 청소년기를 다른 세계 정상급 운동선수들에게 둘러싸여 보냈다. 그리고 두 사람 모두 은퇴 후 '현실 세계'에 합류하자마자 곧바로 리더 역할을 맡게 되었다. 그 자리에서 두 사람은 선수 시절의 경험이 자신과 팀원들 모두가 직장에서 힘든 시간을 극복하는 데 도움이 된다는 사실을 깨달았다.

"현재 비즈니스에서는 '성장 마인드'라는 용어가 유행이에요." 홀먼은 말했다. "운동선수에게는 무척 익숙한 개념이죠. 다만 이런 이름을 사용하지 않았을 뿐이고요. 성공의 비결 중 하나는 잘못한 일이나 불가능한 일에 집중하는 것이 아니라 무엇이 가능한지에 집중하는 것입니다. 어떤 목표든 달성할 수 있고 어떤 문제든 해결할 수 있다는 자신감을 가지려면 정말 창의적인 수완을 발휘할 수 있어야 해요."

"어떤 일이 터져도 '이건 재앙이야'라고 생각하거나 누군가를 탓하거나 내 잘못이 아니라는 걸 증명하기 위해 전전긍긍하지 않은 것이 리더로서 도움이 된 거 같아요. 그보다는 즉시 '해결의 실마리가 무엇일까? 이 문제를 어떻게 해결할 수 있을까?'라는 생각에 집중했으니까요."

"이런 경향은 운동선수 시절의 마음가짐과 당연히 관련이 있다고 생각해요. 사실 '나는 올림픽 대표가 될 거야'라고 말하는 건 무척 느닷없고 대담하게 느껴지는 말이죠. 그 말을 이루려면 그것이 실제가 될 수 있다고 믿는 낙관주의와 긍정의 힘이 있어야 해요. 직장에서도 마찬가지예요. '그래, 지금 어려운 상황이긴 하지만 해결책이 전혀 없을 정도로 불가능한 일은 없어'라고 생각할 수 있어야 하는 거죠."

"스포츠를 통해 모든 일이 항상 완벽할 수 없다는 것을 배웠어요. 모든 일에는 좋을 때도 나쁠 때도 부상도 영광의 순간도 있죠. 최고의 순간을 경험하려면 이 모든 걸 온 마음으로 수용할 수 있어야 해요. 현실에서도 모두가 항상 '중간 정도만' 하는 것에 만족하지 않고 최고의 순간과 최악의 순간을 모두 경험해 볼 수 있도록 허용해 주어야 한다고 생각해요." 스텁스는 말했다.

"제가 일반 직장인보다는 회복탄력성이 뛰어난 거 같아요." 프로 육상선수에서 은퇴한 지 20년이 지난 지금도 매일 달리기를 하거나 자전거를 타는 홀먼은 이렇게 말했다. "운동 선수에게 회복탄력성은 필수거든요. 모든 경기에서 승리할 수 없고 항상 성공할 수도 없으며 모든 게 힘든 날도 있어요. 그런 순간들은 빨리 털어 버리고 다음에 할 일에 집중할 수 있어야 합니다."

모든 게 힘들게 느껴지는 시기일 때 줄 수 있는 마지막 조언

이 책을 통해 여러분이 꼭 기억하길 바라는 것은 우리도 노력하면 운동선수처럼 생각하는 능력을 향상할 수 있다는 사실이다. 헬스장에서 하는 규칙적인 운동이 체력 강화로 이어지는 것처럼 마인드 전략을 규칙적으로 연습하는 것은 활용할 수 있는 심리적 자원의 증가로 이어진다. 수십 년 동안 긍정적인 자기 대화를 해 온 키칸 랜들은 이렇게 말했다. "자기 대화도 하면 할수록 나아지더라고요. 이 기술은 제 삶의 모든 영역에서 정말 큰 도움이 됐어요."

앞서 살펴본 바와 같이 랜들은 이러한 기술 덕분에 스키 선수로서 성공할 수 있었다. 또한 은퇴 후 유방암 치료 과정을 견디는 데 있어서도 많은 도움을 받았다. 물론 인생 전체를 놓고 볼 때 암은 스포츠보다 훨씬 중대한 사안이다. 정말 힘들다고 느끼는 날이라 할지라도 랜들이 암과 싸우면서 취한 접근 방식을 우리도 분명히 학습하고 발전시킬 수 있다.

"내 뜻대로 되지 않는 일은 언제나 많아요." 그녀는 말했다. "미래는 예측할 수 없기 때문에 우리는 단지 할 수 있는 일에 최선을 다할 뿐이죠. 그리고 어차피 해야 할 일이라면 일이 잘 풀릴 거라고 생각하는 게 낫지 않아요? '맙소사. 암은 분명히 재발할 거고 난 죽을 지도 몰라'라고 생각하며 울고불고 하기보다는 긍정적인 생각을 해야 힘든 날을 이겨내죠."

"여러분이 항상 선택할 수 있는 건 자신의 마음가짐뿐이에요. 그리고 마음가짐의 힘은 정말 강력합니다."

11장

포기를 포기하기

그만두고 싶은 생각이 간절할 때
포기하지 않는 방법

아일랜드의 케리웨이 울트라 마라톤The Kerry Way Ultra은 아일랜드에서 가장 길고 힘든 마라톤 대회다. 참가자들은 금요일 오전 6시에 출발해서 아일랜드의 아름다운 링 오브 케리Ring of Kerry 루트를 따라 해발고도 5600미터까지 상승하는 험준한 도로, 오솔길, 숲길, 진흙길, 산길을 가로지르는 약 193킬로미터 코스를 논스톱으로 달려야 한다.

이 마라톤에 참가하려면 12개월 이내에 최소 두 번의 마라톤을 완주했거나 한 번의 약 80킬로미터 경주를 완주한 이력이 있어야 한다. 2012년에 개최한 마라톤 데 사브레Marathon des Sables(사하라 사막을 7일간 약 250킬로미터 달리는 마라톤 대회. '사막 마라톤'으로 알려져 있다─옮긴이주)와 2013년에 아일랜드의 24시간 달리기 대회에 몇 번 출전한 경험이 있는 노엘은 자신의 오랜 달리기 경험과 연구 생활의 통찰력을 바탕으로 어떤 도전에도 맞설 수 있다는 자신감에 차 있었다. 2014년 케리웨이 울트라 마라톤에 참가하기 전까지만 해도 말이다.

몇 년이 지난 지금도 노엘은 이 대회를 인생에서 가장 힘들었던 달리기 대회로 기억한다. 이 대회에서 노엘은 그만두고 싶은 충동을 반복적으로 느꼈는데 이는 흔한 일이 아니었다. 물론 이런 현상이 노엘에게만 일어난 것은 아니었다. 이 대회가 처음 시작된 후 8년 동안은 참가자의 47퍼센트가 완주를 포기하고 이름 옆에 'DNF'('미완주did not finish'라는 뜻)라는 꼬리표를 붙였다.

노엘에게 처음 찾아온 위기는 마라톤이 시작된 지 여섯 시간 만에 찾아온 메스꺼움과 위경련이었다. 글루텐 불내증이 있는 노엘이 대회 며칠 전에 모르고 글루텐이 포함된 음식을 먹었던 게 문제였다. 증상은 경미했지만 경주 내내 노엘의 영양 섭취에 영향을 미치기에는 충분했다. 날씨까지 점점 더워지자 노엘의 내면의 목소리가 부드럽게 속삭였다. "이렇게 계속 뛰다간 건강에 문제가 생기지 않을까?"

그렇지만 노엘은 전에도 이런 목소리를 들은 적이 있었다. 그는 자신에게 이 대회를 완주할 능력이 충분하고(4장 '자기 대화') 이전에도 길고 힘든 경주를 치른 적이 있다는 사실을 상기하며(5장 '이전의 성취') 그 내면의 목소리를 물리쳤다. 또한 경치가 아름다운 곳을 지날 때는 일부러 자연 경관에 주의를 집중하는 방식(3장 '주의 분산 전략의 장점')을 통해 침착함을 유지하고 심리적 시간이 빨리 흐르도록 유도하여 육체적 고통을 잊고 마음을 다잡으려 노력했다.

전체 코스의 중간 지점을 지나 해안 마을 워터빌로 이어지는 길고 구불구불한 산길에서 그는 두 번째로 포기하고 싶은 강한 충동을 느꼈다. 이미 14시간 동안 약 96킬로미터를 발을 질질 끌며 달린 그는 심신이 지쳐 있었고 곧 다가올 밤과 앞으로도 96킬로미터를 더 달려야 한다는 생각에 눈앞이 깜깜했다. 날이 어두워지자 내면의 목소리는 점점 더 커졌다. "잠을 좀 자두는 게 좋을 거 같아. 다음 주에 출근할 때 피곤할 수도 있고. 그냥 지금 그만두는 게 낫겠어. 지금까지 뛴 것만 해도 대단한 거야."

솔직히 말하면 노엘은 한동안 그 내면의 소리에 설득됐다. 그런데 다행히도 바로 그때 노엘의 부모님이 콜라, 과일 요구르트, 갈아 신을 신발을 가지고 그를 찾아왔다. 노엘은 부모님과 함께 노엘의 어린 시절 스포츠 영웅 중 한 명이었던 게일인 축구선수이자 코치인 믹 오드와이어Mick O'Dwyer의 동상이 있는 마을 광장 벤치에 앉아 잠시 휴식을 취했다. 필요한 물자를 공급받고 휴식을 취하며 부모님과 대화하며 주의를 분산하고 나니 노엘은 포기에 대한 생각을 잠시 멈출 수 있었다.

이런 휴식을 통해 노엘은 자신의 감정을 억누르기보다는 누군가에게 감정을 표현하고 생각을 털어놓을 수 있는 기회를 가질 수 있었다(2장 '감정 조절하기'). 이런 시간은 그가 다시 의지를 불태울 수 있도록 도와주었다. 그는 "너는 할 수 있어"(4장 '2인칭으로 자기 대화하기')라고 스스로 다짐하며 경주를 계속해 나가기로 결심했다. 적어도 다음 체크 포인트까지는 말이다(1장 '목표 세분화하기')!

경주를 포기하고 싶다는 충동은 밤새 계속되었다. 가장 기억에 남는 사건은 새벽 2시경, 경주가 시작된 지 20시간이 지났을 무렵에 찾아왔다. 노엘의 형이 사는 마을 스님Sneem에서 멀지 않은 코스 구간에 도달했을 무렵 사전 준비 계획이 미흡했던 노엘의 헤드램프가 방전되어 버렸다. 피곤하고 비참한 기분으로 희미한 휴대폰 불빛에 의지해 길을 찾는 노엘의 귓가에 다시금 내면의 목소리가 들려왔다. "지금은 한밤중이고 몸이 너무 힘들어서 죽을 지경이야. 이건 완전히 미친 짓이야! 야밤에 이 산속에서 내가 지금 뭘 하는 거지? 형한테 전화해서 차로 좀 데리러 오라고 해야겠어."

그렇지만 야밤의 산속에서는 이상한 일들이 벌어지기 마련이다. 노엘은 바로 그때 어둠 속에서 갑자기 나타난 1991년 세계 산악 달리기 챔피언 존 레니한John Lenihan과 마주쳤다. 그는 손에 펜과 클립보드를 들고 인원 체크를 하며 마라톤 참가자들이 안전하게 산을 내려가고 있는지 확인하고 있었다. 노엘의 '비참하다'라는 생각은 곧 '와, 존 레니한이다!'라는 생각으로 바뀌었다. "존 레니한이 이 밤에 잠도 안 자고 참가자들의 안전을 챙기고 있잖아. 그런데 네가 그만두면 안 되지!"

마을 입구에서 여분의 배터리를 들고 나타난 형을 만나자 노엘의 기운은 더욱 살아났다. 형의 따뜻한 격려와 때마침 걸려 온 아내 홀리의 응원 전화는 노엘의 우울한 기분을 풀어주고 앞으로 계속 나아갈 힘을 공급해 주었다. 2장에서 살펴봤듯 가족의 사랑처럼 삶의 긍정적인 요소를 돌아보며 감사를 표하는 행동을 통해 우리는 기분을 변화시킬 수 있다(2장 '기록하기'와 '감사 일기 쓰기'). 이런 것들이 노엘이 계속 달릴 자신을 잃었을 때도 포기하지 않도록 도움을 주었다.

이런 순간들이 있었음에도 마지막 열세 시간은 노엘에게 무척 힘든 시간이었다. 새벽이 찾아온 직후 노엘은 무릎을 짚은 채 잠시 휴식을 취하다가 하마터면 잠이 들 뻔했다. 그렇지만 그는 '나는 할 수 있다'(4장 '자기 대화')라는 생각과 '이 또한 지나갈 것이다'(2장 '생각 바꾸기')라는 생각으로 힘든 순간을 끝까지 버텼다. 그는 포기하고 싶다는 생각을 있는 그대로 인정했다. 그러면서도 그런 생각이 드는 것은 경주의 후반부라면 무척 자연스러운 현상이라는 점을 자신에게 상기시켰다(3장 '현재에 정신을 집중시키기'). 이런 방식으로 노엘은 자기 의심의 순간을 극복해 나갔다.

노엘은 결국 33시간 47분 만에 마라톤을 완주했다. 그렇게 하기까지 노엘은 이 책에 나오는 모든 비법을 동원해야 했다.

'미완주'의 유혹 극복하기

포기하고 싶은 충동은 보통 어려운 작업의 후반부에 접어들었을 때 발생한다. 이때는 무슨 짓을 해서라도 정신적, 육체적 중압감에서 벗어나고 싶은 기분이 든다. 이 장에서는 그런 충동에 대응할 수 있는 여러 핵심 비법을 제시한다.

어쩌면 우리가 가장 명심해야 할 사항은 이것인지 모른다. 그건 누구나 포기하고 싶은 생각을 할 때가 있다는 것이다. 포기하고 싶은 생각이 든다고 해서 당신이 나약하거나 실패자라는 의미는 아니다. 멥 케플레지기는 프로 육상선수로 뛴 스물여섯 번의 마라톤 가운데 단 한 번도 포기의 충동을 느끼지 않은 적이 없다고 한다. 심지어 자신이 우승한 세 번의 마라톤도 마찬가지였다.

그렇지만 그가 정말로 대회에서 중도 포기한 경우는 딱 한 번뿐이었다. 2007년 런던 마라톤에서 달리던 그의 오른쪽 아킬레스건에 극심한 통증이 느껴져 약 22킬로미터 지점에서 속도가 극적으로 느려지기 시작했을 때였다. 그는 부상을 입은 상태에서 약 19킬로미터를 더 달리는 것은 부진한 성적만이 문제가 아니라 장기적인 부상으로 이어질 수 있다고 판단했다. 그는 결국 약 25킬로미터 지점에서 기권했다.

케플레지기는 그 외 스물다섯 번의 마라톤 대회에서는 미완주의 유혹을 성공적으로 극복해 냈다. 그가 이렇게 할 수 있었던 이유는 과거의 경험에서 두 가지의 교훈을 얻었기 때문이다. 첫째, 그는 포기하고 싶은 충동이 드는 때가 반드시 올 거라는 걸 알았다. 그래서 그는 그런 충동을 이상히 여기지 않았고 이를 위한 대응 계획을 미리 세워 두었다. 둘째, 성공적으로 충동을 억제할 때마다 그는 자신감을 얻었고 다음 마라톤에서도 적용할 수 있는 기술들을 발전시켜 나갔다.

케플레지기를 비롯한 성공한 운동선수들이 목표로 향한 길에서 이탈하지 않도록 사용하는 전략은 이전 장에서 살펴본 것들과 크게 다르지 않다. 이전 장에서 제시한 전략의 목표는 해야 할 일이 평소보다 힘들게 느껴질 때도 노력을 줄이지 않도록 하는 방안에 초점이 맞춰져 있었다. 물론 포기한다는 것은 노력을 완전히 중단한다는 의미이기 때문에 포기하고 싶은 충동에 대응할 때는 이러한 전략의 적용이 조금 달라야 한다.

노엘의 2014년 케리웨이 울트라 마라톤 경험을 통해서도 알 수 있듯 우리에게 도움이 되는 마인드 전략은 상황에 따라 달라질 수 있다. 따라서 융통성 없는 규칙을 고수하기보다는 이 책이 소개하는 심리적 도구를 평소에 연습해 두었다가 필요할 때 꺼내 쓸 수 있도록 준비하는 것이 좋다. 이렇게 하면 어떤 상황에서든 목표 달성에 어려움을 겪을 때 유연하게 대처할 수 있다. 그리고 케플레지기가 마라톤을 통해 얻은 교훈처럼 아무리 경험이 많은 운동선수라 할지라도 심리적 위기와 자기 의심의 순간을 피할 수는 없다. 부정적인 내면의 목소리를 애초부터 없앨 수 있다고 생각하기보다는 그런 때를 대비한 다양하고 효과적인 전략을 미리 연마해 두는 것이 가장 좋은 방법이다.

그만두는 것이 이기는 것일 때

때로는 거시적인 관점에서의 결단이 필요할 때가 있다. 포기하는 것이 옳은 선택일 경우다. 예를 들어 철인3종 경기 중 자전거를 타다가 쇄골이 부러지는 부상을 당했는데 남은 사이클 라이딩을 마치고 이후의 달리기까지 하는 것은 장기적인 관점에서 최선의 선택이 아니다. 자세에 영향을 미치거나 심각한 신체적 고통을 야기하는 부상을 참아 가며 경기를 이어 나가는 행위는 영웅적이지 않고 정신 수양도 아니다. 그건 큰 실수다.

운동선수들은 경기를 지속하는 것이 무의미하다고 판단 될 때 과감하게 포기를 선택하기도 한다. 투르 드 프랑스Tour de France(매년 프랑스와 그 주변국을 무대로 약 3500킬로미터를 3주 동안 달리는 로드 사이클 경주 대회—옮긴이주)처럼 여러 스테이지로 실시하는 경주인 경우 코스에서 이탈한 선수들은 경주를 지속해 봤자 스테이지 우승으로 이어질 가능성이 낮고 에너지만 낭비할 뿐이라고 판단하면 일부러 속도를 늦추고 추월당하는 선택을 하기도 한다. 다음 날 재도전할 때 쓸 에너지를 비축하는 편이 훨씬 유리한 전략이기 때문이다.

목표 포기 여부를 결정하는 심리적 요인에는 여러 가지가 있다. 그중 하나는 목표 추구 과정 및 개인이 느끼는 보람과 즐거움 간의 연결성이다. 영국 버밍엄대학교의 니코스 은투마니스Nikos Ntoumanis 박사가 주도한 두 파트로 구성된 연구 결과도 이 점을 강조한다.[1]

연구의 첫 번째 파트에서는 연구진이 66명의 운동선수에게 달성해야 할 거리 목표를 부여한 후 8분 동안 자전거를 타게 했다. 그리고 참가자들이 목표 달성을 위한 질적 동기를 평가하도록 했다. 선택지에는 '왠지 달성해야 할 것 같아서'처럼 통제된 형태의 낮은 질적 동기부터 '목표에 도전할 때 느끼는 즐거움을 위하여'처럼 자율적인 형태의 높은 질적 동기까지 다양했다.

실험이 진행되는 동안 참가자들에게는 최선을 다해도 목표 달성이 불가능하다고 믿게 만드는 거짓 피드백이 전달되었다. 연구진은 이러한 피드백에 참가자들이 목표를 완전히 포기할지 아니면 즉흥적으로 대체 목표를 만들고 이를 달성하기 위한 노력을 계속할지 알고자 했다.

흥미롭게도 자율적이고 질적 동기가 높은 참가자들, 즉 목표 추구의 과정이 재미있고 의미 있다고 생각하는 사람들은 초기에 목표를 포기하는 데 더 많은 어려움을 겪었다. 이들은 목표에 심리적 자원과 신체적 노력을 더 많이 투입했기 때문이다. 반면 질적 동기가 낮은 참가자들에게서는 이런 경향이 보이지 않았다. 또한 질적 동기가 낮은 참가자들은 대체 목표 설정에도 큰 관심을 보이지 않았던 반면에 질적 동기가 높은 참가자들은 완전한 포기보다는 대체 목표에 다시 몰입할 가능성이 더 높았다. 이는 10장에서 멥 케플레지기가 평소보다 더 힘들게 느껴지는 훈련을 극복하기 위해 사용한 '기준 전환' 전략과 유사하다.

이러한 과정을 더 자세히 연구하기 위해 진행한 두 번째 파트 연구에서 연구진은 86명의 다른 참가자에게 같은 조건으로 자전거를 타게 한 후 8분 동안 부여된 목표를 달성할 수 없다는 것을 깨닫게 했을 때 에르고미터(실내 조정 훈련 기구)로 자리를 옮겨 새로운 목표에 도전할 수 있는 기회를 제공했다. 참가자들은 이 실험에서 다음 중 하나를 선택할 수 있었다. 하나는 목표 달성이 불가능하다는 걸 알면서도 자전거 타기를 계속하기, 다른 하나는 자전거 타기를 중단하고 에르고미터로 자리를 옮긴 뒤 남은 시간 동안 새로운 목표에 도전하기, 마지막으로 실험을 중단하고 완전히 포기하기였다.

결과는 첫 번째 파트 연구와 크게 다르지 않았다. 목표 추구 과정 자체를 즐기고 그것에서 동기를 부여받는 사람들은 행동적으로나 심리적으로나 자전거 타기 과제 포기를 더 어렵게 느꼈다. 이들은 의미 없는 추격전을 지속할 가능성도, 목표 실패에 대해 반추할 가능성도 더 높았다. 그러나 동시에 이들은 에르고미터에서 새로운 목표에 다시 도전할 가능성도 더 높았다.

이러한 결과를 보면 즐겁고 흥미롭고 의미 있다고 생각하는 목표일수록 쉽게 포기하지 못한다는 사실을 알 수 있다. 여기에서 또 하나 중요한 요인은 목표 달성을 위해 지금까지 해 온 투자였다. 연구진은 데이터의 자세한 분석을 통해 목표 포기 여부는 참가자들이 목표 달성이 불가능하다는 사실을 알게 된 시점과 관련 있다는 사실을 발견했다. 이 시점이 빠를수록 참가자들은 기존 목표를 대체 목표로 전환할 가능성이 더 높았다. 이는 우리가 매우 어려운 목표를 달성하고자 할 때 종종 겪게 되는 딜레마를 시사한다. 목표 달성의 어려운 과정을 더 많은 노력과 끈기로 극복해야 할지 아니면 피할 수 없는 실패에 대한 경고로 받아들여야 할지 판단하는 것은 항상 쉬운 일이 아니다. 후자의 경우라면 포기해야 할 때를 아는 것이 중요하다.

영리한 포기를 보여준 극적인 사례가 있다. 1996년에 개최된 벨트클라세 취리히Zurich Weltklasse(스위스 취리히에서 해마다 열리는 국제 육상 경기 대회—옮긴이주)에서 케냐의 대니엘 코멘Daniel Komen과 에티오피아의 하일레 게브르셀라시에Haile Gebrselassie는 마지막 한 바퀴를 남겨두고 게브르셀라시에의 5000미터 세계 신기록 경신을 두고 경쟁하고 있었다. 게브르셀라시에는 2주 전에 열린 올림픽 10000미터에서 우승을 차지한 바 있었고 코멘은 올림픽에 출전하지 않았기 때문에 몸 컨디션이 더 좋은 상태였다. 그런데 코멘이 결승선을 향해 마지막 스퍼트를 내기 시작하자 게브르셀라시에는 따라잡기를 포기하고 150미터도 남지 않은 지점에서 조깅하듯 속도를 줄여버렸다.

역사상 가장 위대한 장거리 달리기 선수 중 한 명인 게브르셀라시에가 비겁하게 대결을 포기하는 것처럼 보였던 이 장면은 사실 잘 계산된 선택의 결과였다. 게브르셀라시에는 자신의 몸 상태로는 코멘을 이길 수 없다는 사실을 잘 알고 있었다. 또한 자신이 끝까지 속도를 내면 라이벌인 코멘이 더 빠르게 뛰려 할 것을 알고 있었다. 게브르셀라시에가 경쟁을 포기하자 혼자서 전속력을 낼 동기가 부족했던 코멘은 결국 0.7초 차로 게브르셀라시에의 기록을 깨는 것에 실패했다. 경쟁에서는 졌지만 세계 기록은 유지할 수 있었기에 게브르셀라시에는 포기를 통해 결국 승리한 셈이었다.

끈기를 가지고 끝을 보는 것만이 올바른 선택이 아니었던 사례 중에는 좀 더 장기적인 프로젝트도 있었다. 이 책의 두 저자 중 노엘만 박사 학위를 보유하고 있다. 스콧은 석사 학위를 받은 후 아마도 미국 교육 역사상 가장 짧았던 것으로 기록될 박사 학위 과정을 시작했다. 스콧은 한 학기 만에 학위를 포기했다. 박사 학위에 수만 달러와 수년간 시간을 쏟아부을 만큼 자신의 동기가 크지 않다는 사실을 깨달았기 때문이다.

이 과정에서 스콧은 경제학자들이 '매몰 비용의 오류'라고 부르는 현상을 피할 수 있었다. 매몰 비용의 오류란 이미 투자한 시간이나 비용 때문에 하던 일을 계속하려는 경향을 의미한다. 만약 영화관에서 티켓값이 아까워 재미도 없는 영화를 끝까지 본 경험이 있다면 매몰 비용의 오류에 빠진 것이다. 영화를 끝까지 보든 보지 않든 티켓값은 이미 지불된 것이다. 그러므로 영화의 남은 시간을 어떻게 보낼지 결정하는 데 있어서 티켓값은 고려 요인이 되어서는 안 된다.

스콧의 경우 지금까지의 손해를 감안하고 박사 과정을 그만 두자 오히려 다른 커리어 기회를 향한 문이 열렸다. 또한 어떤 경우에는 미래를 기약하며 목표 달성을 위한 노력을 잠시 중단하는 것이 더 좋은 선택일 때가 있다. 유방암으로 여섯 차례의 항암 치료를 받아야 했던 올림픽 스키 챔피언 키칸 랜들은 세 번째 치료를 받을 때까지만 해도 그해 가을에 열리는 뉴욕 마라톤에 참가하겠다는 의지를 꺾지 않았었다. "물론 개인 최고 기록은 달성하지 못하겠지만 항암 치료 중에 마라톤을 완주했다는 사실만으로도 멋진 스토리가 될 것 같았거든요."

하지만 네 번째 항암 치료가 끝날 무렵 그녀의 몸에 누적된 피해는 너무 컸다. "억지로 뛸 수도 있었지만 그렇게 하는 것이 현명하지 않다는 걸 깨달았어요." 랜들은 말했다. 그녀는 마라톤에 참가하는 대신 동료들을 응원하기 위해 뉴욕으로 향했다. 대회 당일 아침, 그녀는 혼자 45분 동안 달리기를 하며 불참 결정이 현명했다는 사실을 다시 한번 확인했다. 항암 치료가 끝난 이듬

해인 2019년에 다시 뉴욕 마라톤에 출전한 그녀는 2분 55초를 기록했다. 이는 암에 걸리기 전의 기록만큼이나 빠른 속도였다. 큰 부상이나 그만큼 중대하진 않지만 목표 달성 과정에 지속적으로 방해가 될 만한 요인이 있을 경우에는 랜들처럼 목표 달성 시기를 연장하는 것도 현명한 전략일 수 있다.

버텨야 할 때와 포기해야 할 때

너무 빨리 포기하지 않고 집중력을 유지해야 할 때와 의미 없는 목표에서 손을 떼야 할 때는 구별하는 것은 어려울 수 있다. 우리도 여러분의 의사 결정 과정에 일률적으로 적용할 수 있는 조언을 제공할 수는 없다. 그러나 도움이 될 만한 도구는 제공할 수 있다. '의사 결정을 위한 득실 비교표'[2]는 어떤 일을 할지 말지 결정할 때 사람들이 느끼는 양가 감정을 해결하기 위해 그 행동에 따른 득과 실을 모두 고려할 수 있도록 심리학자들이 자주 사용하는 도구다.[3] 이 도구는 기존 목표 달성에 계속 전념할지, 포기할지, 다른 가치 있는 목표를 위해 노력할지 등 인생의 중요한 결정을 내리는 데 유용하게 사용할 수 있다.

우리는 대부분 어떤 결정을 내릴 때 머릿속에서 상황의 장단점을 따져보며 손익을 계산한다. 1996년 벨트클라세 대회에서 마지막 바퀴를 돌던 중 기권을 결정한 하일레 게브르셀라시에처럼 순간적인 결정을 내릴 때도, 2018년 뉴욕 마라톤 출전보다는 암 치료를 우선시하기로 한 키칸 랜들처럼 인생이 걸린 중요한 장기 결정을 내릴 때도 우리는 이 방법을 사용한다. 이러한 손익 계산을 머릿속으로 할 수 있지만 좀 더 시간을 들여서 의사 결정에 고려할 모든 사항을 종이에 적어 보면 더 신중하고 균형 잡힌 판단을 내리는 데 도움이 될 수 있다.

의사 결정을 위한 득실 비교표를 작성하려면 다음의 표와 같이 한 페이지를 네 칸으로 나눈다. 첫 번째 사분면에는 어떤 목표를 포기했을 때 얻을 수 있는 모든 이득을, 두 번째 사분면에는 포기로 인해 발생할 비용을 모두 나열한다. 포기했을 때 얻을 수 있는 이득에는 다른 목표나 가족과의 시간처럼 삶의 다른 측면에 더 많은 시간을 할애하는 것이 포함될 수 있다. 포기로 인해 발생할 비용에는 오랫동안 품어 온 야망을 저버릴 때 겪게 되는 좌절감이나 실망감이 있다. 이때 중요한 것은 포기의 득실이 얼마나 중요하거나 사소한지는 생각하지 않고 빠짐없이 모두 적는 것이다. 이런 과정을 통해 우리는 의사 결정 과정에 영향을 미치는 모든 요소를 빠짐없이 고려해 볼 기회를 가질 수 있다.

세 번째 사분면에는 포기하지 않았을 때 얻을 수 있는 이득을 모두 나열한다. 마지막 사분면에는 포기하지 않았을 때 발생할 비용을 모두 나열한다. 포기하지 않았을 때 얻는 이득에는 목표를 달성했을 때 느끼는 만족감과 보상 등이 있다. 비용에는 전반적인 삶의 여유와 건강 저하, 그리고 키칸 랜들이 깨달았던 것처럼 다른 중요한 인생 목표의 희생 등이 있다. 이렇게 하면 우리는 어떤 행동에 따르는 모든 득실을 꼼꼼히 비교한 후 최종 결정을 내릴 수 있다.

의사 결정을 위한 득실 비교표

<포기했을 때 얻는 이득>	<포기했을 때 드는 비용>
<포기하지 않았을 때 얻는 이득>	<포기하지 않았을 때 드는 비용>

의사 결정을 위한 득실 비교표는 여러 가지 용도로 사용할 수 있다. 객관적인 비용-편익 분석을 통해 달성할 수 없는 목표를 향해 매진하는 행동의 비용이 이익보다 크다고 판단될 때는 이를 피할 수 있다.[4] 반대로 달성할 수 있는 목표에 대한 의지를 재확인하고 어렵고 힘든 순간을 극복하는 데 도움이 될 수도 있다.[5] 이러한 과정을 통해 우리는 너무 일찍 포기하는 실수를 줄이고 성공적으로 목표 달성에 이를 가능성을 높일 수 있다.

회복탄력성에 의지하기

우리는 이 책에서 운동선수의 회복탄력성에 대해 많이 다루었다. 6장에서 배운 바와 같이 회복탄력성이란 어려운 상황을 만나도 금세 회복하여 퍼포먼스와 기능, 삶의 안정을 유지할 수 있는 능력이다. 이러한 능력은 '타고나는' 것이 아니다. 우리에게 주어진 심리적 도구를 통해 발전시키는 것이다. 큰 어려움을 만나도 계속 앞으로 나아갈 수 있는 능력은 스포츠뿐 아니라 일상생활에서도 성공의 핵심이다. 또한 힘든 시기를 겪고 있는 다른 사람들도 포기하지 않도록 돕는 힘과 자신감의 원천이 될 수 있다(5장 '다른 사람에게서 배우기').

최근 우리에게 코로나19 팬데믹보다 더 힘들었던 시기는 없었다. 많은 운동선수가 스포츠를 통해 배운 마인드 전략이 변화된 일상을 견디는 데 큰 도움이 되었다고 말한다. 목표 세분화 하기(1장), 통제할 수 있는 일에 집중하고 통제할 수 없는 상황 받아들이기(3장), 유연한 목표 전환(10장), 긍정적인 자기 대화(4장) 등 이 책에 소개된 여러 마인드 전략은 운동선수처럼 사고하고 실천하는 모든 사람이 절망에 굴복하지 않고 계속 자신의 일과 생활을 이어 나가는 데 큰 도움이 되었다.

9장에서 만나 본 알비나 비게이는 마라톤을 통해 키운 능력을 사용하여 코로나19 팬데믹 기간 동안 자신과 가족, 지역 사회를 도울 수 있었다. 올림픽 마라톤 선발전 예선에 두 차례 출전하여 2분 37초라는 최고 기록을 세웠던 비게이는 애리조나주의 북동부와 유타주의 남동부, 뉴멕시코주의 북서부를 아우르는 아메리카 원주민 보호구역인 나바호 네이션Navajo Nation에 거주한다. 이 지역은 코로나로 인해 미국에서 가장 큰 피해를 입은 지역으로 수많은 확진자가 발생했고 사망자 수도 수백 명에 이른다.

비게이는 보호구역의 투석 센터에서 영양사로 일해 왔다. 코로나가 닥치기 몇 달 전 간호학 학위를 취득한 그녀는(그녀의 어머니는 나바호 구역에 있는 다른 의료 시설의 간호 책임자로 일한다) 자신의 의료 지식과 달리기 경력을 활용하여 자포자기 상태에 빠진 주민을 하나로 결집하는 역할을 했다. 달리기로 얻은 유명세와 수많은 SNS 팔로워를 보유한 그녀는 이렇게 말했다. "저의 영향력을 긍정적인 메시지 전파에 사용하기로 결심했어요."

그렇게 하기까지는 많은 어려움이 따랐다. 나바호족 인구의 약 3분의 1에 해당하는 17만 명이 수돗물을 사용할 수 없기 때문에 규칙적인 손 씻기에 어려움을 겪었다. 수돗물 사용이 어려운 사람들은 주로 친척의 집에서 샤워하고 설거지나 빨래 등을 해결했기 때문에 지역 사회에 바이러스를 확산할 가능성도 그만큼 높았다. 이 지역에는 특히 비만율과 당뇨병 유병률이 높았는데 비게이는 통조림 음식과 정크 푸드를 주식으로 삼는 주민들의 식습관이 그 이유 중 하나라고 생각했다. 이러한 기저 질환이 코로나19 팬데믹 때 주민 피해를 더 크게 키웠다.

문화적 관습도 문제였다. "인사를 할 때 악수하는 것은 나바호족에게 깊이 뿌리내린 관습이에요." 비게이는 말했다. 나바호족은 대가족이 좁은 집에 모여 사는 경우가 많다. 그것은 경제적인 이유 때문이기도 하지만 문화적으로 친족 관계를 매우 중요하게 여기기 때문이다. "조부모님이나 친척을 매일 찾아뵙는 것이 익숙한 일상이었는데 코로나 때 갑자기 집에만 있어라, 악수도 하지 말라는 소리를 듣게 된 거죠."

기본적인 방역 조치의 필요성을 전파하려는 그녀의 시도를 방해한 요인이 또 하나 있었다. "주민 중에 특히 나이가 많은 어르신들은 '우리 부족은 지금까지 많은 어려움을 이겨 냈고 우리 조상도 그랬다. 이번에도 우리는 이겨 낼 수 있다'라는 식으로 말씀하시곤 했죠. 이런 민족적 자신감 때문에 방역 조치를 진지하게 생각하지 않는 사람들이 많았어요." 그녀는 말했다.

부정적인 생각을 전환해 동기 부여의 원천으로 삼는 것에 익숙한 운동선수였던 비게이는 주민에게 그들의 조상이 많은 고난을 극복할 수 있었던 이유는 나바호족의 위대한 문화적 전통 때문이라는 사실을 상기시켰고 그중 하나인 '달리기'를 강조했다.

"우리가 어렸을 때 자주 듣던 이야기를 많이 언급했어요." 그녀는 말했다. "우리는 매일 아침 일찍 일어나 동쪽을 향해 달리기를 하고 우리의 몸과 마음을 돌보는 일이 중요하다고 배우고 자랐죠. 우리의 조상은 심신을 강하게 단련해 어려움이 닥쳤을 때 대비하라고 가르쳤어요."

비게이가 전하고자 한 가장 중요한 메시지는 '포기하지 말라'는 것이었다. 바이러스 확산을 늦출 수 있다고 입증된 방역 조치를 포기해서는 안 되며 지금까지 온갖 고난을 극복해 온 나바호족의 굳은 결기가 코로나에 무너지게 내버려두면 안 된다고 그녀는 외쳤다. 이러한 그녀의 메시지는 팬데믹 초기에 비게이의 아버지가 뇌졸중으로 쓰러져 몇 시간이나 떨어진 병원에 입원했을 때 더욱 빛을 발했다.

"코로나19와 아버지의 입원이 한꺼번에 닥쳤을 때 선수 시절에 배워둔 마인드 전략이 스스로를 버티게 했고 가족을 돕는 데 도움이 되었어요." 비게이는 말했다. "운동선수는 아무리 큰 타격을 입어도 다시 일어나 앞으로 나아가는 데 익숙한 사람들이죠. '정말 좋지 않은 상황이지만 우리는 괜찮아. 아직도 감사할 일이 너무 많은걸. 아버지도 어제보다 오늘 더 나아지셨고. 이 작은 승리를 발판 삼아 내일로 나아가자.' 저는 가족들에게 기운을 북돋아 주며 이렇게 말하곤 했어요."

12장

마지막까지 전력 질주하기

마지막 구간까지
동력을 잃지 않는 방법

2015년 육상 세계 선수권 대회 10000미터 달리기에서 마지막 한 바퀴를 앞둔 몰리 허들Molly Huddle의 머릿속에는 오직 한 가지 생각뿐이었다. 그것은 첫 국제 대회 메달을 반드시 따내기 위하여 가장 유리한 위치를 선점하겠다는 의지였다. 선두 그룹에는 자신을 포함한 8명의 선수가 포진하고 있었고 그녀는 자신이 다른 선수들에 비해 스피드가 부족하다는 사실을 알고 있었다. 지금까지 다른 선수들보다 약간 앞서서 달린 그녀는 마지막 스프린트가 시작되기 전까지도 경쟁자들이 숨을 돌릴 여유가 없도록 페이스를 잃지 않았다. 마지막 한 바퀴를 남겨둔 시점에서 허들은 첫 번째 모퉁이를 돌면서 속도를 높였다. 경쟁자들이 그녀의 속도에 맞추다 보면 마지막 몇 미터가 남았을 때 경쟁자들의 스피드가 조금 떨어질 수밖에 없는 상황이었다.

그녀의 계략은 성공한 것처럼 보였다. 선두 그룹이 둘로 갈라지기 시작한 것이다. 에티오피아의 질레트 부르카Gelete Burka와 케냐의 비비안 체루이요트Vivian Cheruiyot는 직선 구간에서 허들을 추월했지만 결승선까지 반 바퀴 남겨둔 시점까지도 허들은 동메달권인 3위에 머무를 수 있었다. 허들은 두 선수의 뒤에 바짝 붙어 달리려고 최선을 다했다. 그들의 속도를 따라잡을 수 없다는 걸 알고 있었지만 최대한 바짝 붙으면 뒤따라오는 선수들의 기를 꺾는 효과는 볼 수 있다고 생각한 것이다.

마지막 직선 구간에서 부르카와 체루이요트는 허들을 따돌리며 앞서 나갔고 체루이요트는 부르카를 손쉽게 제압하며 금메달을 차지했다. 허들은 1번과 2번 레인 사이를 계속해서 달렸고 결승선을 한 발짝 앞두고 두 팔을 번쩍 들어 동메달 획득을 자축했다.

하지만 그날 허들은 동메달을 따지 못했다. 동료 미국 선수인 에밀리 인필드Emily Infeld가 마지막 반 바퀴를 남기고 허들을 바짝 추격하고 있었던 것이다. 그녀는 허들이 약간 넓게 달리는 바람에 생겨난 공간인 첫 번째 레인 안쪽에 달라붙어 뛰고 있었다. 고개를 숙이고 상체를 구부린 채 인필드는 마지막 20미터를 남기고 허들을 거의 따라잡았다. 허들이 팔을 들어올리려고 아주 약간 힘을 푼 사이에 인필드는 어깨를 앞으로 내밀며 결승선을 통과했다. 결국 인필드는 허들을 0.09초 차로 제치고 동메달을 획득했다.

우리가 이 이야기를 하는 이유는 미국 신기록을 보유한 올림픽 선수도 흔들릴 때가 있다는 사실을 보여 주기 위해서다. 너무 일찍 자축하는 바람에 메달 획득에 실패한 허들의 사례는 극단적인 사례이긴 하지만 흔히 발생하는 일이기도 하다. 많은 사람이 힘든 과제의 마지막 순간에 긴장을 늦추곤 한다. 대부분 이러한 행동이 허들만큼 극적인 결과(와 전 세계에 중계되는 상황)를 초래하지는 않지만 마지막까지 전력을 다하지 않으면 자신의 최고 기량을 발휘하지 못할 수 있다.

동력 잃지 않기

우리가 마지막 결승점까지 전력 질주하지 못하는 이유는 물론 여러 가지다. 2015년 세계 선수권 대회에서 몰리 허들처럼 순간적으로 집중력이 흐트러진 경우도 있지만 많은 사람이 마지막 순간에 힘을 빼는 이유는 더 단순하다. 그것은 스스로를 한계까지 밀어붙이는 일이 정말 고통스럽기 때문이다. 경주나 힘든 운동 같은 급박한 상황에서 '조금 힘을 빼고 싶다'라는 생각이 드는 것은 나약함이 아닌 자연스러운 현상이다. 이러한 현상에 가장 잘 대응할 수 있는 방법은 이 책에서 살펴본 다른 장애물에 대처할 때와 마찬가지로 효과적인 마인드 전략을 구비하는 것이다.

2014년 보스턴 마라톤에서 멥 케플레지기가 우승한 장면을 다시 한번 살펴보자. 경주의 마지막 600미터 구간을 남겨두고 케플리지기가 보일스턴 스트리트(보스턴 마라톤의 결승 지점이 있는 거리─옮긴이주)를 따라 결승점을 향해 달려가는 모습을 보면 그가 이번 대회를 전혀 힘들지 않게 치른 것처럼 보일 것이다. 두 명의 경쟁자가 그다지 멀리 떨어져 있지 않은 곳에서 그를 뒤쫓고 있었지만 케플레지기는 개의치 않는 듯한 표정이었다. 그는 관중을 향해 감사의 표시로 두 주먹을 불끈 쥐어 보였고 전년도 마라톤에서 폭탄이 터졌던 두 지점을 지날 때는 성호를 긋기도 했다. 마지막에 결승선을 통과하는 순간에는 사진에 더 잘 나오기 위해 쓰고 있던 선글라스를 이마로 치켜 올리는 여유까지 보였다.

그의 축하 세리머니를 지켜보면 케플레지기가 이번 경주의 마지막 몇 킬로미터를 얼마나 끔찍하게 느꼈는지 짐작하기 어렵다. 약 12킬로미터 지점부터 선두를 지키던 케플레지기가 37킬로미터 지점에서 뒤를 돌아봤을 때 한 시간여 만에 처음으로 그의 시야에 다른 주자가 들어왔다. 간단한 계산만 해 봐도 그 주자가 지난 몇 킬로미터 동안 케플레지기보다 훨씬 빠른 속도로 달렸다는 것을 유추할 수 있다. 경주 경험이 많은 케플레지기는 이런 상황에서는 추격당하는 쪽보다 추격하는 쪽이 훨씬 유리하다는 사실을 알고 있었다. 그의 뒤를 쫓는 케냐의 윌슨 체벳Wilson Chebet은 한 발짝씩 뗄 때마다 점점 더 가까워지는 케플레지기를 볼 수 있기 때문이다. 오랫동안 선두를 달리던 선수가 경주 후반부에서 자신을 추격해 오는 사람의 속도를 따라잡는 경우는 드물다.

약 38킬로미터 지점에서 케플레지기는 체벳에게 추월을 허용할까도 생각해 봤다. 에너지를 조금 아껴두었다가 보일스턴 스트리트의 마지막 구간에서 체벳을 추월하는 게 훨씬 더 유리한 전략일 수 있다고 생각한 것이다. 케플레지기는 일단 그러한 생각이 들었던 사실을 인정한 후 곧바로 그건 극심한 피로 때문에 생겨난 생각이라고 일축했다. 그리고 오히려 체벳과의 격차를 더 벌려서 그를 낙담시키는 전략을 취하라고 스스로에게 말했다.

케플레지기의 저서 《26번의 마라톤26 Marathons》을 읽어보면 그가 얼마나 육체적, 정신적 한계에 다다른 상태에서 이런 결정을 내렸는지 알 수 있다. 왼발의 만성적인 통증은 발이 땅에 닿을 때마다 그를 괴롭혔고 보스턴 대회 몇 주 전에 생겨난 햄스트링 염좌는 불덩이처럼 뜨거웠다. 체벳을 따돌리기 위해 속도를 너무 높인 탓에 배가 아프기 시작했고 금방이라도 토할 것 같았지만 케플레지기는 체벳에게 자신의 나쁜 컨디션을 들키고 싶지 않았기 때문에 고개를 젖히고 토사물을 삼켰다. 그래도 체벳은 그를 빠르게 추격하고 있었다. 약 1킬로미터 정도 남은 지점에서 그와 체벳의 격차는 6초 차이로 좁혀졌다. 케플레지기는 가장 효율적으로 달려야 할 때 자신의 자세가 무너지는 것을 느꼈다. 그는 스스로에게 "집중! 집중! 집중! 테크닉! 테크닉! 테크닉!"이라고 말하며 자세를 유지하려 애썼다. 다시 뒤를 돌아보았을 때 그는 자신이 격차를 크게 벌리지도 못했지만 체벳 또한 자신에게 더 가까이 붙지 못한 것을 알아차렸다. 잠시 자세에 정신을 집중했던 것이 피로를 덜어주고 속도를 끌어올리는 데에도 도움이 된 것이다. 그는 체벳이 자신을 추월할 수 있었다면 이미 그렇게 했어야 했다는 걸 알았다. 경주가 여기까지 진행된 이상 더 이상의 모략이나 술수는 의미가 없었다.

이러한 깨달음은 케플레지기에게 큰 심리적 활력을 가져다

주었다. 그 활력에 힘입어 그는 보일스턴 스트리트로 진입하는 모퉁이를 돌았고 환호하는 군중과 전년도 폭탄 테러 희생자들에 대한 생각에서 더 많은 힘을 얻었다. 그가 훈련 중에 그토록 많이 떠올렸던 장면, 우승 트로피와 개인 최고 기록을 코앞에 두고 보스턴 마라톤의 마지막 구간을 달리는 장면이 이제 곧 현실이 되려 하고 있었다.

마지막까지 전력 질주하는 방법

이전 장에서 우리는 목표 달성에 실패하는 두 가지 주요 원인을 살펴봤다. 첫째는 달성할 수 있는 목표를 너무 일찍 포기하는 것, 둘째는 달성할 수 없는 목표를 향한 헛된 추격이었다.

하지만 2015년 육상 세계 선수권 대회에서 몰리 허들에게 벌어진 일을 살펴보면 목표 달성 실패에는 또 하나의 중대한 이유가 있다는 사실을 알 수 있다. 때로는 노력을 너무 일찍 멈추는 것이 실패의 원인이 될 수 있다. 이것은 이른 포기와는 성격이 다른 실패다. 허들이 10000미터 경주의 마지막 구간에서 그랬던 것처럼 우리는 때때로 목표 달성이 임박했을 때 노력을 줄이고 엑셀에서 발을 떼고 손쉽게 결승선에 도달하려는 경향이 있다.[1] 문제는 이것이 성공에 미처 도달하지 못하는 이유가 될 수 있다는 사실이다.

이러한 경향에는 여러 가지 이유가 있다. 첫째, 의미 있고 가치 있는 목표 달성이 코앞이라는 믿음은 좋은 기분을 유발한다. 허들이 세계 선수권 대회 메달을 목전에 두고 느꼈을 환희는 쉽게 상상할 수 있다. 그러나 2장에서 살펴본 것처럼 때로는 불쾌한 감정이 성공에 도움이 되기도 한다. 마찬가지로 즐거운 감정이 실패의 원인이 될 수도 있다.

목표 달성을 위한 노력의 관점에서 우리의 감정과 행동을 일종의 입출력 시스템으로 생각하면 이해가 빠를 것이다.[2] 어떤 중요한 목표를 앞두고 뒤처지고 있다는 생각이 들면(입력) 우리에게는 걱정스러운 마음이 생긴다. 이러한 마음을 해소하기 위해 우리는 목표를 향해 더 많은 힘을 쏟는다(출력). 이럴 때 걱정은 우리의 초점을 바꾸고 노력을 강화한 계기로 작용한 것이다. 2014년 보스턴 마라톤 결승선을 몇 킬로미터 남겨둔 멥 케플레지기의 경우에도 경쟁자에게 따라잡힐지 모른다는 걱정이 그의 집중력과 의지를 높이는 데 도움이 된 것을 우리는 확인한 바 있다.

하지만 그 반대의 경우도 성립할 수 있다. 우리는 자신에게 의미 있는 목표 달성 과정에서 좋은 진전을 이루고 있다는 사실을 느낄 때 기분이 좋아지는 경향이 있다(입력). 목표의 크기에 따라 만족감이나 희열을 느끼기도 한다. 문제는 이러한 좋은 감정이 집중력을 떨어뜨리거나 노력을 줄이는 결과를 낳을 수 있다는 사실이다(출력). 이러한 경향은 목표 달성이 가까워질수록 강해진다. 이 때문에 허들처럼 너무 일찍 긴장을 풀고 쉽게 결승점으로 진입할 수 있다. 사실 목표 달성이 임박했을 때 우리가 느끼는 좋은 기분은 '해냈어! 이제 고생은 끝이야!'라는 메시지를 담고 있다. 문제는 그 감정 때문에 정작 목표 달성에 실패할 수 있다는 사실이다.

잘 진행되고 있거나 목표 달성이 임박했을 때 우리가 노력을 줄이는 두 번째 이유는 너무 많은 일을 벌여놨기 때문일 수 있다. 우리 대부분은 삶의 여러 목표에 우리의 주의와 노력을 분배하여 살고 있다. 노엘도 이 책의 막바지 작업에 한창 열중하던 무렵에는 가족이나 운동처럼 삶의 다른 영역에 들이는 시간과 노력을 상대적으로 줄일 수밖에 없었다. 동시에 모든 일에 최대한의 집중력을 발휘하는 것은 불가능하기 때문이다. 그랬다가는 금방 탈진해서 모든 영역에서 실패할 가능성이 더 커졌을 것이다.

어떤 일의 진행 상황에 대한 우리의 기분은 다른 목표의 우선순위를 정하는 데 영향을 미친다. 우리의 기분은 현재 하는 일이 잘되어 가는지 혹은 뒤처지고 있는지에 대한 중요한 메시지를 담고 있기 때문이다. 우리가 어떤 영역에서 잘하고 있다면 그 영역에서는 약간 힘을 빼고 주의가 필요한 다른 영역에 좀 더 시간과 노력을 쏟을 수 있다. 이런 방식으로 우리는 한 번에 너무 많은 자원을 써버리지 않으면서도 동시에 여러 가지 목표에 투자할 수 있다. 물론 우리는 때때로 할 수 있는 것보다 더 많은 일을 벌여놓는 함정에 빠지기도 한다. 11장('버텨야 할 때와 포기해야 할 때')에서 소개한 '의사 결정을 위한 득실 비교표'를 사용하면 가장 긴급하게 우리가 주의를 기울여야 할 영역을 파악하는 데 도움이 될 수 있다.

네덜란드의 틸뷔르흐대학교Tilburg University 연구진은 목표 달성의 진행 상황과 그에 따른 감정이 목표 달성을 위한 집중도와 노력에 어떤 영향을 미치는지 연구하는 실험을 진행했다.[3] 연구진은 학부생 82명에게 3주 동안 실행할 체중 감량 목표를 설정하게 했다. 동시에 참가자들이 이 기간 동안 동시에 달성하고 싶은 부차적인 목표도 설정하게 했다. 여기에는 돈 절약, 공부 시간 늘리기, 봉사활동 더 많이 하기 등이 포함되었다. 연구진은 많은 사람이 새해 결심을 하는 1월에 이 연구를 실시했다.

실험이 진행되는 3주 동안 참가자들은 매일같이 목표 체중과 식단이나 운동 같은 체중 감량을 위한 행동에 대한 질문을 받았다. 그리고 체중 감량이라는 목표와 부차적인 목표를 위해 자신이 얼마만큼 노력하고 있는지, 그 노력에 대해 어떤 감정을 가지고 있는지, 목표 달성에 얼마만큼 가까워지고 있다고 느끼는지 스스로 평가하게 했다.

연구 결과, 참가자들은 목표 체중까지는 아직 멀었지만 감량이 잘 진행되고 있다고 느낄 때 체중 감량 목표를 위한 노력을 늘리고 부차적인 목표를 위한 노력은 상대적으로 줄이는 것으로 나타났다. 즉 목표 추구 여정의 초기에는 목표 달성 과정이 잘 진행되고 있다고 느낄 때 1차 목표에 우선적으로 에너지를 쏟았다.

그러나 목표 체중에 가까워졌다고 느낄수록 참가자들은 체중 감량을 위한 노력을 줄이고 부차적인 목표 달성에 더 많은 노력을 기울이게 되었다. 즉 목표 체중이 임박한 참가자들은 체중 감량에 중요한 운동 같은 활동보다는 공부나 봉사에 더 많은 에너지를 쏟았다.

물론 시기에 따라 서로 다른 목표의 우선순위를 조정하는 능력에는 여러 가지 장점이 있다. 그러나 때로는 그것이 우리를 함정에 빠뜨릴 수 있다는 점을 인식한다면 허들의 사례처럼 인생의 중요한 목표 달성을 코앞에서 놓치는 상황은 피할 수 있을 것이다. 다행히도 우리에겐 이러한 상황을 피하도록 도와주는 마인드 전략이 있다.

1장에서 우리는 결과 목표, 성과 목표, 과정 목표의 차이에 대해 알아보았다. 세계 선수권 대회에서 메달을 따겠다는 것이나 체중을 감량하겠다는 것은 결과 목표이다. 이는 목표 달성을 위해 우리가 하는 모든 행동과 절차의 결과이다. 우리는 1장('모든 목표는 똑같지 않다')에서 결과 목표에만 지나치게 집중할 때 발생할 수 있는 몇 가지 위험성을 강조한 바 있다. 특히 최종 결과에 대해서만 지나치게 많이 생각하면 그 목표 달성에 필요한 단계들을 간과할 수 있다고 경고했다.

우리는 절차 목표에 집중하고 원하는 결과에 도달하기 위해 해야 할 행동에 초점을 맞추는 방법을 통해 이러한 함정을 피하도록 집중력을 놓치지 않을 수 있다. 3장('통제할 수 있는 것에 집중하기')에서 살펴보았듯 우리의 노력, 집중력, 마음가짐 등은 우리가 통제할 수 있거나 최소한 마인드 전략을 통해 영향을 줄 수 있는 요소이다. 멥 케플레지기가 스스로에게 사용한 구호 "집중! 집중! 집중! 테크닉! 테크닉! 테크닉!"에서도 이러한 사례를 찾아볼 수 있다(4장 '자기 대화'). 케플레지기는 이 문구를 되뇌는 방식을 통해 2014년 보스턴 마라톤의 마지막 구간을 최대한 빨리 달리기 위해 자신이 해야 하는 행동에 정신을 집중할 수 있었다(3장 '주의 집중 전략의 장점'). 단기적으로 실행할 하위 목표(1장 '목표 세분화하기')를 설정하는 것도 목표 달성이 임박했을 때 끝까지 집중력을 유지하고 마음이 해이해지는 것을 방지할 수 있다. 목표가 가까울 때 "이제 1킬로미터 남았어!" 또는 "열 걸음만 더 뛰면 끝이야!"라고 말하는 자신을 상상해 보는 것도 좋다. 좀 더 장기적인 프로젝트라면 "이제 일주일만 더 버티면 끝이다!"라고 말할 수도 있다.

마지막으로 우리가 사용할 수 있는 전략은 목표 달성 과정이 잘 진행되고 있을 때를 대비한 대응책을 세우는 것이다(1장 '평정심 유지하기'). 이 말은 모순적으로 들릴 수 있다. 목표를 향한 진전이 잘 이루어지고 있는데 왜 대응책이 필요한 걸까? 그러나 이 장에서 강조했듯 일이 계획대로 잘되어갈 때 발생하는 좋은 기분이 의도치 않은 부정적인 결과를 초래할 수 있다. 만약 목표 달성이 임박한 상황에서 마지막에 동력을 잃는 바람에 목표를 코앞에서 놓치는 것이 걱정된다면 '이프덴 플래닝'을 통해 이전 단락에서 살펴본 여러 가지 심리적 도구 중 자신에게 가장 적합하다고 생각되는 전략을 사용하여 이러한 상황에 대비하는 것이 도움이 될 수 있다.

기분 좋은 감정에 도취되지 않고 끝까지 집중력과 노력을 유지할 수 있도록 미리 계획하는 것은 성공적인 목표 달성의 중요한 단계가 될 수 있다. 자신도 모르게 막판에 힘을 빼게 하는 감정이나 생각 등을 사전에 인식하고 건설적인 방식으로 대응함으로써, 지속적인 집중과 노력을 습관화하고 이를 발판 삼아 결승선을 통과할 수 있다(1장 '습관화하기').

하나의 결승선은 또 하나의 출발선이다

목표를 달성하거나 프로젝트를 완료한 후 가장 먼저 해야 할 일은 자축하는 시간을 갖는 것이다. 자신의 성취를 축하하고 목표 달성에 도움을 준 사람들에게 감사하는 시간을 갖고 그동안 목표에 집중하느라 미뤄두었던 즐거움을 마음껏 만끽하자. 또 그간 소홀히 했을 수도 있는 자기 돌봄, 가족, 친구 등 삶의 다른 중요한 영역에 시간을 투자하는 것도 좋다.

2~3일 정도의 시간이 흘러 기쁨의 감정이 약간 진정된 후에는 다시 한번 운동선수들처럼 생각하기를 실천할 시간이다. 승리로 대회를 마친 우승팀 선수들처럼 우리도 지금까지의 경험을 바탕으로 또 다른 성공을 준비하는 것이다.

이러한 과정은 미래의 자신이 발휘할 수 있는 능력에 대한 믿음을 키울 수 있는 매우 중요한 단계이다(5장 '이전의 성취'). 이를 위해 서두에서 언급했던 강점 프로필 작성하기(바로 이어지는 '부록 1'에 첨부되어 있다)를 다시 해 보는 것도 좋다. 처음 이 프로필을 작성했을 때 입력했던 자질들을 재입력하고 각 자질에 대한 현재의 평가를 점수로 적어 보자.

이러한 과정을 통해 처음에 비해 향상된 자신의 점수를 눈으로 확인할 수 있길 바란다. 아마도 현재의 평점은 과거에 설정했던 목표에 좀 더 가까워져 있을 것이다. 새롭게 강화된 마인드 기술은 다른 영역에도 적용할 수 있다는 사실도 꼭 기억하기 바란다. 이전과 비슷한 목표 혹은 완전히 다른 목표에도 이를 적용할 수 있다. 이러한 자질은 이제 여러분의 일부가 되었다. 앞으로 어떤 목표를 향해 달려 나가든지 이러한 심리적 도구가 여러분 곁에서 도와줄 것이다.

마지막으로 이 책을 통해 전하고자 하는 가장 중요한 교훈이 있다. 우리가 운동선수처럼 생각하기를 배우는 과정에서 알게 된 것처럼 정신적 자질은 언제든지 변화하고 성장할 수 있다. 그 어떤 것도 고정된 것은 없다. 동기 부여, 감정 조절, 집중력, 회복탄력성, 자신감 같은 자질은 얼마든지 스스로 키우고 발전시킬 수 있다. 적절한 심리적 도구를 배우고 적용함으로써 어떤 자질이라도 향상할 수 있는 힘이 우리 안에 있다. 이런 힘을 지속적으로 발휘하여 여러분의 인생에서 가장 중요한 프로젝트를 꼭 성공시키기 바란다. 그것은 행복하고 만족스러운 삶을 사는 것이다.

나의 강점 프로필 작성하는 방법

강점 프로필 작성하기는 운동선수들을 컨설팅하는 스포츠 심리학자들이 컨설팅 초기 단계에 많이 사용하는 도구 중 하나다.[1] 강점 프로필은 운동선수들이 자신의 종목에서 성공하기 위해 필요한 자질이 무엇인지 성찰할 수 있는 귀중한 자료가 된다.[2]

노엘은 운동선수뿐 아니라 자신이 가르치는 학생들을 상대로도 강점 프로필을 적어 보게 한다. 운동선수에게는 심리적 자질뿐 아니라 체력, 운동 기술, 전술적 인식, 생활 습관(수면과 영양 등)에 대해서도 성찰하도록 요청한다. 이런 성찰 과정을 통해 운동선수는 자기 인식을 높이고 어떤 자질을 향상할지 결정하고 개선 목표를 설정할 수 있다.[3]

학생들을 대상으로는 학업과 관련된 강점 프로필을 작성하게 한다. 예를 들면 시험을 퍼포먼스 환경으로 설정하고 운동선수들이 성공적인 스포츠 퍼포먼스에 필요한 자질에 대해 성찰하는 것처럼 학생들은 시험을 잘 보는 데 필요한 자질에 대해 프로필을 작성하게 하는 것이다. 개인의 강점과 개선 영역을 파악할 수 있도록 돕는 이 연습은 누구에게나 재미있는 활동이 될 수 있다.

강점 프로필에는 여러 가지 변형된 버전이 있다. 이 부록에는 모든 버전의 핵심이 되는 네 가지 주요 단계를 설명한다.[4]

1단계: 핵심 자질 도출하기

운동선수들을 대상으로 강점 프로필을 작성하게 할 때 노엘은 가장 먼저 그들이 자신의 종목에서 성공하기 위해 필요하다고 생각하는 핵심 자질이 무엇인지 생각하라고 한 다음 약 20개 정도의 항목을 목록으로 작성하게 한다. 여러분도 자신에게 중요한 정신적 자질이 무엇인지 적어 보는 것부터 출발하기 바란다. 운동선수들은 일반적으로 4~5개 정도의 심리적 자질을 적은 후 나머지 항목은 체력, 운동 기술 및 전술적 능력, 생활 습관과 관련된 자질로 채운다. 여러분이 적을 수 있는 정신적 자질이 20개가 되지 않아도 괜찮다. 일단 종이 왼쪽에 목록을 만들어 최대한 많이 적어 보고 옆에 추가로 작성할 수 있는 공간을 남겨 두면 된다.

운동선수들에게 이러한 목록을 적게 하면 정신적 자질과 함께 체력, 전술적 인식, 운동 기술 관련 항목도 포함되기 마련이다. 그러므로 여러분이 적은 정신적 자질이 20항목이 되지 않더라도 걱정할 필요 없다.

이 과정은 서두를 필요가 없다. 운동선수들을 대상으로 강점 프로필 작성하기를 진행할 때 노엘은 보통 20~30분 정도의 시간을 주며 최대한 많이 생각하고 적어 보길 권장한다.

운동선수들의 핵심 자질 도출 과정을 돕기 위해 노엘은 그들에게 자신의 종목에서 퍼포먼스가 가장 뛰어난 선수의 특성을 생각해 보라고 말한다. 또는 자신이 최고의 기량을 발휘했던 시합을 떠올려 보라고 말하기도 한다. 그리고 선수들에게 이렇게 질문한다. 자신이 최고의 기량을 발휘할 때 어떤 자질이 도움이 되었는가? 그때 무슨 생각을 했고 어떤 기분을 느꼈는가?

이 단계에서는 자신이 적은 자질이나 속성의 정확한 명칭에 너무 신경 쓰지 않아도 괜찮다. 자신이 적은 명칭의 의미를 본인이 이해할 수 있으면 된다.

여러분의 연습을 돕기 위해 다음 표에 우리가 다섯 가지 자질을 적어 보았다. 이는 올림픽 선수들이 성공에 가장 중요하다고 파악한 심리적 특성들이다.[5] 그러나 이들이 파악한 감정 관리 능력, 긴장 풀기 능력, 자신감 등은 스포츠뿐 아니라 일상생활에서도 중요한 자질이다.

2단계: 현재 점수 매기기

자신에게 중요한 핵심 자질을 도출한 후에 해야 할 일은 각 자질에 대한 자신의 현재 상태를 1(매우 낮음)에서 10(최고)까지 점수를 매기는 것이다. 이것이 자신의 현재 점수이다.

자질별로 점수를 매겨보면 자신의 강점(높은 점수를 받은 항목)과 노력이 필요한 영역(낮은 점수를 받은 항목)을 파악하는 데

자질	현재 점수	목표 점수	향상할 수 있는 방법
동기 부여 능력			
긴장 풀기 능력			
집중력			
감정 관리 능력			
자신감			

도움이 된다. 이러한 점수를 숫자로 적어 보는 것도 좋지만 막대 그래프로 그려 보는 것도 도움이 될 수 있다. 이렇게 하면 자신의 강점과 개발이 필요한 항목을 한눈에 파악할 수 있다.

다음의 예시에는 우리가 제시했던 정신적 자질에 대한 현재 점수가 추가되어 있다. 이 예시에서는 동기 부여 능력과 집중력 이 자신의 강점으로 평가된 것을 확인할 수 있다.

자질	현재 점수	목표 점수	향상할 수 있는 방법
동기 부여 능력	9		
긴장 풀기 능력	2		
집중력	8		
감정 관리 능력	6		
자신감	4		

자신의 강점과 약점을 제대로 파악하는 일은 중요하다. 자신의 정신적 강점을 알면 기분이 좋아지고 삶의 만족감을 높여 정신 건강에도 긍정적인 영향을 줄 수 있다.[6] 또한 자신의 강점을 인지하고 있으면 삶의 다양한 영역에서 이를 활용할 가능성도 높아져 목표 달성에 한 걸음 더 가까워질 수 있다.

3단계: 목표 점수 매기기

자신의 강점을 인식하는 것만큼이나 중요한 것은 개선해야 할 항목을 파악하고 목표를 설정하는 일이다. 이것이 강점 프로필 작성의 세 번째 단계다. 이 단계에서는 항목별로 도달하고자 하는 점수를 1부터 10점까지 입력한다. 이것이 여러분의 목표 점수이다. 다음의 표에 이러한 작업의 예시를 추가했다.

자질	현재 점수	목표 점수	향상할 수 있는 방법
동기 부여 능력	9	9	
긴장 풀기 능력	2	4	
집중력	8	8	
감정 관리 능력	6	6	
자신감	4	7	

물론 모든 면에서 10점 만점을 기록할 수 있다면 완벽하겠지만 그것이 늘 가능한 것은 아니다. 운동선수들은 그보다는 자신의 약점을 개선하는 데 집중한다. 현재 점수와 목표 점수의 차이를 계산하면 현재 나에게 가장 개선이 필요한 항목을 파악할 수 있다. 위의 예시를 보면 '긴장 풀기 능력'의 점수 차는 2점이고 '자신감'의 점수 차는 3점이다.

목표 점수를 매길 때 기억하면 좋은 또 하나의 요소는 각 항목이 나의 전반적인 퍼포먼스에 얼만큼 중요한지다. 예를 들어 나의 '긴장 풀기 능력'의 현재 점수가 더 낮을지 몰라도 지금 나에겐 '자신감' 키우기가 더 시급하다고 판단할 수 있다.

개선해야 할 영역을 파악한 후에는 기간을 설정하는 것이 좋다. 예를 들어 앞으로 한 달 동안 자신감 키우기에 집중하기로 결심했다고 가정한다면 이 기간 동안 현재 점수에서 2~3점 정도 향

자질	현재 점수	목표 점수	향상할 수 있는 방법
동기 부여 능력	9	9	
긴장 풀기 능력	2	4	긴장 풀기에 도움이 되는 운동을 하나 배우고 연습한다
집중력	8	8	
감정 관리 능력	6	6	
자신감	4	7	자신감을 키워줄 마인드 전략을 하나 배우고 사용해 본다.

상한 점수를 목표로 할 수 있다. 기간이 짧을 때에는 이렇게 점진적인 개선을 목표로 하는 것이 가장 현실적이다.

4단계: 행동하기(어떻게 개선할 것인가?)

마지막 단계는 항목별로 목표 점수에 도달하기 위해 무엇을 해야 할지 생각해 보는 것이다. 예를 들면 자신감 향상을 위해 할 수 있는 행동 목표를 설정하거나 긴장을 풀어야 할 때 이를 실천에 옮길 수 있는 방법을 생각해 볼 수 있다. 위의 표에 이를 위한 몇 가지 예시가 추가되어 있다.

이 단계에서 도움이 될 만한 마인드 전략과 심리 기술이 이 책 전반에 걸쳐 제시되어 있다. 적절한 목표 설정과 이를 달성하기 위한 심리적 전략 및 기술은 1장에 소개되어 있다. 필요할 때 긴장을 풀 수 있는 능력처럼 감정 관리에 도움이 되는 심리적 도구는 2장에 소개되어 있다. 안정적이고 견고한 자신감을 키우는 데 사용할 수 있는 전략은 5장을 참고하면 도움이 될 것이다.

점진적 근육 이완법의 예시 스크립트

(본 스크립트의 오디오 녹음본은 youtu.be/EUEutXgfLXw에서 들을 수 있다.)

점진적 근육 이완법PMR은 온몸의 각 근육을 천천히 긴장했다가 이완하는 방식으로 몸의 스트레스와 불안을 줄여 주는 운동입니다. 이 운동을 통해 즉각적인 이완감을 느낄 수도 있지만 매일 20분 정도 연습하는 것이 가장 좋습니다. 경험이 쌓이면 자신이 긴장을 느끼는 순간을 더 잘 인지할 수 있게 되고 이 테크닉을 사용하여 긴장을 완화할 수 있습니다.

점진적 근육 이완법을 실행할 때는 각 근육에 긴장은 주되 무리가 갈 정도는 아니어야 합니다. 몸에 부상이나 통증이 있는 경우 해당 부위는 건너뛰어도 좋습니다. 각 근육의 긴장이 풀리는 느낌과 그에 따른 이완감에 특히 주의를 기울여 보세요. 그럼 시작해 보겠습니다.

편안한 자세로 앉거나 누워 보세요. 눈을 감는 것이 편하다면 그렇게 해도 좋습니다. 심호흡을 하고 폐를 가득 채우는 공기를 느껴보는 것부터 시작합니다. 이제 몇 초간 숨을 멈춥니다.

(5초간 멈춤)

천천히 숨을 내쉬면서 긴장이 몸에서 빠져나가도록 하세요.
다시 한번 심호흡을 하고 숨을 참습니다.

(5초간 멈춤)

다시 천천히 숨을 내쉽니다. 이제 더 천천히 숨을 들이마십니다.
폐에 공기를 가득 채우고 숨을 참으세요.

(5초간 멈춤)

천천히 숨을 내쉬면서 몸에서 긴장이 풀리는 느낌을 상상해 보세요.
이제 양손으로 주의를 옮깁니다. 양손을 모아 주먹을 꽉 쥐고 주먹을 최대한 꽉 쥔 다음 긴장을 풀고 숨을 내쉽니다.

(5초간 멈춤)

다시 양손으로 주먹을 꽉 쥐고 손과 상체의 긴장을 느껴 봅니다.
그리고 숨을 내쉬면서 긴장을 풉니다.

(5초간 멈춤)

이제 주의를 두 팔로 옮깁니다. 팔꿈치를 구부린 다음 팔뚝의 긴
장을 느껴 보세요.

(5초간 멈춤)

긴장을 풀고 손을 다시 내려놓습니다.
다시 아까처럼 팔꿈치를 구부린 다음 심호흡을 합니다. 팔의 긴
장을 느껴 보세요.

(5초간 멈춤)

이제 숨을 내쉬면서 손을 다시 내려놓습니다.

(5초간 멈춤)

마지막으로 팔을 앞으로 쭉 뻗고 팔뚝 뒤쪽의 긴장을 느껴 보세
요. 숨을 들이마시고 숨을 참습니다.

(5초간 멈춤)

이제 긴장을 풀고 다시 숨을 내쉽니다. 1분 정도 천천히 호흡하면서 손과 팔뚝이 이완되는 느낌에 집중해 보세요. 그리고 따라 합니다. "나는 평온함을 느낀다. 나는 편안함을 느낀다. 몸이 내려앉으면서 따뜻해지는 것을 느낀다." 이 말을 천천히 반복합니다.

(5초간 멈춤)

이제 주의를 어깨로 이동합니다. 다시 숨을 들이마시면서 양쪽 어깨가 귀에 닿게 위로 올립니다. 몇 초간 이 자세를 유지하세요.

(5초간 멈춤)

다시 긴장을 풀고 숨을 내쉽니다. 이렇게 하면서 어깨의 긴장과 이완의 차이를 느껴 보세요. 한 번 더 반복합니다.

(5초간 멈춤)

다시 심호흡을 몇 번 더 하면서 손과 팔, 어깨와 등 윗부분이 이완되는 느낌에 집중해 보세요.

(60초간 멈춤)

이제 얼굴로 주의를 이동합니다. 눈을 꼭 감고, 얼굴과 눈 주위의 긴장을 느껴 보세요.

(5초간 멈춤)

이제 긴장을 풀고 숨을 내쉬세요. 이 동작을 한 번 더 반복합니다.

(5초간 멈춤)

이제 긴장을 풀고 다시 숨을 내쉬세요. 이제 주의를 이마로 이동시킵니다. 양쪽 눈썹을 치켜올리고 이마의 긴장을 느끼면서 심호흡을 합니다.

(5초간 멈춤)

이제 긴장을 풀고 다시 숨을 내쉬어 보세요. 긴장을 풀면서 호흡이 차분하고 편안해지는 것을 느껴 봅니다.

(5초간 멈춤)

이제 입을 다물고 숨을 들이마십니다. 이를 악물고 숨을 들이마시면서 턱의 긴장을 느껴 보세요.

(5초간 멈춤)

이제 숨을 내쉬면서 턱에 힘을 빼고 긴장을 푸세요. 이제 주의를 허리로 이동시킵니다. 다시 심호흡을 하면서 허리를 들고 등의 긴장을 느껴 보세요.

(5초간 멈춤)

이제 긴장을 풀고 천천히 숨을 내쉬세요. 이 동작을 한 번 더 반복하면서 긴장을 느낀 다음 천천히 숨을 내쉬며 허리를 이완합니다.

이제 1분 동안 천천히 심호흡을 합니다. 숨을 내쉴 때마다 허리, 어깨, 얼굴, 팔, 손가락까지 이완되는 느낌에 집중합니다. 그리고 따라 합니다. "나는 평온함을 느낀다. 나는 편안함을 느낀다. 몸이 내려앉고 따뜻해지는 것을 느낀다." 이 말을 천천히 반복합니다. 이완되는 느낌이 몸 전체에 퍼지는 것을 느껴 보세요.

(60초간 멈춤)

이제 호흡에만 집중해 봅니다. 크게 심호흡을 하면서 폐에 공기를 가득 채우고 아랫배에 느껴지는 긴장감에 집중하세요.

(5초간 멈춤)

이제 긴장을 풀고 다시 숨을 내쉬세요. 이 동작을 한 번 더 반복합니다.

(5초간 멈춤)

이제 하체로 주의를 이동합니다. 무릎을 최대한 곧게 펴고 숨을 들이마시면서 허벅지의 긴장을 느껴 보세요.

(5초간 멈춤)

이제 긴장을 풀고 숨을 내쉬세요. 이 동작을 한 번 더 반복합니다. 양쪽 무릎을 곧게 펴고 숨을 들이마시면서 허벅지의 긴장을 느낍니다.

(5초간 멈춤)

이제 긴장을 풀고 다시 숨을 내쉬세요. 이제 다리 뒤쪽으로 주의를 이동합니다. 지금 앉아 있는 상태라면 발뒤꿈치를 바닥에 대고 밑으로 누릅니다. 누워 있는 상태라면 발뒤꿈치를 몸에서 최대한 멀리 떨어뜨린다고 생각하세요. 다리에 느껴지는 긴장감에 집중하면서 숨을 들이마십니다.

(5초간 멈춤)

이제 긴장을 풀고 다시 숨을 내쉬세요. 이 동작을 한 번 더 반복하며 다리에 느껴지는 긴장감에 집중합니다.

(5초간 멈춤)

이제 긴장을 풀고 숨을 내쉬세요.

(5초간 멈춤)

마지막으로 발가락을 정강이 쪽으로 들어 올립니다. 숨을 들이마시면서 다리에 느껴지는 긴장감에 집중하세요.

(5초간 멈춤)

이제 긴장을 풀고 숨을 내쉬세요.
다음에는 발가락을 몸의 반대 방향으로 최대한 세웁니다.
이제 다리에서 느껴지는 긴장감에 집중하면서 숨을 들이마십니다.

(5초간 멈춤)

이제 긴장을 풀고 숨을 내쉬세요.
마지막으로 발가락을 말고 발바닥을 긴장시키세요. 다시 한번 숨을 들이마시면서 발바닥에서 느껴지는 긴장감에 집중하세요.

(5초간 멈춤)

이제 긴장을 풀고 숨을 내쉬세요. 마지막으로 이 동작을 한 번 더 반복합니다.

(5초간 멈춤)

이제 긴장을 풀고 다시 숨을 내쉬세요. 마지막으로 심호흡을 몇 분간 실시합니다. 숨을 들이쉬고 내쉴 때마다 얼굴, 어깨, 팔, 손, 등, 다리, 발끝까지 몸 전체가 이완되는 느낌에 집중하세요. 심호흡을 하면서 온몸이 이완된 느낌을 즐기세요.

(충분한 멈춤)

이제 모든 동작이 끝났습니다. 준비가 되었다고 생각되면 팔과 다리를 마지막으로 쭉 뻗으면서 천천히 눈을 뜨세요.

감사의 말

이 책의 공동 저자 노엘과 스콧은 다음의 분들께 감사의 말씀을 전한다. 먼저 이 책의 아이디어를 출판까지 믿고 도와주신 니콜라스 시젝 편집장과 더 익스페리먼트 출판사 관계자 여러분께 감사드린다. 우리의 연구에 참여해 준 모든 선수와 마인드 전략과 심리적 기술 관련 인터뷰에 흔쾌히 응해 준 모든 분께 감사드린다. 특별히 알비나 비게이, 스티브 홀먼, 멥 케플레지기, 릴리안 케이 피터슨, 키칸 랜들, 브리애나 스텁스 선수에게 감사의 인사를 전한다. 노엘은 아내 홀리와 가족들, 그리고 책 쓰기라는 힘들지만 즐거운 여정을 차분하게 이끌어 준 동료 스콧에게 감사의 인사를 전한다. 또한 이 책을 집필할 시간을 낼 수 있도록 배려해 준 얼스터대학교 관계자에게도 감사드린다. 스콧은 책 집필이 개인적으로 힘든 시기와 겹치는 바람에 이 책에 나오는 모든 마인드 전략을 동원해야 했던 시간 동안 변함없는 인내심으로 지지해 준 스테이시 크램프, 브라이언 달렉, 그리고 동료 노엘에게 감사드린다.

주

들어가는 말

1. Christiane Trottier and Sophie Robitaille, "Fostering Life Skills Development in High School and Community Sport: A Comparative Analysis of the Coach's Role," *Sport Psychologist* 28, no. 1 (March 2014): 10–21.

2. Nicholas L. Holt et al., "A Grounded Theory of Positive Youth Development Through Sport Based on Results from a Qualitative Meta-Study," *International Review of Sport and Exercise Psychology* 10, no.1 (January 2017): 1–49.

3. Aleksandar E. Chinkov and Nicholas L. Holt, "Implicit Transfer of Life Skills Through Participation in Brazilian Jiu-Jitsu," *Journal of Applied Sport Psychology* 28, no. 2 (2016): 139–53.

4. Girls on the Run, accessed January 6, 2021, girlsontherun.org.

5. Maureen R. Weiss et al., "Evaluating Girls on the Run in Promoting Positive Youth Development: Group Comparisons on Life Skills Transfer and Social Processes," *Pediatric Exercise Science* 32, no. 3 (July 2020): 1–11.

6. Maureen R. Weiss et al., "Girls on the Run: Impact of a Physical Activity Youth Development Program on Psychosocial and Behavioral Outcomes," *Pediatric Exercise Science* 31, no. 3 (August 2019): 330–40.

7. Ahead of the Game, accessed January 6, 2021, aheadofthegame. org.au.

8. Stewart A. Vella et al., "Ahead of the Game Protocol: A Multi-Component, Community Sport-Based Program Targeting Prevention, Promotion and Early Intervention for Mental Health Among Adolescent Males," *BMC Public Health* 18, no. 1 (March 2018): 390.

9. Stewart A. Vella et al., "An Intervention for Mental Health Literacy and Resilience in Organized Sports," *Medicine and Science in Sports and Exercise* 53, no. 1 (January 2021): 139–49.

10. "Projects," The SPRINT Project, accessed January 6, 2021, sprintproject.org/projects.

12. Benjamin Parry, Mary Quinton, and Jennifer Cumming, *Mental Skills Training Tool-*

kit: A Resource for Strengths-Based Development (Birmingham, UK: University of Birmingham, 2020), stbasils.org.uk/wp-content/uploads/2020/01/MST-toolkit-final. pdf.

12. Sam J. Cooley et al., "The Experiences of Homeless Youth When Using Strengths Profiling to Identify Their Character Strengths," *Frontiers in Psychology* 10 (2019): 2036.

1장

1. Bernd Heinrich, *Why We Run: A Natural History* (New York: HarperCollins, 2001), 177.

2. Kieran M. Kingston and Lew Hardy, "Effects of Different Types of Goals on Processes That Support Performance," *Sport Psychologist* 11, no. 3 (September 1997): 277–93.

3. Gerard H Seijts, Gary P. Latham, and Meredith Woodwark, "Learning Goals: A Qualitative and Quantitative Review," in *New Developments in Goal Setting and Task Performance*, ed. Edwin A. Locke and Gary P. Latham (New York: Routledge, 2013), 195–12.

4. "Interview with Rory McIlroy - Setting Goals and Maintaining Motivation," Santander UK, video, 5:27, February 7, 2014, youtube.com/watch?v=breTsCJbui8.

5. Noel Brick, Tadhg MacIntyre, and Mark Campbell, "Metacognitive Processes in the Self-Regulation of Performance in Elite Endurance Runners," *Psychology of Sport and Exercise* 19 (July 2015): 1–9.

6. L. Blaine Kyllo and Daniel M. Landers, "Goal Setting in Sport and Exercise: A Research Synthesis to Resolve the Controversy," *Journal of Sport and Exercise Psychology* 17, no. 2 (1995): 117–37.

7. Jennifer Stock and Daniel Cervone, "Proximal Goal-Setting and Self-Regulatory Processes," *Cognitive Therapy and Research* 14, no. 5 (October 1990): 483–98.

8. Ayelet Fishbach, Ravi Dhar, and Ying Zhang, "Subgoals as Substitutes or Complements: The Role of Goal Accessibility," *Journal of Personality and Social Psychology* 91, no. 2 (September 2006): 232–42.

9. "Player Numbers," World Rugby, January 1, 2017, accessed July 11, 2023, world. rugby/news/35960.

10. Richie McCaw, *The Real McCaw: The Autobiography* (London: Aurum Press, 2012), 13.

11. Greg Stutchbury, "G.A.B. McCaw Goes Out on Top of the Heap," *Reuters*, November 18, 2015, reuters.com/article/ uk-rugby-union-mccaw-newsmaker/g-a-b-mccaw-goes-ou t-on-top-of-the-heap-idUKKCN0T805H20151119.

12. Robert Weinberg et al., "Perceived Goal Setting Practices of Olympic Athletes: An Exploratory Investigation," *Sport Psychologist* 14, no. 3 (September 2000): 279–95.

13. Laura Healy, Alison Tincknell-Smith, and Nikos Ntoumanis, "Goal Setting in Sport and Performance," in *Oxford Research Encyclopedia of Psychology* (Oxford: Oxford University Press, 2018), 1–23.

14. Christian Swann et al., "Comparing the Effects of Goal Types in a Walking Session with Healthy Adults: Preliminary Evidence for Open Goals in Physical Activity," *Psychology of Sport and Exercise* 47 (March 2020): 1–10.

15. Rebecca M. Hawkins et al., "The Effects of Goal Types on Psychological Outcomes in Active and Insufficiently Active Adults in a Walking Task: Further Evidence for Open Goals," *Psychology of Sport and Exercise* 48 (May 2020): 101661.

16. Paschal Sheeran and Thomas L. Webb, "The Intention– Behavior Gap," *Social and Personality Psychology Compass* 10, no. 9 (September 2016): 503–18.

17. Peter M. Gollwitzer, "Implementation Intentions: Strong Effects of Simple Plans," *American Psychologist* 54, no. 7 (July 1999): 493–503.

18. Patrick Mahomes, "NFL Draft Cover Letter," Players' Tribune, April 27, 2017, theplayerstribune.com/en-us/articles/ patrick-mahomes-ii-texas-tech-nfl-draft-coverletter.

19. Anja Achtziger, Peter M. Gollwitzer, and Paschal Sheeran, "Implementation Intentions and Shielding Goal Striving from Unwanted Thoughts and Feelings," *Personality and Social Psychology Bulletin* 34, no. 3 (March 2008): 381–93.

20. Bob Bowman with Charles Butler, *The Golden Rules: Finding World-Class Excellence in Your Life and Work* (London: Piatkus, 2016), 188.

21. Peter M. Gollwitzer and Paschal Sheeran, "Implementation Intentions and Goal Achievement: A Meta-Analysis of Effects and Processes," *Advances in Experimental Social Psychology* 38, no. 6 (December 2006): 69–119.

22. Charles Duhigg, *The Power of Habit: Why We Do What We Do in Life and Business* (New York: Random House, 2012), 114.

23. Phillippa Lally and Benjamin Gardner, "Promoting Habit Formation," *Health Psychology Review* 7, supplement 1 (May 2013): S137-S158.

24. Benjamin Gardner, Phillippa Lally, and Amanda L. Rebar, "Does Habit Weaken the Relationship Between Intention and Behaviour? Revisiting the Habit-Intention Interaction Hypothesis," *Social and Personality Psychology Compass* 14, no. 8 (August 2020): e12553.

25. David T. Neal et al., "How Do Habits Guide Behavior? Perceived and Actual Triggers of Habits in Daily Life," *Journal of Experimental Social Psychology* 48, no. 2 (March 2012): 492–98.

26. Jeffrey M. Quinn et al., "Can't Control Yourself? Monitor Those Bad Habits," *Per-*

sonality and Social Psychology Bulletin 36, no. 4 (April 2010): 499–511.

27. Phillippa Lally et al., "How Are Habits Formed: Modelling Habit Formation in the Real World," *European Journal of Social Psychology* 40, no. 6 (October 2010): 998–1009.

2장

1. All Blacks Match Centre, accessed June 1, 2020, stats.allblacks. com.

2. Chris Rattue, "France Pose Absolutely No Threat to the All Blacks," *New Zealand Herald*, October 2, 2007, nzherald.co.nz/ sport/ichris-rattuei-france-pose-absolute-ly-no-threat-to-the-all-blacks/CVUXP4NLMHI6DINQRKFVHMUH6U.

3. Christopher Mesagno and Denise M. Hill, "Definition of Choking in Sport: Re-conceptualization and Debate," *International Journal of Sport Psychology* 44, no. 4 (July 2013): 267–77.

4. Ceri Evans, *Perform Under Pressure: Change the Way You Feel, Think and Act Under Pressure* (London: Thorsons, 2019).

5. Julie K. Norem and Edward C. Chang, "The Positive Psychology of Negative Thinking," *Journal of Clinical Psychology* 58, no. 9 (September 2002): 993–101.

6. James A. Russell, "A Circumplex Model of Affect," *Journal of Personality and Social Psychology* 39, no. 6 (December 1980): 1161–78.

7. Jonathan Posner, James A. Russell, and Bradley S. Peterson, "The Circumplex Model of Affect: An Integrative Approach to Affective Neuroscience, Cognitive Development, and Psychopathology," *Development and Psychopathology* 17, no. 3 (Summer 2005): 715–34.

8. Scott Douglas, *Running Is My Therapy: Relieve Stress and Anxiety, Fight Depression, Ditch Bad Habits, and Live Happier* (New York: The Experiment, 2018).

9. Jared B. Torre and Matthew D. Lieberman, "Putting Feelings into Words: Affect Labeling as Implicit Emotion Regulation," *Emotion Review* 10, no. 2 (March 2018): 116–24.

10. Brian Parkinson and Peter Totterdell, "Classifying Affect-Regulation Strategies," *Cognition and Emotion* 13, no. 3 (1999): 277–303.

11. Damian M. Stanley et al., "Emotion Regulation Strategies Used in the Hour Before Running," *International Journal of Sport and Exercise Psychology* 10, no. 3 (April 2012): 159–71.

12. Adam A. Augustine and Scott H. Hemenover, "On the Relative Effectiveness of Affect Regulation Strategies: A Meta-analysis," *Cognition and Emotion* 23, no. 6 (July 2009): 1181–220.

13. Christopher R. D. Wagstaff, "Emotion Regulation and Sport Performance," *Journal*

of *Sport and Exercise Psychology* 36, no. 4 (August 2014): 401–12.

14. Dorota Kobylińska and Petko Kusev, "Flexible Emotion Regulation: How Situational Demands and Individual Differences Influence the Effectiveness of Regulatory Strategies," *Frontiers in Psychology* 10 (2019): 72.

15. Kevin N. Ochsner and James J. Gross, "Cognitive Emotion Regulation: Insights from Social Cognitive and Affective Neuroscience," *Current Directions in Psychological Science* 17, no. 2 (April 2008): 153–58.

16. Faye F. Didymus and David Fletcher, "Effects of a Cognitive-Behavioral Intervention on Field Hockey Players' Appraisals of Organizational Stressors," *Psychology of Sport and Exercise* 30 (May 2017): 173–85.

17. James J. Gross and Ross A. Thompson, "Emotion Regulation Conceptual Foundations," in *Handbook of Emotion Regulation*, ed. James J. Gross (New York: Guilford Press, 2007), 3–24.

18. Owen Thomas, Ian Maynard, and Sheldon Hanton, "Intervening with Athletes During the Time Leading Up to Competition: Theory to Practice II," Journal of Applied Sport Psychology 19, no. 4 (October 2007): 398–418.

19. Brian Costello, "How Stephen Gostkowski Handles His Super Bowl Nerves," *New York Post*, January 31, 2019, nypost.com/2019/01/31/how-stephen-gostkowski-handles-his-super-bowl-nerves.

20. Alison Wood Brooks, "Get Excited: Reappraising Pre-performance Anxiety as Excitement," *Journal of Experimental Psychology: General* 143 no. 3 (June 2014): 1144–58.

21. Philip M. Ullrich and Susan K. Lutgendorf, "Journaling About Stressful Events: Effects of Cognitive Processing and Emotional Expression," *Annals of Behavioral Medicine* 24, no. 3 (Summer 2002): 244–50.

22. Golnaz Tabibnia, "An Affective Neuroscience Model of Boosting Resilience in Adults," *Neuroscience and Biobehavioral Reviews* 115 (August 2020): 321–50.

23. Scott H. Hemenover, "The Good, the Bad, and the Healthy: Impacts of Emotional Disclosure of Trauma on Resilient Self-Concept and Psychological Distress," *Personality and Social Psychology Bulletin* 29, no. 10 (October 2003): 1236–44.

24. Venus Williams and Serena Williams with Hilary Beard, *Venus and Serena: Serving from the Hip* (Boston: Houghton Mifflin, 2005), 114.

25. Howard Fendrich, "'To Everybody, It's My 1st Olympics, but to Me, It's My 1,000th": Journals Help Shiffrin Prep," *U.S. News and World Report*, February 17, 2014, usnews.com/news/sports/articles/2014/02/17/us-teen-shiffrins-notes-helped-prep-for-olympics.

26. Paulo S. Boggio et al., "Writing About Gratitude Increases Emotion-Regulation Efficacy," *Journal of Positive Psychology* 15, no. 6 (August 2019): 783–94.

27. Kristine Thomason, "Olympic Sprinter Allyson Felix Shares Her Go-To Core

Workout and How She Stays Motivated," *Mind Body Green*, November 26, 2020, mindbodygreen.com/articles/olympic-sprinter-allyson-felix-training-routine.

28. Helene Elliott, "She's Been Tested, and Allyson Felix Is Confident, 'Still Hungry' and 'Very Secure in Who I Am,'" *Los Angeles Times*, March 9, 2020, latimes.com/sports/story/2020-03-09/allyson-felix-track-field-olympics-usc.

29. Sarah Kate McGowan and Evelyn Behar, "A Preliminary Investigation of Stimulus Control Training for Worry: Effects on Anxiety and Insomnia," *Behavior Modification* 37, no. 1(January 2013): 90–112.

30. Jen Nash, "Stress and Diabetes: The Use of 'Worry Time' as a Way of Managing Stress," *Journal of Diabetes Nursing* 18, no. 8 (2014): 329–33.

31. Karen Haddad and Patsy Tremayne, "The Effects of Centering on the Free-Throw Shooting Performance of Young Athletes," *Sport Psychologist* 23, no. 1 (March 2009): 118–36.

32. Lisa J. Rogerson and Dennis W. Hrycaiko, "Enhancing Competitive Performance of Ice Hockey Goaltenders Using Centering and Self-Talk," *Journal of Applied Sport Psychology* 14 no. 1 (March 2002): 14–26.

33. Maureen R. Weiss et al., "Evaluating Girls on the Run in Promoting Positive Youth Development: Group Comparisons on Life Skills Transfer and Social Processes," *Pediatric Exercise Science* 32, no. 3 (August 2020): 172–82.

34. Laura A. Pawlow and Gary E. Jones, "The Impact of Abbreviated Progressive Muscle Relaxation on Salivary Cortisol," *Biological Psychology* 60 no. 1 (July 2002): 1–16.

35. Martha S. McCallie, Claire M. Blum, and Charlaine J. Hood, "Progressive Muscle Relaxation," *Journal of Human Behavior in the Social Environment* 13, no. 3 (July 2006):51– 66.

36. Richie McCaw, *The Real McCaw: The Autobiography* (London: Aurum Press, 2012), 181–82.

3장

1. Noel Brick, Tadhg MacIntyre, and Mark Campbell, "Metacognitive Processes in the Self-Regulation of Performance in Elite Endurance Runners," *Psychology of Sport and Exercise* 19 (July 2015): 1–9.

2. William P. Morgan and Michael L. Pollock, "Psychologic Characterization of the Elite Distance Runner," *Annals of the New York Academy of Sciences* 301, no. 1 (October 1977): 382– 403.

3. Noel Brick, Tadhg MacIntyre, and Mark Campbell, "Attentional Focus in Endur-

ance Activity: New Paradigms and Future Directions," *International Review of Sport and Exercise Psychology* 7, no. 1 (February 2014): 106–34.

4. Noel Brick et al., "Metacognitive Processes and Attentional Focus in Recreational Endurance Runners," *International Journal of Sport and Exercise Psychology* 18, no. 3 (September 2020): 362–79.

5. Peter Aspinall et al., "The Urban Brain: Analysing Outdoor Physical Activity with Mobile EEG," *British Journal of Sports Medicine* 49, no. 4 (February 2015): 272–76.

6. Gregory N. Bratman et al., "Nature Reduces Rumination and Subgenual Prefrontal Cortex Activation," *Proceedings of the National Academy of Sciences* 112, no. 28 (July 2015): 8567–72.

7. Tadhg E. MacIntyre et al., "An Exploratory Study of Extreme Sport Athletes' Nature Interactions: From Well-Being to Pro-environmental Behavior," *Frontiers in Psychology* 10 (May 2019): 1233.

8. Rick A. LaCaille, Kevin S. Masters, and Edward M. Heath, "Effects of Cognitive Strategy and Exercise Setting on Running Performance, Perceived Exertion, Affect, and Satisfaction," *Psychology of Sport and Exercise* 5, no. 4 (October 2004): 461–76.

9. Charles M. Farmer, Keli A. Braitman, and Adrian K. Lund, "Cell Phone Use While Driving and Attributable Crash Risk," *Traffic Injury Prevention* 11, no. 5 (October 2010): 466–70.

10. Cédric Galéra et al., "Mind Wandering and Driving: Responsibility Case-Control Study," *British Medical Journal* 345, no. 7888 (December 2012): e8105.

11. David Kane, "'I'm on Cloud 9'—Andreescu Opens Up on Sky-High Confidence, Conquering Doubts with US Open Crown," *WTA Tour*, September 8, 2019, wtatennis.com/news/1445478/im-on-cloud-9-andreescu-opens-up-on-sky-high-confidence-conquering-doubts-with-us-open-crown.

12. Frank L. Gardner and Zella E. Moore, "A Mindfulness-Acceptance-Commitment-Based Approach to Athletic Performance Enhancement: Theoretical Considerations," *Behavior Therapy* 35, no. 4 (Autumn 2004): 707–23.

13. Emilie Thienot and Danielle Adams, "Mindfulness in Endurance Performance," in *Endurance Performance in Sport: Psychological Theory and Interventions*, ed. Carla Meijen (London: Routledge, 2019), 168–82.

14. Stephanie Livaudais, "'The First Thing I Do Is Meditate': Bianca Andreescu Visualizes Indian Wells Success," March 14, 2019, wtatennis.com/news/1449622/-first-thing-i-do-meditate-bianca-andreescu- visualizes-indian-wells-success.

15. Lori Haase et al., "A Pilot Study Investigating Changes in Neural Processing After Mindfulness Training in Elite Athletes," *Frontiers in Behavioral Neuroscience* 9 (August 2015): 229.

16. Douglas C. Johnson et al., "Modifying Resilience Mechanisms in At-Risk In-

dividuals: A Controlled Study of Mindfulness Training in Marines Preparing for Deployment," *American Journal of Psychiatry* 171, no. 8 (August 2014): 844–53.

17. Michael Noetel et al., "Mindfulness and Acceptance Approaches to Sporting Performance Enhancement: A Systematic Review," *International Review of Sport and Exercise Psychology* 12, no. 3 (November 2017): 1–37.

18. Stuart Cathcart, Matt McGregor, and Emma Groundwater, "Mindfulness and Flow in Elite Athletes," *Journal of Clinical Sport Psychology* 8, no. 2 (January 2014): 119–41.

19. Cian Ahearne, Aidan P. Moran, and Chris Lonsdale, "The Effect of Mindfulness Training on Athletes' Flow: An Initial Investigation," *Sport Psychologist* 25, no. 2 (June 2011): 177–89.

20. "Kobe Bryant Explains 'Being in the Zone,'" You Exist Externally Here, video, 2:38, August 19, 2013, youtube.com/watch?v=wl49zc8g3DY.

21. Mihaly Csikszentmihalyi, *Flow: The Psychology of Optimal Experience*, 2nd ed. (New York: Harper & Row, 2002), 72-93.

22. Jeanne Nakamura and Mihaly Csikszentmihalyi, "The Concept of Flow," in *Handbook of Positive Psychology*, ed. C. R. Snyder and Shane J. Lopez (New York: Oxford University Press, 2002), 89–105.

23. Christian Swann et al., "Psychological States Underlying Excellent Performance in Professional Golfers: 'Letting It Happen' vs. 'Making It Happen,'" *Psychology of Sport and Exercise* 23 (March 2016): 101–13.

24. Christian Swann et al., "Psychological States Underlying Excellent Performance in Sport: Toward an Integrated Model of Flow and Clutch States," *Journal of Applied Sport Psychology* 29, no. 4 (2017): 375–401.

25. Josephine Perry, *Performing Under Pressure: Psychological Strategies for Sporting Success* (London: Routledge, 2020), 135–37.

26. Martin Turner and Jamie Barker, *Tipping the Balance: The Mental Skills Handbook for Athletes* (Oakamoor, UK: Bennion Kearny, 2014), 101–40.

27. Marc V. Jones et al., "A Theory of Challenge and Threat States in Athletes," *International Review of Sport and Exercise Psychology* 2, no. 2 (2009): 161–80.

28. Aidan P. Moran, *The Psychology of Concentration in Sport Performers: A Cognitive Analysis* (East Sussex, UK: Psychology Press, 1996), 149.

29. Stewart Cotterill, "Pre-performance Routines in Sport: Current Understanding and Future Directions," *International Review of Sport and Exercise Psychology* 3, no. 2 (September 2010): 132–53.

30. Glasgow Caledonian University, "Elite Golfers Share Secrets of Success to Help Budding Sports Stars," March 24, 2020, gcu.ac.uk/aboutgcu/universitynews/2020-elitegolferssharesecretsofsuccess.

31. Alex Oliver, Paul J. McCarthy, and Lindsey Burns, "A Grounded-Theory Study of Meta-attention in Golfers," *Sport Psychologist* 34, no. 1 (March 2020): 11–22.

32. Dave Alred, *The Pressure Principle: Handle Stress, Harness Energy, and Perform When It Counts* (London: Penguin Life, 2017), 66-67.

33. Jackie MacMullan, "Rise Above It or Drown: How Elite NBA Athletes Handle Pressure," *ESPN*, May 29, 2019, espn.co.uk/nba/story/_/id/26802987/rise-drown-how-elite-nba-athletes-handle-pressure.

4장

1. Chloe Gray, "Dina Asher-Smith Just Gave Us an Amazing Lesson on How to Be Better Than Ever," accessed July 9, 2020, stylist.co.uk/people/dina-asher-smith-nike-interview-training-plan/350606.

2. Noel Brick et al., "Metacognitive Processes and Attentional Focus in Recreational Endurance Runners," *International Journal of Sport and Exercise Psychology* 18, no. 3 (September 2020): 362–79.

3. Kalina Christoff, Alan Gordon, and Rachelle Smith, "The Role of Spontaneous Thought in Human Cognition," in *Neuroscience of Decision Making*, ed. Oshin Vartanian and David R. Mandel (New York: Psychological Press, 2011), 259–84.

4. "Sports Players Use Self Talk," ThinkSRSD, video, 6:24, September 26, 2017, youtube.com/watch?v=-BKWlMBleYQ.

5. Anthony William Blanchfield et al., "Talking Yourself out of Exhaustion: The Effects of Self-Talk on Endurance Performance," *Medicine and Science in Sports and Exercise* 46, no. 5 (May 2014): 998–1007.

6. Julia Schüler and Thomas A. Langens, "Psychological Crisis in a Marathon and the Buffering Effects of Self-Verbalizations," *Journal of Applied Social Psychology* 37, no. 10 (October 2007): 2319–44.

7. Antonis Hatzigeorgiadis et al., "Self-Talk and Sport Performance: A Meta-analysis," *Perspectives on Psychological Science* 6, no. 4 (July 2011): 348–56.

8. David Tod, James Hardy, and Emily Oliver, "Effects of Self-Talk: A Systematic Review," *Journal of Sport and Exercise Psychology* 33, no. 5 (October 2011): 666–87.

9. Judy L. Van Raalte, Andrew Vincent, and Britton W. Brewer, "Self-Talk: Review and Sport-Specific Model," *Psychology of Sport and Exercise* 22 (January 2016): 139–48.

10. Christopher E. J. DeWolfe, David Scott, and Kenneth A. Seaman, "Embrace the Challenge: Acknowledging a Challenge Following Negative Self-Talk Improves Performance," *Journal of Applied Sport Psychology* (August 2020).

11. "Tommy Haas Talking to Himself," CarstenL01, video, 2:35, December 30, 2008, youtube.com/watch?v=8gQ2NhteF44.

12. James Hardy, Aled V. Thomas, and Anthony W. Blanchfield, "To Me, to You: How You Say Things Matters for Endurance Performance," *Journal of Sports Sciences* 37,

no. 18 (September 2019): 2122–30.

13. Thomas L. Webb, Eleanor Miles, and Paschal Sheeran, "Dealing with Feeling: A Meta-analysis of the Effectiveness of Strategies Derived from the Process Model of Emotion Regulation," *Psychological Bulletin* 138, no. 4 (July 2012): 775–808.

14. E. Kross and O. Ayduk, "Self-Distancing: Theory, Research, and Current Directions," in *Advances in Experimental Social Psychology*, ed. James M. Olson, vol. 55 (New York: Elsevier, 2017), 81–136.

15. Ethan Kross et al., "Self-Talk as a Regulatory Mechanism: How You Do It Matters," *Journal of Personality and Social Psychology* 106, no. 2 (February 2014): 304–24.

16. Jon Greenberg, "Exiting via the Low Road," ESPN, July 9, 2010, espn.com/chicago/nba/columns/story?id=5365985.

17. Antonis Hatzigeorgiadis et al., "Self-Talk," in *Routledge Companion to Sport and Exercise Psychology: Global Perspectives and Fundamental Concepts*, ed. Athanasios G. Papaioannou and Dieter Hackfort (London: Taylor and Francis, 2014), 370–83.

18. Alister McCormick and Antonis Hatzigeorgiadis, "Self-Talk and Endurance Performance," in Endurance Performance in *Sport: Psychological Theory and Interventions*, ed. Carla Meijen (London: Routledge, 2019) 152–67.

19. Richard Bennett and Martin Turner, "The Theory and Practice of Rational Emotive Behavior Therapy (REBT)," in *Rational Emotive Behavior Therapy in Sport and Exercise*, ed. Martin Turner and Richard Bennett (London: Routledge, 2020), 4–19.

5장

1. Robin S. Vealey, "Confidence in Sport," in *Handbook of Sports Medicine and Science: Sport Psychology*, ed. Britton W. Brewer (Oxford: Wiley-Blackwell, 2009), 43–5

2. "'I'm Aware of the Streak, but It Means Nothing,' Says Novak Djokovic Ahead of Dubai Test," *Tennishead*, February 24, 2020, tennishead.net/im-aware-of-the-streak-but-it-means-nothing-says-novak-djokovic-ahead-of-dubai-test/.

3. Albert Bandura, *Social Foundations of Thought and Action: A Social Cognitive Theory* (Englewood Cliffs, NJ: Prentice Hall, 1986).

4. Albert Bandura, "Self-Efficacy: Toward a Unifying Theory of Behavioral Change," *Psychological Review*, 84, no. 2 (March 1977): 191–215.

5. Deborah L. Feltz and Cathy D. Lirgg, "Self-Efficacy Beliefs of Athletes, Teams, and Coaches," in *Handbook of Sport Psychology*, 2nd ed., ed. Robert N. Singer, Heather A. Hausenblas, and Christopher M. Janelle (New York: John Wiley & Sons, 2001), 340–61.

6. Ellen L. Usher and Frank Pajares, "Sources of Self-Efficacy in School: Critical Re-

view of the Literature and Future Directions," *Review of Educational Research* 78, no. 4 (December 2008): 751–96.

7. James E. Maddux, "Self-Efficacy Theory: An Introduction," in *Self-Efficacy, Adaptation, and Adjustment: Theory, Research, and Application*, ed. James E. Maddux (New York: Plenum, 1995), 3–33.

8. Simon Middlemas and Chris Harwood, "A Pre-Match Video Self-Modeling Intervention in Elite Youth Football," *Journal of Applied Sport Psychology* 32, no. 5 (2020): 450–75.

9. Robert S. Vealey et al., "Sources of Sport-Confidence: Conceptualization and Instrument Development," *Journal of Sport and Exercise Psychology* 21, no. 1 (1998): 54–80.

10. Kate Hays et al., "Sources and Types of Confidence Identified by World Class Sport Performers," *Journal of Applied Sport Psychology* 19, no. 4 (October 2007): 434–56.

11. Kieran Kingston, Andrew Lane, and Owen Thomas, "A Temporal Examination of Elite Performers Sources of Sport-Confidence," *Sport Psychologist* 24, no. 3 (2010): 313–32.

12. "Jack Nicklaus Quotes," BrainyQuote, accessed July 10, 2020, brainyquote.com/ quotes/jack_nicklaus_159073.

13. Josephine Perry, *Performing Under Pressure: Psychological Strategies for Sporting Success* (London: Routledge, 2020), 179-180.

14. Krista Munroe-Chandler, Craig Hall, and Graham Fishburne, "Playing with Confidence: The Relationship Between Imagery Use and Self-Confidence and Self-Efficacy in Youth Soccer Players," *Journal of Sports Sciences* 26, no. 14 (December 2008):1539–46.

15. Karen Price, "How Diver Katrina Young and Team USA Athletes Are Still Going In to Practice—Without Actually Going to Practice," *Team USA*, May 20, 2020, teamusa.org/ News/2020/May/20/Diver-Katrina-Young-Team-USA-Athlet es-Going-In-To-Practice-Without-Going-To-Practice.

16. Greg Bishop, "How Deontay Wilder Uses Meditation to Visualize His Fights Before They Happen," *Sports Illustrated*, November 21, 2019, si.com/boxing/2019/11/21/ deonaty-wilder-luis-ortiz-meditation.

6장

1. Sharon R. Sears, Annette L. Stanton, and Sharon Danoff-Burg, "The Yellow Brick Road and the Emerald City: Benefit Finding, Positive Reappraisal Coping and Post-

traumatic Growth in Women with Early-Stage Breast Cancer," *Health Psychology* 22, no. 5 (September 2003): 487–97.

2. Scott Cresswell and Ken Hodge, "Coping with Stress in Elite Sport: A Qualitative Analysis of Elite Surf Lifesaving Athletes," *New Zealand Journal of Sports Medicine* 29, no. 4 (Summer 2001): 78–83.

3. Anne-Josée Guimond, Hans Ivers, and Josée Savard, "Is Emotion Regulation Associated with Cancer-Related Psychological Symptoms," *Psychology & Health*, 24 no. 1 (January 2019): 44-63.

4. Sam J. Cooley et al., "The Experiences of Homeless Youth When Using Strengths Profiling to Identify Their Character Strengths," *Frontiers in Psychology* 10 (September 2019): 2036.

5. Sunghee Park, David Lavallee, and David Tod, "Athletes' Career Transition Out of Sport: A Systematic Review," *International Review of Sport and Exercise Psychology* 6, no. 1 (January 2012): 22–53.

6. Natalia Stambulova, "Counseling Athletes in Career Transitions: The Five-Step Career Planning Strategy," *Journal of Sport Psychology in Action* 1, no. 2 (November 2010): 95–105.

7. David Fletcher and Mustafa Sarkar, "Psychological Resilience: A Review and Critique of Definitions, Concepts, and Theory," *European Psychologist* 18, no. 1 (April 2013): 12–23.

8. David Fletcher and Mustafa Sarkar, "Mental Fortitude Training: An Evidence-Based Approach to Developing Psychological Resilience for Sustained Success," *Journal of Sport Psychology* in Action 7, no. 3 (December 2016): 135–57.

9. Christopher Bryan, Deirdre O'Shea, and Tadhg MacIntyre, "Stressing the Relevance of Resilience: A Systematic Review of Resilience Across the Domains of Sport and Work," *International Review of Sport and Exercise Psychology* 12, no. 1 (July 2019): 70–111.

10. David Fletcher and Mustafa Sarkar, "A Grounded Theory of Psychological Resilience in Olympic Champions," *Psychology of Sport and Exercise* 13, no. 5 (September 2012): 669–78.

11. Patrick Fletcher, "Peter Sagan: I Missed My Opportunity at World Championships," *Cycling News*, September 29, 2019, cyclingnews.com/news/peter-sagan-i-missed-my-opportunity-at-world-championships.

12. Jesse Harriott and Joseph R. Ferrari, "Prevalence of Procrastination Among Samples of Adults," *Psychological Reports* 78, no. 2 (April 1996): 611–16.

13. Jay L. Zagorsky, "Why Most of Us Procrastinate in Filing Our Taxes—and Why It Doesn't Make Any Sense," *Conversation*, April 13, 2015, theconversation.com/why-most-of-us-procrastinate-in-filing-our-taxes-and-why-it-doesnt-make-any-

sense-39766.

14. Thor Gamst-Klaussen, Piers Steel, and Frode Svartdal, "Procrastination and Personal Finances: Exploring the Roles of Planning and Financial Self-Efficacy," *Frontiers in Psychology* 10 (April 2019): 775.

15. Piers Steel, "The Nature of Procrastination: A Meta-analytic and Theoretical Review of Quintessential Self-Regulatory Failure," *Psychological Bulletin* 133, no. 1 (January 2007), 65–94.

16. Craig Pickering, "The Mundanity of Excellence," HMMR Media, September 4, 2020, hmmrmedia.com/2020/09/the-mundanity-of-excellence.

17. Daniel F. Chambliss, "The Mundanity of Excellence: An Ethnographic Report on Stratification and Olympic Swimmers," *Sociological Theory* 7, no. 1 (Spring 1989): 70–86.

7장

1. Graham D. Bodie, "A Racing Heart, Rattling Knees, and Ruminative Thoughts: Defining, Explaining, and Treating Public Speaking Anxiety," *Communication Education* 59, no. 1 (January 2010): 70–105.

2. Ewa Mörtberg et al., "Psychometric Properties of the Personal Report of Public Speaking Anxiety (PRPSA) in a Sample of University Students in Sweden," *International Journal of Cognitive Therapy* 11, no. 4 (December 2018), 421–33.

3. Marc Jones et al., "A Theory of Challenge and Threat States in Athletes," International Review of Sport and Exercise Psychology 2, no. 2 (September 2019): 161–80.

4. Andrew J. Elliot and Holly A. McGregor, "A 2 × 2 Achievement Goal Framework," *Journal of Personality and Social Psychology* 80, no. 3 (March 2001): 501–19.

5. Bodie, "A Racing Heart, Rattling Knees, and Ruminative Thoughts," Communication Education.

8장

1. YouGov, New Year Survey: Fieldwork Dates: 8th–11th December 2017, 2017, d25d2506sfb94s.cloudfront.net/cumulus_uploads/document/366cvmcg44/New%20Year%20Survey,%20December%208%2011,%202017.pdf.

2. Kelsey Mulvey, "80% of New Year's Resolutions Fail by February—Here's How to Keep Yours," *Business Insider,* January 3, 2017, businessinsider.com/new-year s-resolutions-courses-2016-12.

3. Sandro Sperandei, Marcelo C. Vieira, and Arianne C. Reis, "Adherence to Physical

Activity in an Unsupervised Setting: Explanatory Variables for High Attrition Rates Among Fitness Center Members," *Journal of Science and Medicine in Sport* 19, no. 11 (November 2016): 916–20.

4.   "Day in the Life: Simone Biles," *Owaves*, September 15, 2016, owaves.com/day-plans/day-life-simone-biles/.

5.   Ralf Brand and Panteleimon Ekkekakis, "Affective-Reflective Theory of Physical Inactivity and Exercise," *German Journal of Exercise and Sport Research* 48, no. 6 (November 2018): 48–58.

6.   Steven C. Hayes et al., "Acceptance and Commitment Therapy: Model, Processes and Outcomes," *Behaviour Research and Therapy* 44, no. 1 (January 2016): 1–25.

7.   Alex Feary, "Case Study—Acceptance Commitment Therapy for a Youth Athlete: From Rumination and Guilt to Meaning and Purpose," *Sport and Exercise Psychology Review* 14, no. 1 (September 2018): 73–86.

8.   Marleen Gillebaart and Denise T. D. de Ridder, "Effortless Self-Control: A Novel Perspective on Response Conflict Strategies in Trait Self-Control," *Social and Personality Psychology Compass* 9, no. 2 (February 2015): 88–99.

9.   Wanda Wendel-Vos et al., "Potential Environmental Determinants of Physical Activity in Adults: A Systematic Review," *Obesity Reviews* 8, no. 5 (September 2007): 425– 40.

10. Lisa Pridgeon and Sarah Grogan, "Understanding Exercise Adherence and Dropout: An Interpretative Phenomenological Analysis of Men and Women's Accounts of Gym Attendance and Non-attendance," *Qualitative Research in Sport, Exercise and Health* 4, no. 3 (August 2012): 382–99.

9장

1.   D. A. Baden et al., "Effect of Anticipation During Unknown or Unexpected Exercise Duration on Rating of Perceived Exertion, Affect, and Physiological Function," *British Journal of Sports Medicine* 39, no. 10 (October 2005): 742– 46.

2.   Noel E. Brick et al., "Anticipated Task Difficulty Provokes Pace Conservation and Slower Running Performance," *Medicine and Science in Sports and Exercise* 51, no. 4 (April 2019): 734–43.

3.   David Fletcher and Mustafa Sarkar, "Mental Fortitude Training: An Evidence-Based Approach to Developing Psychological Resilience for Sustained Success," *Journal of Sport Psychology in Action* 7, no. 3 (December 2016): 135–57.

10장

1. Meb Keflezighi with Scott Douglas, *Meb for Mortals: How to Run, Think, and Eat Like a Champion Marathoner* (New York: Rodale, 2015), 47.
2. Edward L. Deci and Richard M. Ryan, "Self-Determination Theory," in *Handbook of Theories of Social Psychology*, ed. Paul A. M. Van Lange, Arie W. Kruglanski, and E. Tory Higgins (London: Sage Publications, 2011), 416–36.
3. Kevin Filo, Daniel C. Funk, and Danny O'Brien, "Examining Motivation for Charity Sport Event Participation: A Comparison of Recreation-Based and Charity-Based Motives," *Journal of Leisure Research* 43, no. 4 (December 2011): 491–518.

11장

1. Nikos Ntoumanis et al., "Self-Regulatory Responses to Unattainable Goals: The Role of Goal Motives," *Self and Identity* 13, no. 5 (September 2014): 594–612.
2. James O. Prochaska et al., "Stages of Change and Decisional Balance for 12 Problem Behaviors," *Health Psychology* 13, no. 1 (January 1994): 39–46.
3. William R. Miller and Gary S. Rose, "Motivational Interviewing and Decisional Balance: Contrasting Responses to Client Ambivalence," *Behavioural and Cognitive Psychotherapy* 43, no. 2 (March 2015): 129–41.
4. Paschal Sheeran and Thomas L. Webb, "The Intention–Behavior Gap," *Social and Personality Psychology Compass* 10, no. 9 (September 2016): 503–18.
5. Gergana Y. Nenkov and Peter M. Gollwitzer, "Pre- Versus Postdecisional Deliberation and Goal Commitment: The Positive Effects of Defensiveness," *Journal of Experimental Social Psychology* 48, no. 1 (January 2012): 106–121.

12장

1. Paschal Sheeran and Thomas L. Webb, "The Intention–Behavior Gap," *Social and Personality Psychology Compass* 10, no. 9 (September 2016): 503–18.
2. Charles S. Carver, "Pleasure as a Sign You Can Attend to Something Else: Placing Positive Feelings within a General Model of Affect," *Cognition and Emotion* 17, no. 2 (March 2003): 241–61.
3. Carver, "Pleasure as a Sign You Can Attend to Something Else," *Cognition and Emotion.*

부록 1

1. Richard J. Butler and Lew Hardy, "The Performance Profile: Theory and Application," *Sport Psychologist* 6, no. 3 (September 1992): 253–64.

2. Neil Weston, Iain Greenlees, and Richard Thelwell, "A Review of Butler and Hardy's (1992) Performance Profiling Procedure Within Sport," *International Review of Sport and Exercise Psychology* 6, no. 1 (January 2013): 1–21.

3. Neil J. V. Weston, Iain A. Greenlees, and Richard C. Thelwell, "Athlete Perceptions of the Impacts of Performance Profiling," *International Journal of Sport and Exercise Psychology* 9, no. 2 (June 2011): 173–88.

4. Graham Jones, "The Role of Performance Profiling in Cognitive Behavioral Interventions in Sport," *Sport Psychologist* 7, no. 2 (June 1993): 160–72.

5. Daniel Gould and Ian Maynard, "Psychological Preparation for the Olympic Games," *Journal of Sports Sciences* 27, no. 13 (September 2009): 1393–408.

6. Nicola S. Schutte and John M. Malouff, "The Impact of Signature Strengths Interventions: A Meta-analysis," *Journal of Happiness Studies* 20, no. 4 (April 2019): 1179–96.

찾아보기

옮긴이 **송은혜**

이화여자대학교 통번역대학원 한영 통역과를 졸업했다. 현재 미 정부 소속 국제협약 기관에서 통역사로 근무하고 있으며 글밥 아카데미 수료 후 바른번역에 소속되어 출판 번역가로도 활동 중이다. 옮긴 책으로는《아이와 몸으로 놀아주세요》《비슷한 곳조차 없는》《라이크 팔로우 리벤지》등이 있다.

무엇이든 이뤄 내는 강한 마음
스포츠 심리학이 밝혀낸 의지의 과학

초판 1쇄 발행 · 2024년 8월 9일

지은이 · 노엘 브릭, 스콧 더글러스
옮긴이 · 송은혜
책임편집 · 권오현
디자인 · 주수현, 윤철호

펴낸곳 · (주)바다출판사
주소 · 서울시 마포구 성지1길 30 3층
전화 · 02-322-3675(편집) 02-322-3575(마케팅)
팩스 · 02-322-3858
이메일 · badabooks@daum.net
홈페이지 · www.badabooks.co.kr

ISBN 979-11-6689-281-3 03180